21 世纪交通版高等学校教材

交通工程 CAD 基础教程

戴学臻　主编
陈宽民　主审

人民交通出版社

内 容 提 要

本书共分12章,内容分为四个部分。第一部分为第一章,该部分主要介绍 CAD 的基本概念及交通工程 CAD 的发展,并对 AutoCAD 软件特点以及在交通行业内的运用给以简要介绍。第二部分为第二章到第八章,该部分介绍国际通用绘图软件 AutoCAD 的二维绘图、编辑和绘图技巧。第三部分为第九章,该部分介绍交通工程 CAD 的 VBA 二次开发。第四部分为第十章到第十二章,该部分对交通工程 CAD 通用软件的应用发展以及各软件的功能特性进行了详尽介绍,主要包括 TransCAD 交通规划和需求预测软件、Cube 交通模拟与规划软件系统、Emme 3 交通规划出行预测系统、TransModeler 交通仿真系统和 MapInfo 桌面地理信息系统软件。

本教材适用于全日制本科教育交通工程专业;也可供城市轨道交通专业、公路与城市道路专业以及土建工程等有关专业的师生选用。此外,还可供从事交通工程和市政工程的技术人员参考使用。

图书在版编目(CIP)数据

交通工程 CAD 基础教程/戴学臻主编.—北京:人民交通出版社,2012.1
ISBN 978-7-114-09559-7

I.①交… II.①戴… III.①交通工程—计算机辅助设计—AutoCAD 软件—高等职业教育—教材 IV.①U495

中国版本图书馆 CIP 数据核字(2011)第 270316 号

21 世纪交通版高等学校教材
书　　名:交通工程 CAD 基础教程
著 作 者:戴学臻
责任编辑:赵瑞琴
出版发行:人民交通出版社股份有限公司
地　　址:(100011)北京市朝阳区安定门外外馆斜街 3 号
网　　址:http://www.ccpcl.com.cn
销售电话:(010)59757973
总 经 销:人民交通出版社股份有限公司发行部
经　　销:各地新华书店
印　　刷:北京市密东印刷有限公司
开　　本:787×1092　1/16
印　　张:13
字　　数:323 千
版　　次:2012 年 1 月　第 1 版
印　　次:2024 年 1 月　第 6 次印刷
书　　号:ISBN 978-7-114-09559-7
印　　数:10001—11000 册
定　　价:28.00 元

(有印刷、装订质量问题的图书由本社负责调换)

前　言

随着计算机技术日新月异的发展，交通工程计算机辅助设计正以崭新的面目进入一个快速发展阶段。设计成果实现逐步优化，设计速度显著提高，设计手段更加完善。国内有关 CAD 方面的书籍尽管不少，但关于交通工程 CAD 方面的教材却不多，尤其是缺少基础教程及入门教材。学生不能系统地学习交通工程 CAD 辅助设计的知识和技术，限制了计算机在交通工程应用方面的发展和推广。本书的出版正好弥补了这一缺憾。通过本书的学习学生可以较系统地掌握交通工程 CAD 的基本知识和绘图技巧、专业软件的应用及编程基础，为将来从事交通工程设计等工作打下一个良好的基础。

全书共分 12 章，内容主要分为四个部分。第一部分为第一章，该部分主要介绍 CAD 的基本概念及交通工程 CAD 的发展，并对 AutoCAD 软件特点以及在交通行业内的运用给以简要介绍。学生通过本章学习，可以了解 CAD 的内涵、学习方法以及利用辅助线精确绘图的技巧。第二部分为第二章至第八章，该部分介绍国际通用绘图软件 AutoCAD 的二维绘图、编辑和绘图技巧，大部分绘图命令都配有详细的示例供学生参考和练习之用。学生在学习制图、计算机基础知识后，或在学习制图课程的同时即可学习该部分内容，重点应掌握计算机制图的基础知识和方法。第三部分为第九章，该部分介绍交通工程 CAD 的 VBA 二次开发。学生需在完成前八章的学习内容，并在对 VBA 编程语言有一定了解的基础上，再开始本章的学习。第四部分为第十章至第十二章，该部分对交通工程 CAD 通用软件的应用发展以及各软件的功能特性进行了简要介绍，主要包括 TransCAD 交通规划和需求预测软件、Cube 交通模拟与规划软件系统、Emme 3 交通规划出行预测软件、TransModeler 交通仿真系统、MapInfo 桌面地理信息系统软件等。

本书由长安大学公路学院交通工程系戴学臻编写第一章至第八章，张波整理并编写第九章和第十一章，邢磊整理并编写第十章和第十二章，全书由戴学臻统稿。长安大学公路学院交通工程系主任陈宽民教授担任本书的主审。本书在定稿过程中得到了诸多领导、学者和朋友的帮助，特于此一并感谢。

本书如有未尽善之处，希望有关院校师生及读者提出宝贵意见，以便及时修改完善。

编　者

2011 年 10 月

目 录

第一章 交通工程 CAD 概述 ... 1
第一节 CAD 基本概念 ... 1
第二节 交通工程 CAD 研究及应用现状 ... 3
第三节 AutoCAD 软件简介 ... 4
第四节 良好绘图习惯的培养 ... 6
第五节 设计范例——辅助线运用 ... 7
本章小结 ... 8
练习题 ... 9

第二章 绘图基础 ... 10
第一节 光栅图与矢量图 ... 10
第二节 坐标系与坐标 ... 12
第三节 设置绘图环境 ... 13
第四节 视图控制 ... 19
本章小结 ... 23
练习题 ... 23

第三章 精确绘图设置与图层编辑 ... 24
第一节 捕捉和栅格 ... 24
第二节 正交与极轴追踪 ... 26
第三节 对象捕捉与对象捕捉追踪 ... 28
第四节 图层编辑 ... 31
本章小结 ... 37
练习题 ... 37

第四章 初级二维绘图 ... 38
第一节 绘制直线 ... 38
第二节 绘制矩形和正多边形 ... 40
第三节 绘制圆 ... 41
第四节 绘制圆弧 ... 44
第五节 绘制椭圆 ... 46
第六节 绘制圆环 ... 47
第七节 绘制点 ... 47

| 第八节 自定义按钮设置 | 48 |

| 第九节 设计范例——初级绘图 | 49 |

本章小结 50

练习题 50

第五章 初级编辑 ... 52

第一节 实体选择 ... 52

第二节 放弃和重做 ... 56

第三节 删除 ... 57

第四节 复制 ... 57

第五节 移动 ... 58

第六节 旋转 ... 58

第七节 镜像 ... 59

第八节 偏移 ... 60

第九节 阵列 ... 61

第十节 缩放 ... 63

第十一节 使用夹点模式编辑 ... 64

第十二节 设计范例——编辑运用 ... 67

本章小结 ... 68

练习题 ... 68

第六章 编辑和绘制复杂二维图形 ... 70

第一节 拉伸 ... 70

第二节 对齐 ... 71

第三节 打断 ... 72

第四节 修剪 ... 73

第五节 延伸 ... 74

第六节 倒角 ... 75

第七节 圆角 ... 76

第八节 分解 ... 77

第九节 创建多线 ... 77

第十节 创建和编辑多段线 ... 79

第十一节 图案填充 ... 82

第十二节 设计范例——绘制标线图 ... 90

本章小结 ... 91

练习题 ... 91

第七章 文字、表格与块操作 ... 93
第一节 单行文字 ... 93
第二节 多行文字 ... 95
第三节 文字样式 ... 96
第四节 特殊字符的输入 ... 98
第五节 表格 ... 98
第六节 创建并编辑块 ... 101
第七节 块属性 ... 107
第八节 设计范例——制作图块 ... 112
本章小结 ... 113
练习题 ... 113

第八章 尺寸标注与打印输出 ... 115
第一节 尺寸标注的概念 ... 115
第二节 尺寸标注的样式 ... 116
第三节 创建尺寸标注 ... 126
第四节 编辑尺寸标注 ... 131
第五节 标准图框制作 ... 132
第六节 打印输出 ... 134
第七节 设计范例——标注标志牌图并按比例打印 ... 145
本章小结 ... 145
练习题 ... 145

第九章 交通工程 CAD 的 VBA 二次开发 ... 147
第一节 AutoCAD VBA 基础 ... 147
第二节 AutoCAD ActiveX 技术 ... 152
第三节 交通工程 CAD 的 VBA 二次开发示例 ... 155
本章小结 ... 160
练习题 ... 160

第十章 TransCAD 交通规划软件 ... 161
第一节 TransCAD 的组成和功能 ... 161
第二节 TransCAD 组件和界面 ... 162
第三节 TransCAD 的基本操作 ... 163
本章小结 ... 168

第十一章 Cube 交通规划软件 ... 169
第一节 Cube 软件 ... 169

第二节　Cube 交通规划模型 …………………………………………………… 172
第三节　Cube 应用指导 …………………………………………………………… 173
本章小结 ……………………………………………………………………………… 176

第十二章　交通工程 CAD 其他常用软件 ……………………………………… 177
第一节　Emme 3 交通规划出行预测系统 …………………………………………… 177
第二节　TransModeler 交通仿真系统 ……………………………………………… 180
第三节　MapInfo 桌面地理信息系统软件 …………………………………………… 188
本章小结 ……………………………………………………………………………… 193

附录　常用 CAD 快捷键命令 …………………………………………………… 194
参考文献 ………………………………………………………………………………… 197

第一章 交通工程 CAD 概述

第一节 CAD 基本概念

一、CAD 的概念

计算机辅助设计又称 CAD(Computer Aided Design),它是以计算机为工具,以人为主体的一种设计方法和技术。特点是把计算机的计算、存储和图形处理功能与人的创造思维能力相结合,从而提高设计质量,缩短设计周期,降低生产成本,以及有助于产品数据的管理。

在工程和产品设计中,计算机可以帮助设计人员完成数值计算、信息存储和制图等项工作。在设计中通常要用计算机对不同方案进行大量的计算、分析和比较,以决定最优方案;各种设计信息,不论是数字的、文字的或图形的,都能存放在计算机的内存或外存里,并能快速地检索;设计人员通常用草图开始设计,将草图变为工作图的繁重工作交给计算机完成;由计算机自动产生的设计结果,并快速用图形方式显示出来,使设计人员及时对设计作出判断和修改;利用计算机可以进行与图形的编辑、放大、缩小、平移和旋转等有关的图形数据加工工作。CAD 能够减轻设计人员的劳动强度,缩短设计周期并提高设计质量。

二、CAD 的基本特征

人类在表达思想、传递信息时,最初采用图形,后来逐渐演化发展为具有抽象意义的文字。这是人类在信息交流上的一次革命。在信息交流中,图形表达方式比文字表达方式具有更多的优点。一幅图纸能容纳下许多信息,表达内容直观、一目了然,在不同的民族与地区具有表达思想的相通性,而往往可以反映用语言、文字也难以表达的信息。

工程图是工程师的语言。绘图是工程设计乃至整个工程建设中的一个重要环节。然而,图纸的绘制是一项极其繁琐的工作,不但要求正确、精确,而且随着环境、需求等外部条件的变化,设计方案也会随之变化。一项工程图的绘制通常是在历经数遍修改完善后才完成的。

在早期,工程师采用手工绘图。他们用草图表达设计思想,手法不一。后来逐渐规范化,形成了一整套规则,具有一定的制图标准,从而使工程制图标准化。但由于项目的多样性、多变性,使得手工绘图周期长、效率低、重复劳动多,从而阻碍了建设的发展。于是,人们想方设法地提高劳动效率,将工程技术人员从繁琐重复的体力劳动中解放出来,集中精力从事开创性的工作。例如,工程师们为了减少工程制图中的许多繁琐重复的劳动,编制了大量的标准图集,提供给不同的工程以备套用。

工程师们一直梦想着能甩开图板,实现自动化画图,将自己的设计思想用一种简洁、美观、标准的方式表达出来,便于修改,易于重复利用,提高劳动效率。

随着计算机的迅猛发展,工程界的迫切需要,计算机辅助绘图(Computer Aided Drawing)应运而生。早期的计算机辅助设计系统是在大型机、超级小型机上开发的,一般需要几十万甚至上百万美元,往往只有在规模很大的汽车、航空、化工、石油、电力、轮船等行业部门中应用,工程建设设计领域各单位工程制图则难以望其项背。进入20世纪80年代,微型计算机的迅速发展,使计算机辅助工程设计逐渐成为现实。计算机绘图是通过编制计算机辅助绘图软件,将图形显示在屏幕上,使用光标可以对图形直接进行编辑和修改。由计算机配上图形输入和输出设备(如键盘、鼠标、绘图仪)以及计算机绘图软件,组成一套计算机辅助绘图系统。

由于高性能的微型计算机和各种外部设备的支持,计算机辅助绘图软件的开发也得到长足的发展。

三、CAD 系统组成

CAD 系统通常是指以具有图形功能的交互计算机系统,主要设备包括:计算机主机、图形显示终端、图形输入板、绘图仪、扫描仪、打印机、磁带机,以及各类软件。

(1)工程工作站:一般指具有超级小型机功能和三维图形处理能力的单用户交互式计算机系统。它具有较强的计算能力,采用规范的图形软件,配有高分辨率的显示终端,可以在局域网上工作。

(2)个人计算机(PC)系统价格低廉,操作方便,使用灵活。20世纪80年代以后,PC 机性能不断提升,硬件和软件发展迅猛,加之图形卡、高分辨率图形显示器的应用,以及 PC 机网络技术的发展,由 PC 机构成的 CAD 系统大量涌现,迅速得到普及。

(3)图形输入输出设备:除了计算机主机和一般的外围设备外,计算机辅助设计主要使用图形输入输出设备。图形输入设备的一般作用是把平面上点的坐标送入计算机。常见的输入设备有键盘、光笔、触摸屏、操纵杆、跟踪球、鼠标器、图形输入板和数字化仪。图形输出设备分为软拷贝和硬拷贝两大类。软拷贝设备指各种图形显示设备,是人机交互必不可少的;硬拷贝设备常用作图形显示的附属设备,它可把屏幕上的图像复制下来,以便保存。常用的图形显示有三种:有向束显示、存储管显示和光栅扫描显示。有向束显示应用最早,为了使图像清晰,电子束必须不断重画图形,故又称刷新显示,它易于擦除和修改图形,适于用作交互图形。存储管显示保存图像而不必刷新,故能显示大量数据,且价格较低。光栅扫描系统能提供彩色图像,图像信息可存放在所谓帧缓冲存储器里,图像的分辨率较高。

(4)CAD 软件:除了计算机本身的软件如操作系统、编译程序外,CAD 系统主要使用交互式图形显示软件、CAD 应用软件和数据管理软件 3 类软件。

交互式图形显示软件用于图形显示的开窗、剪辑、观看,图形的变换、修改,以及相应的人机交互。CAD 应用软件提供几何造型、特征计算、绘图等功能,以完成面向各专业领域的各种专门设计。构造应用软件的 4 个要素是:算法、数据结构、用户界面和数据管理。数据管理软件用于存储、检索和处理大量数据,包括文字和图形信息。为此,需要建立工程数据库系统。它同一般的数据库系统相比有如下特点:数据类型更加多样、设计过程中实体关系复杂、库中数值和数据结构经常发生变动、设计者的操作主要是一种实时性的交互处理。

(5)基本技术:主要包括交互技术、图形变换技术、曲面造型和实体造型技术等。

在计算机辅助设计中,交互技术是必不可少的。交互式 CAD 系统是指在使用 CAD 系统进行设计时,人和机器可以及时地交换信息。采用交互式系统,人们可以边构思、边打样、边修改,随时可从图形终端屏幕上看到每一步操作的显示结果,非常直观。

(6)图形变换:主要功能是把用户坐标和图形输出设备的坐标系联系起来;对图形作平移、旋转、缩放、透视变换;通过矩阵运算来实现图形变换。

(7)计算机设计自动化:计算机自身的 CAD,旨在实现计算机自身设计和研制过程的自动化或半自动化。研究内容包括功能设计自动化和组装设计自动化,涉及计算机硬件描述语言、系统级模拟、自动逻辑综合、逻辑模拟、微程序设计自动化、自动逻辑划分、自动布局,以及相应的交互图形系统和工程数据库系统。

第二节 交通工程 CAD 研究及应用现状

交通建设是对国民经济发展具有全局性、先导性影响的行业,是较早应用计算机技术并取得显著成效的重要行业之一。通过多年探索和实践,交通工程计算机应用无论从应用范围还是从应用深度,都取得了较大发展。

在交通工程的发展过程中,世界各国一直致力于 CAD 技术在交通数据分析和管理、交通模型构建以及交通规划领域的应用研究。

国外关于交通工程 CAD 技术的研究开发,研究成果最具代表性的应属美国,其研究成果在世界范围内的应用也最为广泛。国外主要系统包括:Emme、TransCAD、Cube、TransModeler 等。

(1)Emme 是由加拿大 INRO 公司开发研制的一款交通规划出行预测系统,现在已发展到第三代 Emme 3,在数据整合、地理信息处理、路网编辑等功能上得到了很大的改进。该系统最显著的特点主要包括以下几个方面:可直接整合使用 ESRI 的地理信息系统技术(ArcGIS)来更好地显示地理信息数据;能将地理信息系统 GIS 文件,直接转换成 Emme 3 模型路网文件,路网精度更接近 GIS 文件的显示图像;作为新的路网选择工具,能在路网编辑界面中通过多边形区域选择部分节点和路段,并对其范围内的网络属性进行赋值,使路网编辑速度大大提高。Emme 在行业中已经成为大多数高级建模师可信赖的工具,依靠其有效且强大的算法已经完成了世界上许多最复杂的交通系统模型的建立,在交通模型领域内被誉为金牌标准系统。

(2)TransCAD 是由美国 Caliper 公司开发的一套强有力的交通规划和需求预测软件,是第一个为满足交通专业人员设计需要而设计的地理信息系统(GIS),可以用于储存、显示、管理和分析交通数据,同时将地理信息系统与交通需求预测模型和方法有机结合成一个单独的平台,是世界上最流行和强有力的交通规划和需求预测软件。

(3)Cube 交通软件包是由美国 Citilabs 公司开发的一套卓越的交通模拟与规划软件系统,同时也是交通规划领域使用最广泛的软件。它是一套综合的交通模拟与规划软件系统,拥有一套完整的用于交通规划的软件模块。使用 Cube,用户能统计、对比和输出高质量的图形和各种类型的报告,快速生成决策信息。

(4)TransModeler 是一个基于地理信息系统的交通仿真模型,为众多交通规划和仿真建模任务提供最有效的解决方案。其使用先进的驾驶行为模型来模拟路网上的交通流现象,对通过仿真再现拥堵状态下复杂交通流的交叉交织难题有独到突破。同时,TransModeler 和 TransCAD 共享一系列强大的数据处理、地理信息系统和制图功能,可以在 TransCAD 和其他规划软件的模型数据的基础上,快速创建真正有实用定量分析价值的交通仿真模型。

国内关于交通工程 CAD 的软件系统开发研究相对较少,其中以东南大学交通学院开发的"交运之星——Tran Star"为代表。该系统有 3 个版本:城市交通版、交通管理版、公路交通版。该软件能为各类交通规划方案提供详细的交通运输需求、道路交通流量、车辆行驶速度、网络交通质量等交通分析与评价指标的预测结果及方案实施后交通系统能源消耗与交通环境影响评价结果,为规划方案的制订提供可靠的决策依据。

这些软件的成功开发和推广应用,极大地推动了 CAD 技术在交通工程行业中的发展,也为交通行业的发展作出了巨大的贡献。

第三节　AutoCAD 软件简介

AutoCAD 则是美国 Autodesk 企业开发的一个交互式绘图软件,是用于二维及三维设计、绘图的系统工具,用户可以使用它来创建、浏览、管理、打印、输出、共享及准确复用富含信息的设计图形。

一、AutoCAD 软件特点

Autodesk 企业成立于 1982 年 1 月,在近 30 年的发展历程中,该企业不断丰富和完善 AutoCAD 系统,并连续推出 V1.0、V2.6、R9、R10、R12、R13、R14、R2000、R2004 等典型版本,直至最新的 AutoCAD 2010。使 AutoCAD 由一个功能非常有限的绘图软件发展到了现在功能强大、性能稳定、市场占有率位居世界第一的 CAD 系统。

AutoCAD 2010 的安装界面如图 1-1 所示。

图 1-1　AutoCAD 2010 安装界面

AutoCAD 是目前世界上应用最广的 CAD 软件,具有如下特点:
(1)具有完善的图形绘制功能;
(2)具有强大的图形编辑功能;
(3)可以采用多种方式进行二次开发或用户定制;
(4)可以进行多种图形格式的转换,具有较强的数据交换能力;
(5)支持多种硬件设备;
(6)支持多种操作平台;
(7)具有通用性、易用性,适用于各类用户。

此外,从 AutoCAD 2000 开始,该系统又增添了许多强大的功能,如 AutoCAD 设计中心(ADC)、多文档设计环境(MDE)、Internet 驱动、新的对象捕捉功能、增强的标注功能以及局部打开和局部加载的功能,从而使 AutoCAD 系统更加完善。

虽然 AutoCAD 本身的功能集已经足以协助用户完成各种设计工作，但用户还可以通过 Autodesk 以及数千家软件开发商开发的 5 000 多种应用软件把 AutoCAD 改造成为满足各专业领域的专用设计工具。这些领域包括机械、测绘、土木工程、电子以及航空航天等。

二、AutoCAD 2010 的界面结构

AutoCAD 2010 中文版的操作窗口是一个标准的 Windows 应用程序窗口，包括标题栏、菜单栏、工具栏、状态栏和绘图窗口等。操作窗口还包括命令输入行和文本窗口，通过它们使用者可以和 AutoCAD 系统之间进行人机交互。启动 AutoCAD 2010 后，系统会自动创建一个新的图形文件，并将该图形文件命名为"Drawing 1.Dwg"。因此启动后，在 AutoCAD 2010 的主窗口中就自动包含了一个名为"Drawing1.Dwg"的绘图窗口。

AutoCAD 2010 二维草图与注释操作界面的主要组成元素有：标题栏、菜单浏览器、快速访问工具栏、绘图区域、选项卡、面板、工具选项板、命令输入行窗口、坐标系图标和状态栏，如图 1-2 所示。

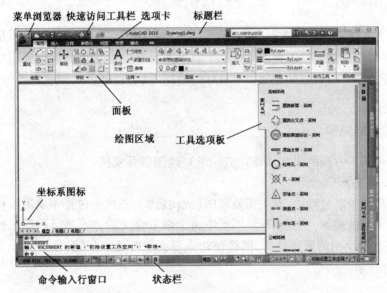

图 1-2　AutoCAD 2010 基本操作界面

AutoCAD 2010 有两个操作界面，可以通过单击【状态栏】中的 ◎（切换工作空间）按钮进行切换，两个界面分别是"三维建模"和"AutoCAD 经典"。

◆注意：本书对 AutoCAD 2010 功能介绍时采用的是"AutoCAD 经典"界面。

三、AutoCAD 软件在交通行业的应用

AutoCAD 在交通行业有着十分广泛的发展和应用，其涉及的领域包括：公路工程、桥梁工程、交通工程、水运工程、港口装卸机械、内河船舶、交通智能等方面。

1984 年，交通部公路规划设计院与美国路易斯·伯杰工程公司合资建立华杰工程咨询公司，相继从美、德等国引进了包括 APLLLO 图形工作站等硬件设备和路线平、纵、横断面设计与优化程序、CANDID 图形系统等总计近 20 万条源程序的成套的先进实用的公路路线 CAD 技术，为我国公路工程和交通行业大规模使用 CAD 技术作出了开创性的贡献。

在随后几年里由交通部公路规划设计院、同济大学、东南大学、西安公路学院、重庆公路科

学研究所等开展了针对 AutoCAD 在交通行业的应用研究,在我国"七五"、"八五"攻关期间相继开发了高等级公路路线综合优化和 CAD 系统、高等级公路桥梁计算机辅助设计系统、大直径桩连片式码头 CAD 系统、港口工程 CAD 系统、内河中小港用起重机研制及其 CAD 系统、计算机辅助船型论证系统 CASE、智能 CAD 系统等系统软件。

随后的研究中,又进一步开发 GPS 全球定位系统在公路测设中的应用技术,利用航测技术及遥感技术搜集公路沿线生态、地质、水文资料及采集地形地物数据,利用 GPS 全球定位系统与全站速测仪进行野外数据采集,完善路线设计与航测对接技术。开发由高速公路安全、监控、通信、计费等子系统组成的交通工程 CAD 系统,开发高速公路路网和路段的交通流量宏观仿真、交通事故预测、效益评估模型等技术。

近年来,随着 AutoCAD 及其二次开发技术在交通行业中的迅猛发展,各学科的相互交织,CAD 技术在交通行业中的应用研究已经取得了丰硕的成果。

第四节 良好绘图习惯的培养

无论干什么事情都需要培养一个良好的习惯,学习绘图也一样。工程绘图是一项严肃认真的事情,容不得半点偏差。工程图纸上一个数字甚至一个小数点的错误可能导致灾难性的后果。因此,作为未来的工程师必须培养良好的绘图习惯,良好的绘图习惯不但出错率低,而且效率大增。

一、设计绘图的流程

设计绘图包括3方面的内容:审图(或构思)、绘图以及复核。

1. 审图(或构思)

在进行工程图绘制过程中,首先需要审图(或构思)。在这一过程中要求工程师必须要对该工程图纸有深刻的理解,在完全理解图纸中每个细节含义后方可进行后续工作。前期的审图(或构思)是工程绘图的重要环节,但往往初学者会忽略这一步骤,急于展开下一步的绘图工作,其结果往往事半功倍。

2. 绘图

当完成了审图(或构思)后,就需要通过绘图完成工程图。这一过程至关重要,设计人员对工程的理解最终是通过图纸体现出来的。在绘图过程中必须仔细、认真,而且应学会利用先进、科学的方法来完成图纸,从而使工程图纸的绘制时间更短,图纸质量更高。

3. 复核

图纸的复核在实际工程设计中是一个重要的环节,一般都是由资深工程师来最后审核图纸。在实际学习中首先我们要学会复核自己绘制的图纸有没有错误和瑕疵。复核也是一个再学习的过程,可以通过复核加深对图纸的理解。

二、避免破数

在工程制图中,应该尽量避免破数(及近似小数)的出现。因为使用近似小数可能导致误差,而累积误差的产生对工程图纸的影响有时是"致命的"。为了避免出现近似小数,在绘图过程中要使用一定的绘图技巧,如:AutoCAD 允许输入"1/3",就可以避免输入"0.3333"这样的数值。

三、充分利用 AutoCAD 的精确绘图功能

AutoCAD 软件之所以能在工程领域应用如此广泛,关键在于其强大的绘图功能,其中它的精确绘图辅助功能能够大大提高绘图精度、缩短绘图时间、提高工作效率。这些功能包括:正交锁定、对象捕捉、对象跟踪、栅格设定、步长锁定等,在接下来的章节会对它们做详细介绍。灵活使用这些功能可以使我们的工程绘图过程更加轻松、高效。

四、辅助线的运用

辅助线的运用是平面、立体几何绘图中常用的方法,在使用 AutoCAD 绘图软件时可以利用辅助线提高绘图效率、避免破数、完成精确绘图。并且,由于 AutoCAD 一些自身所带的功能使得辅助线的使用更广泛更容易。在辅助线使用完成后,请务必将其删除,以免影响绘图结果。

对于矢量图绘制,辅助线(无论直线、圆弧、其他曲线)的运用和平面几何中的尺规作图类似,但不完全一样。一些尺规作图不能完成的辅助功能,AutoCAD 依靠其内部的功能也可以完成,如:将一个角分成 3 等分(见第四章第七节)。

五、建议

(1)初学者不宜看太多太杂的书,应该按照教材系统正规地学习;

(2)学会看软件【帮助】,不要因为是初学者就不看;"帮助"文件永远是最好的参考手册,虽然"帮助"文件中的文字有时很难看懂;

(3)不要放过任何一个看上去很简单的小问题——它们往往并不那么简单,或者可以引申出很多知识点;

(4)会用 AutoCAD 软件,并不能说明你会搞工程设计,设计是需要积累的;

(5)学一款软件并不难,难的是长期坚持实践和不遗余力地钻研;

(6)学习 CAD 最好的方法之一就是多练习,实践出真知;

(7)别指望看第一遍书就能记住和掌握什么——请看第二遍、第三遍……;

(8)把书上的例子在计算机上亲自实践一下,即便配套光盘中有源文件;

(9)把在书中看到的有意义的例子扩充,并将其切实运用到自己的工作学习中去;

(10)不要漏掉书中任何一个练习——请全部做完并记录下思路;

(11)即使绘图到一半,发现自己用的方法很拙劣时,也不要马上停止,应尽快将余下的部分尽快完成以保证这个设计的完整性,之后分析自己的错误并重新设计和工作;

(12)不要心急,熟练掌握 CAD 确实不容易,水平是在不断的实践中完善和提高的;

(13)每学到一个难点时,尝试给别人讲解这个知识点并让他理解——能够讲清楚才说明真的理解了;

(14)在和别人交流时,记录下自己忽视或不理解的知识点;

(15)保存好你做过的所有的源文件——那是你最好的积累之一,也是成长的历程。

第五节　设计范例——辅助线运用

下面通过一个具体的设计范例来讲解辅助线的使用方法。具体方法如下:

(1)如图 1-3a)所示,图形由一根半径为 10mm 的圆弧与两根长度为 30mm 的直线构成,并

且弧线与直线相切。

（2）分析图形：根据图形条件，依据平面几何原理，可知线段 ac 垂直线段 cd，且 ac 的长度为 10mm、cd 的长度为 30mm（其中 a 点为圆心），如图 1-3b）所示。

（3）方法一：首先绘制一个直角边分别为 10mm 和 30mm 的直角三角形，如图 1-4a）所示；可以看出这个三角形（def）与图 1-3b）中三角形（dac）完全相同；然后根据相同三角形对应角相等的原理，对称地画出该三角形，并利用 AutoCAD 的绘圆功能中的（相切、相切、半径）绘制半径为 10mm 的圆与三角形的两条斜边相切，如图 1-4c）所示；最后，删除、修剪多余的辅助线，完成图形。

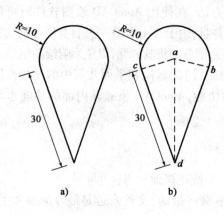 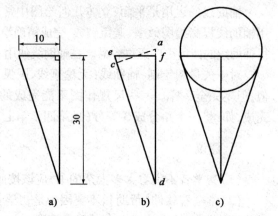

图 1-3　辅助线范例（尺寸单位：mm）　　　　　图 1-4　辅助线步骤一（尺寸单位：mm）
　　a）A 图；b）B 图　　　　　　　　　　　　　a）A 图；b）B 图；c）C 图

（4）方法二：首先绘制一个直角边分别为 30mm 和 10mm 的直角三角形，如图 1-5 所示；然后再镜像该三角形并以其顶点为圆心绘制半径为 10mm 的圆。

如图 1-6 所示：三角形（agh）与三角形（ace）是相似三角形，故此，线段 ac 垂直于线段 ce，c 点就是切点；然后以 c 点和对称的 c' 点为圆心，30mm 长度为半径，得出交点 d，分别连接 cd 和 $c'd$ 即为所求直线；最后，删除、修剪多余的辅助线，完成图形。

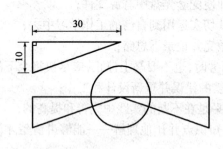 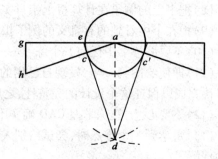

图 1-5　辅助线步骤二(1)（尺寸单位：mm）　　　图 1-6　辅助线步骤二(2)

本 章 小 结

本章主要介绍了交通工程 CAD 的发展，并对 AutoCAD 软件的特点以及在交通行业内的应用给以简要介绍。通过本章学习，读者应该可以了解 CAD 的内涵、学习方法以及利用辅助线精确绘图的技巧。

练 习 题

1. CAD 的基本概念是什么？有何特征？简述 CAD 的系统组成。
2. 简述交通工程 CAD 在国内外的研究及应用现状。
3. AutoCAD 软件有何特点？
4. 良好的绘图习惯指什么？为什么要培养良好的绘图习惯？
5. 利用平面几何原理和 AutoCAD 功能，就设计范例再想出几种辅助线的设计方法。

第二章 绘图基础

在绘图之前,首先要明确 AutoCAD 绘制图形的类型并学会设置绘制图形的环境。绘图环境包括参数选项、鼠标、线型和线宽、图形单位、图形界限等。在绘制图形的过程中,经常需要对视图进行操作,如放大、缩小、平移,或者将视图调整为某一特定模式下显示等,这些是绘制图形的基础。

第一节 光栅图与矢量图

计算机中显示的图形一般可以分为两大类:光栅图和矢量图。

一、光栅图

"栅"是格栅,就是纵横成排的小格子。小格子小到极致,就是点了。一个图像,人只要看一眼就明白了。但是让计算机要记录下来,就要把这个图像分成一个个小格子也就是点阵。小格子分得越小,图像也就记录得越能表现细节。

光栅图也叫做位图、点阵图、像素图,简单的说,就是最小单位由像素构成的图。图 2-1 所示为一幅光栅图。

二、矢量图

与光栅图相对应的是矢量图。矢量图也叫做向量图,在数学上定义为一系列由线连接的点。矢量文件中的图形元素称为对象。每个对象都是一个自成矢量图,它具有颜色、形状、轮廓、大小和屏幕位置等属性。矢量图可以在维持它原有清晰度和弯曲度的同时,多次移动和改变它的属性,而不会影响图例中的其他对象。这些特征使基于矢量的程序特别适用于图例和三维建模,因为它们通常要求能创建和操作单个对象。基于矢量的绘图同分辨率无关。

矢量图与位图最大的区别是,它不受分辨率的影响。因此在印刷时,可以任意放大或缩小图形而不会影响出图的清晰度,可以按最高分辨率显示到输出设备上。图 2-2 所示为一幅矢量图。

图 2-1 光栅图——足球

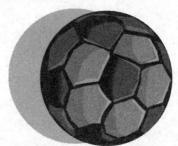

图 2-2 矢量图——足球

交通工程设计图用矢量图来表示比用光栅图的优势更大,因为交通工程设计图常需要缩放来查看详细的区域。另外,在修改图形时,只需要对原有的矢量信息进行编辑即可,而光栅图就需要重新绘制了。但矢量图在显示器上显示时,需要实时转换成像素图,因为显示器本身是像素结构的。

1. 矢量图的主要特点

矢量图的优点和缺点归纳如下。

1)优点

(1)文件小;

(2)图像元素对象可编辑;

(3)图像放大或缩小不影响图像的分辨率;

(4)图像的分辨率不依赖于输出设备。

2)缺点

(1)重画图像困难;

(2)相似度低,要画出相似度高的图像需要很多的技巧。

2. 常见的几种矢量图格式

*.dwg——AutoCAD 中使用的一种图形文件格式。

*.dxb(drawing interchange binary)——AutoCAD 创建的一种图形文件格式。

*.dxf(Autodesk Drawing Exchange Format)——AutoCAD 中的图形文件格式,它以 ASCII 方式储存图形,在表现图形的大小方面十分精确,可被 CorelDraw、3DS 等大型软件调用编辑。

*.cdr(CorelDraw)——CorelDraw 中的一种图形文件格式。它是所有 CorelDraw 应用程序中均能够使用的一种图形图像文件格式。

*.col(Color Map File)——由 Autodesk Animator、Autodesk Animator Pro 等程序创建的一种调色板文件格式,其中存储的是调色板中各种项目的 RGB 值。

*.wmf(Windows Metafile Format)——Microsoft Windows 中常见的一种图元文件格式,它具有文件短小、图案造型化的特点,整个图形常由各个独立的组成部分拼接而成,但其图形往往较粗糙,并且只能在 Microsoft Office 中调用编辑。

*.ico(Icon file)——Windows 的图标文件格式。

*.iff(Image File Format)——Amiga 等超级图形处理平台上使用的一种图形文件格式,好莱坞的特技大片多采用该格式进行处理,可再现原景。当然,该格式耗用的内存、外存等计算机资源也十分巨大。

*.pdd 和 *.psd 一样,都是 Photoshop 软件中专用的一种图形文件格式,能够保存图像数据的每一个细小部分,包括层、附加的蒙版通道以及其他内容,而这些内容在转存成其他格式时都会丢失。另外,因为这两种格式是 Photoshop 支持的自身格式文件,所以 Photoshop 能以比其他格式更快的速度打开和存储它们。唯一遗憾的是,尽管 Photoshop 在计算过程中应用了压缩技术,但用这两种格式存储的图像文件仍然特别大。不过,用这两种格式存储图像不会造成任何的数据流失,所以在编辑过程中,最好还是选择这两种格式存盘,以后再转换成占用磁盘空间较小、存储质量较好的其他文件格式。

一般来说矢量图格式之间可以相互转换,同时矢量图转换成光栅图也相对简单。然而,如果要将光栅图转换成矢量图却有相当难度。

第二节 坐标系与坐标

要在 AutoCAD 中准确、高效地绘制图形,必须充分了解各坐标系的概念以及输入方法,它是确定对象位置的最基本的手段。

一、坐标系

AutoCAD 中的坐标系按定制对象的不同,可分为世界坐标系(WCS)和用户坐标系(UCS)。

1. 世界坐标系(WCS)

根据笛卡尔坐标系的习惯,沿 X 轴正方向向右为水平距离增加的方向,沿 Y 轴正方向向上为竖直距离增加的方向,垂直于 XY 平面,沿 Z 轴正方向从所视方向向外为距离增加的方向。这一套坐标轴确定为世界坐标系,简称 WCS。该坐标系的特点是:它总是存在于一个设计图形之中,并且不可更改。

2. 用户坐标系(UCS)

相对于世界坐标系 WCS,可以创建无限多的坐标系,这些坐标系通常称为用户坐标系(UCS),并且可以通过调用 UCS 命令去创建用户坐标系。尽管世界坐标系 WCS 是固定不变的,但可以从任意角度、任意方向来观察或旋转世界坐标系 WCS,而不用改变其他坐标系。AutoCAD 提供的坐标系图标,可以在同一图纸不同坐标系中保持同样的视觉效果。这种图标将通过指定 X、Y 轴正方向来显示当前 UCS 的方位。

用户坐标系(UCS)是一种可自定义的坐标系,可以修改坐标系的原点和坐标轴的方向,即 X、Y、Z 轴和原点方向都可以移动和旋转,这在绘制三维对象时非常有用。

调用用户坐标系首先需要执行用户坐标命令,其方法有如下几种:

(1)在【菜单栏】中选择【工具】→【新建 UCS】→【三点】菜单命令,执行用户坐标命令。

(2)调出【UCS】工具栏,单击其中的【三点】按钮 ,执行用户坐标命令。

(3)在命令输入行中输入 UCS 命令,执行用户坐标命令。

二、坐标的表示方法

在使用 AutoCAD 绘图过程中,绘图区中的任何一个图形都有属于自己的坐标位置。当绘图过程中需要指定点的位置时,就需要用指定点的坐标位置来确定点,从而精确、有效地完成绘图。

常用的坐标表示方法有:绝对直角坐标、相对直角坐标、绝对极坐标和相对极坐标。

1. 绝对直角坐标

绝对直角坐标是以坐标原点(0,0,0)为基点定位所有的点。在 AutoCAD 中,是通过输入(X,Y,Z)坐标的方式来定义一个点的位置的。

如图 2-3 所示,O 点的绝对坐标为(0,0,0),则 A 点绝对坐标为(8,8,0),B 点绝对坐标为(28,8,0),C 点绝对坐标为(28,28,0)。

如果 Z 方向坐标为 0,则可省略,则 A 点绝对坐标为(8,8),B 点绝对坐标为(28,8),C 点绝对坐标为(28,28)。

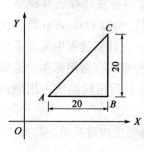

图 2-3 绝对直角坐标

2. 相对直角坐标

相对直角坐标是以某点相对于另一特定点的相对位置定义一个点的位置。相对特定坐标点(X,Y,Z)增量为$(\Delta X,\Delta Y,\Delta Z)$的坐标点的输入格式为@$\Delta X,\Delta Y,\Delta Z$。"@"字符的使用相当于输入一个相对坐标值"@0,0"或极坐标"@0<任意角度",它指定与前一个点的偏移量为0。

在图2-3所示的绝对直角坐标中,O点绝对坐标为$(0,0,0)$,A点相对于O点的相对坐标为"@8,8",B点相对于O点的相对坐标为"@28,8",B点相对于A点的相对坐标为"@20,0",C点相对O点的相对坐标为"@28,28",C点相对于A点的相对坐标为"@20,20",C点相对于B点的相对坐标为"@0,20"。

3. 绝对极坐标

绝对极坐标是以坐标原点$(0,0,0)$为极点定位所有的点的。在AutoCAD中,是通过输入相对于极点的距离和角度的方式来定义一个点的位置。AutoCAD的默认角度正方向是逆时针方向。起始0为X正向,输入极点距离再加一个角度即可指明一个点的位置。其使用格式为"距离<角度"。如要指定相对于原点距离为100、角度为45°的点,输入"100<45"即可。

其中,角度按逆时针方向增大,按顺时针方向减小。如果要向顺时针方向移动,应输入负的角度值,如输入10<-70等价于输入10<290。

4. 相对极坐标

在AutoCAD中,以某一特定点为参考极点,输入相对于极点的距离和角度来定义一个点的位置,即相对极坐标。其使用格式为@距离<角度。如要指定相对于前一点距离为40、角度为45°的点,输入"@40<45"即可,如图2-4所示。

在绘图中,多种坐标输入方式配合使用会使绘图更灵活,再配合目标捕捉、夹点编辑等工具,会使绘图更快捷。

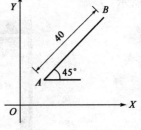

图2-4　相对极坐标

第三节　设置绘图环境

应用AutoCAD绘制图形时,需要先定义符合要求的绘图环境,如设置绘图测量单位、绘图区域大小、图形界限、图层、尺寸和文本标注方式以及设置坐标系统,设置对象捕捉、极轴跟踪等,这样不仅可以方便修改,还可以实现与团队的沟通和协调。本节将对设置绘图环境作具体的介绍。

一、设置参数选项

要想提高绘图的质量和速度,必须有一个合理的、适合自己绘图习惯的参数设置。

选择【工具】→【选项】菜单命令,或在命令输入行中输入:options后按下Enter键。打开【选项】对话框,该对话框包括【文件】、【显示】、【打开和保存】、【打印和发布】、【系统】、【用户系统设置】、【草图】、【三维建模】、【选择集】和【配置】10个选项卡,如图2-5所示。

二、鼠标的设置

在绘制图形时,灵活使用鼠标的右键会使操作更加方便快捷。通过【选项】对话框,可以自定义鼠标右键功能,具体方法如下:

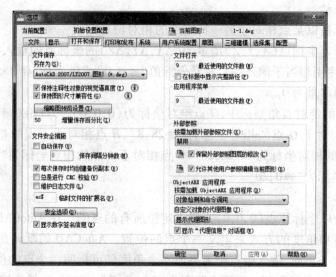

图 2-5 【选项】对话框

在【选项】对话框中单击【用户系统配置】选项卡,切换到【用户系统配置】界面,如图 2-6 所示。

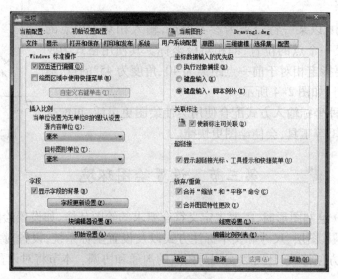

图 2-6 【选项】对话框中的【用户系统配置】选项卡

单击【Windows 标准操作】选项组中的【自定义右键菜单】按钮,弹出的【自定义右键单击】对话框,如图 2-7 所示。该对话框中选项的功能分别为:

(1)【打开计时右键单击】复选框:控制右键单击操作。快速单击与按下 Enter 键的作用相同。缓慢单击将显示快捷菜单。可以用毫秒来设置慢速单击的持续时间。

(2)【默认模式】选项组:确定未选中对象且没有命令在运行时,在绘图区域中单击右键所产生的结果。

(3)【重复上一个命令】:禁用"默认"快捷菜单。当没有选择任何对象时并且没有任何命令运行时,在绘图区域中单出鼠标右键与按下 Enter 键的作用相同,即重复上一次使用的命令(在工程设计中往往采用该模式)。

(4)【快捷菜单】：启用"默认"快捷菜单。

(5)【编辑模式】选项组：确定当选中了一个或多个对象且没有命令在运行时，在绘图区域中单击鼠标右键所产生的结果。

(6)【命令模式】选项组：确定当命令正在运行时，在绘图区域单击右键所产生的结果。

(7)【确认】：禁用"命令"快捷菜单。当某个命令正在运行时，在绘图区域中单击鼠标右键与按下 Enter 键的作用相同。

(8)【快捷菜单：总是启用】：启用"命令"快捷菜单。

(9)【快捷菜单：命令选项存在时可用】：仅当在命令提示下选项当前可用时，启用"命令"快捷菜单。在命令提示下，选项用方括号括起来。如果没有可用的选项，则单击鼠标右键与按下 Enter 键作用相同。

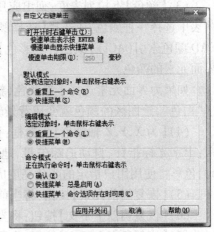

图 2-7 【自定义右键单击】对话框

三、更改图形窗口的颜色

在【选项】对话框中单击【显示】标签，切换到【显示】选项卡，单击【颜色】按钮，打开的【图形窗口颜色】对话框，如图 2-8 所示。

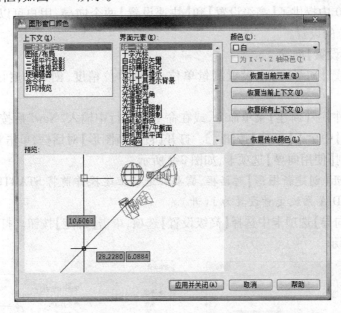

图 2-8 【图形窗口颜色】对话框

通过【图形窗口颜色】对话框可以方便地更改各种操作环境下各要素的显示颜色，其中选项的功能如下。

(1)【上下文】列表：显示程序中所有上下文列表。上下文是指一种操作环境，例如模型空间。用户可以根据上下文为界面元素指定不同的颜色。

(2)【界面元素】列表：显示选定的上下文中所有界面元素的列表。界面元素是指一个上下文中的可见项，例如背景色。

(3)【颜色】下拉列表框:列出应用于选定界面元素的可用颜色设置。用户可以从其下拉列表中选择一种颜色,或选择【选择颜色】选项,打开【选择颜色】对话框。用户可以从【AutoCAD 颜色索引(ACI)】颜色、【真彩色】颜色和【配色系统】等选项卡的颜色中进行选择来定义界面元素的颜色。

如果为界面元素选择了新颜色,新的设置会显示在【预览】区域中。如果将【颜色】设置成了"白色",绘图区的颜色就变成背景颜色。

(4)【为 X,Y,Z 轴染色】复选框:控制是否将 X 轴、Y 轴和 Z 轴的染色应用于以下界面元素:十字光标指针、自动追踪矢量、地平面栅格线和设计工具提示。将颜色饱和度增加 50% 时,色彩将使用用户指定的颜色亮度应用纯红色、纯蓝色和纯绿色色调。

(5)【恢复当前元素】按钮:将当前选定的界面元素恢复为默认颜色。

(6)【恢复当前上下文】按钮:将当前选定的上下文中的所有界面元素恢复为默认颜色。

(7)【恢复所有上下文】按钮:将所有界面元素恢复为默认颜色。

(8)【恢复传统颜色】按钮:将所有界面元素恢复为 AutoCAD 2010 经典颜色。

四、设置绘图单位

在新建文档时,需要进行相应的绘图单位设置,以满足使用的要求。设置绘图单位有两种方法,下面分别介绍。

1. 方法一

AutoCAD 2010 中提供了【高级设置】和【快速设置】两个向导,用户可以根据向导的提示轻松完成绘图单位的设置。

1)使用【高级设置】向导

使用【高级设置】向导,可以设置测量单位、显示单位精度、创建角度设置等,具体操作如下:

(1)选择【文件】→【新建】菜单命令,或在命令输入行中输入"New"后按下 Enter 键,或在【快速访问工具栏】中单击【新建】按钮。打开【创建新图形】对话框,单击对话框中的【使用向导】标签,切换到【使用向导】选项卡,如图 2-9 所示。

◆注意:要打开【创建新图形】对话框,需要在进行上述操作前将 STARTUP 系统变量设置为 1(开),将 FILEDIA 系统变量设置为 1(开)。

(2)在【使用向导】选项卡中选择【高级设置】选项,单击【确定】按钮。打开【高级设置】对话框,如图 2-10 所示。

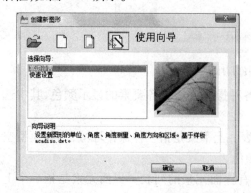

图 2-9 【创建新图形】对话框中的【使用向导】选项卡

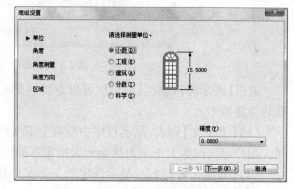

图 2-10 设置长度单位的【高级设置】对话框

这时，在对话框中可以设置绘图的长度单位，即小数、工程、建筑、分数、科学5种长度测量单位，在【精度】下拉列表框中可以设置单位的精确程度。

（3）测量单位设置完成后，单击【下一步】按钮，打开设置角度测量单位和精度的对话框，如图2-11所示。

在此可以根据需要选择设置绘图的角度单位，即十进制度数、度/分/秒、百分度、弧度、勘测5种角度测量单位，AutoCAD默认的测量单位为十进制度数。在【精度】下拉列表框中可以设置角度的精确程度。

（4）完成角度设置后，单击【下一步】按钮，打开设置角度起始方向的对话框，如图2-12所示。

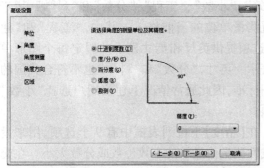

图2-11 设置角度的【高级设置】对话框　　　　图2-12 设置角度起始方向的【高级设置】对话框

在此，AutoCAD默认的测量起始方向为东，用户可从中选择北、西、南及其他选项，如果选择"其他"选项后可在文本框中输入精确的数值。

（5）设置完成角度的起始方向后，单击【下一步】按钮，打开设置角度测量方向的对话框，如2-13图所示。用户可以选择逆时针、顺时针两种角度的测量方向。

（6）设置完成角度的测量方向后，单击【下一步】按钮，最后打开的设置对话框可以设置要使用全比例单位表示的区域，如图2-14所示。用户在此设置完宽度和长度后，从对话框的右侧可以预览纸张的大致形状。

 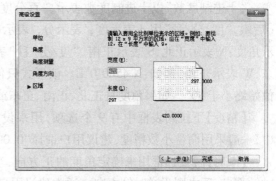

图2-13 设置角度测量方向的【高级设置】对话框　　　　图2-14 设置绘图区域的【高级设置】对话框

2）使用【快速设置】向导

在【使用向导】选项卡中选择【快速设置】选项，单击【确定】按钮，打开【快速设置】对话框，【快速设置】向导包含【单位】和【区域】。使用此向导时，可以选择【上一步】和【下一步】在对话框之间切换并进行设置，选择最后一页上的【完成】按钮关闭向导，则按照设置创建新图形。

2. 方法二

使用传统方法，也可以设置当前图形中的单位、精度、角度等，具体操作方法如下：

（1）在【菜单栏】中选择【格式】→【单位】菜单命令或在命令输入行中输入 UNITS 后按 Enter 键，打开【图形单位】对话框，如图 2-15 所示。

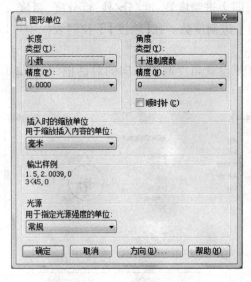

图 2-15 【图形单位】对话框

（2）设置长度选项。【图形单位】对话框中的【长度】选项组用来指定测量当前单位及当前单位的精确度。它包括【类型】和【精度】两个下拉列表框。

在【类型】下拉列表框中有 5 个选项，包括"建筑"、"小数"、"工程"、"分数"和"科学"，用于设置测量单位的当前格式。其中，"工程"和"建筑"选项提供英尺和英寸显示并假定每个图形单位表示一英寸，"分数"和"科学"也不符合我国的制图标准，因此通常情况下建议用户选择"小数"选项。

在【精度】下拉列表框中有 9 个选项，用来设置线性测量值显示的小数位数或分数大小。在交通工程设计图中，一般采用两位小数精度，建议用户选择"0.00"。

（3）设置角度选项。【图形单位】对话框中的【角度】选项组用来指定当前角度格式和当前角度显示的精度。它包括【类型】、【精度】两个下拉列表框以及【顺时针】复选框。

在【类型】下拉列表框中有 5 个选项，包括"百分度"、"度/分/秒"、"弧度"、"勘测单位"和"十进制度数"，用于设置当前角度格式。通常建议用户选择符合我国交通行业制图规范的"十进制度数"。

以下惯例用于各种角度测量：

"十进制度数"以十进制度数表示，"百分度"附带一个小写 g 后缀，"弧度"附带一个小写 r 后缀，"度/分/秒"用 d 表示度，′表示分，″表示秒，例如：45d42′35.6″。"勘测单位"以方位表示角度：N 表示正北，S 表示正南，"度/分/秒"表示从正北或正南开始的偏角大小，E 表示正东，W 表示正西，例如：N 45d0′0″E。该形式只使用"度/分/秒"格式来表示角度大小，且角度值始终小于 90°。如果角度是正北、正南、正东或正西，则只显示表示方向的单个字母。

【精度】下拉列表框中有 9 个选项，用来设置当前角度显示的精度。在交通工程设计图中，一般采用两位小数精度，建议用户选择"0.00"。

【顺时针】复选框用来确定角度的正方向，当启用该复选框时，就表示角度的正方向为顺时针方向，反之则为逆时针方向。通常建议用户选择符合我国制图习惯的"逆时针方向"。

（4）设置图形缩放单位选项。【图形单位】对话框中的【插入时的缩放单位】选项组用来控制插入到当前图形中的块和图形的测量单位，有多个选项可供选择。如果块或图形创建时使用的单位与该选项指定的单位不同，则在插入这些块或图形时，将对其按比例缩放。插入比例是源块或图形使用的单位与目标图形使用的单位之比。如果插入块时不按指定单位缩放，则选择"无单位"选项。

◆注意:当源块或目标图形中的【插入时的缩放单位】设置为"无单位"时,将使用【选项】对话框的【用户系统配置】选项卡中的【源内容单位】和【目标图形单位】设置。

单位设置完成后,【输出样例】框中会显示出当前设置下输出的单位样式。单击【确定】按钮,就设定了这个文件的图形单位。

(5)设置图形方向选项。单击【图形单位】对话框中的【方向】按钮,打开【方向控制】对话框,如图2-16所示。

在【基准角度】选项组中单击【东】(默认方向)、【南】、【西】、【北】或【其他】中的任何一个可以设置角度的零度方向。当选择【其他】单选按钮时,也可以通过输入值来指定角度。

【角度】按钮，是基于假想线的角度定义图形区域中的零角度,该假想线连接用户使用定点设备指定的任意两点。只有选择【其他】单选按钮时,该选项才可用。

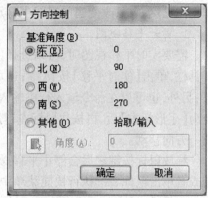

图2-16 【方向控制】对话框

五、设置图形界限

图形界限是世界坐标系中几个二维点,表示图形范围的左下基准线和右上基准线。如果设置了图形界限,就可以把输入的坐标限制在矩形的区域范围内。图形界限还限制显示网格点的图形范围等。另外,还可以指定图形界限作为打印区域,应用到图纸的打印输出中。具体做法为:

在【菜单栏】中选择【格式】→【图形界限】菜单命令,输入图形界限的左下角和右上角位置,命令输入行提示如下:

★命令:_limits

重新设置模型空间界限:

指定左下角点或[开(ON)/关(OFF)]<0.0000,0.0000>:0,0 //输入左下角位置(0,0)后按Enter键

指定右上角点<420.0000,297.0000>:420,297　　　//输入右上角位置(420,297)后按Enter键

这样,所设置的绘图面积为420mm×297mm,相当于A3图纸的大小(交通工程设计图纸常用大小)。

◆提示:在绘图过程中,用户仍然可以根据需要对图形单位、线型、图层等内容进行重新设置,以避免因设置不合理而影响绘图效率。

第四节　视　图　控　制

与其他图形图像软件一样,使用AutoCAD绘制图形时,也可以自由地控制视图的显示比例,例如需要对图形进行细微观察时,可适当放大视图比例以显示图形中的细节部分;而需要观察全部图形时,可适当缩小视图比例显示图形的全貌。

在绘制较大图形,或者放大了视图显示比例时,还可以随意移动视图的位置,以显示要查看的部位。在此节中将对如何进行视图控制做详细的介绍。

一、平移视图

在编辑图形对象时,如果当前窗口不能显示全部图形,可以适当平移视图,以显示被隐藏部分的图形。就像日常生活中使用相机平移一样,执行平移操作不会改变图形中对象的位置和视图比例,它只改变当前视图中显示的内容。下面对具体操作进行介绍。

1. 实时平移视图

需要实时平移视图时,可以选择【视图】→【平移】→【实时】菜单命令;也可以调出【标准】工具栏,单击【实时平移】按钮;还可以在【视图】选项卡的【导航】面板中单击【平移】按钮;另外,也可以在命令输入行中输入 PAN 命令(◆快捷键为"P")后按 Enter 键,当十字光标变为【手形标志】后,再按住鼠标左键进行拖动,以显示需要查看的区域,图形显示将随光标向同一方向移动。

释放鼠标按键之后会停止平移操作。如果要结束平移视图的任务,可按 Esc 键或按 Enter 键或者单击鼠标右键执行快捷菜单中的【退出】命令,光标即可恢复至原来的状态。

◆提示:用户也可以在绘图区的任意位置单击鼠标右键,然后执行弹出快捷菜单中的【平移】命令。

2. 定点平移视图

需要通过指定点平移视图时,可以选择【视图】→【平移】→【定点】菜单命令,当十字光标中间的正方形消失之后,在绘图区中单击鼠标可指定平移基点位置,再次单击鼠标可指定第二点的位置,即刚才指定的变更点移动后的位置,此时 AutoCAD 将会计算出从第一点至第二点的位移,如图 2-17a)和图 2-17b)所示。

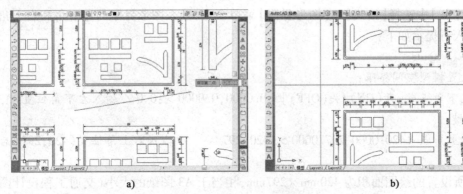

图 2-17 定点平移
a)平移前;b)平移后

另外,选择【视图】→【平移】→【左】或【右】或【上】或【下】菜单命令,可使视图向左(或向右或向上或向下)移动固定的距离。

二、缩放视图

在绘图时,有时需要放大或缩小视图的显示比例。对视图进行缩放不会改变对象的绝对大小,改变的只是视图的显示比例。

1. 实时缩放视图

实时缩放视图是指向上或向下移动鼠标对视图进行动态的缩放。选择【视图】→【缩放】→【实时】菜单命令,或在【标准】工具栏中单击【实时缩放】按钮,或在【视图】选项卡的【导航】面板中单击【实时】按钮之后,当十字光标变成【放大镜标志】之后,按住鼠标左键垂直进行拖动,即可放大或缩小视图,如图2-18a)和图2-18b)所示。当缩放到适合的尺寸后,按Esc键或按Enter键,或者单击鼠标右键执行快捷菜单中的【退出】命令,光标即可恢复至原来的状态,结束该操作。

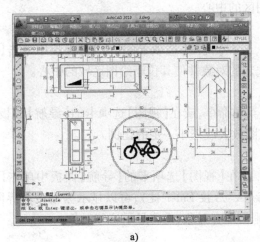 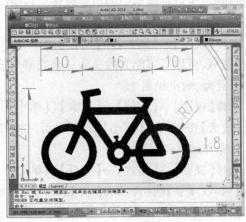

图2-18　实时缩放
a)缩放前;b)缩放后

◆提示①:在设置鼠标"绘图区域中使用快捷菜单"复选框时(见第二章第三节),用户可以在绘图区的任意位置单击鼠标右键,然后执行弹出的快捷菜单中【缩放】命令。

◆提示②:对于3键鼠标,同学们也可以在绘图区的任意位置滚动鼠标滚轴缩放图形。

2. 上一个

当需要恢复到上一个设置的视图比例和位置时,选择【视图】→【缩放】→【上一步】菜单命令;或在【标准】工具栏中单击【缩放上一个】按钮;或在【视图】选项卡的【导航】面板中单击【上一个】按钮。它们都不能恢复到以前编辑图形的内容。

3. 窗口缩放视图

当需要查看特定区域的图形时,可采用窗口缩放的方式,选择【视图】→【缩放】→【窗口】菜单命令;或在【标准】工具栏中单击【窗口缩放】按钮;或在【视图】选项卡的【导航】面板中单击【窗口】按钮。用鼠标在图形中圈定要查看的区域,释放鼠标后在绘图区就会显示要查看的内容。(当采用窗口缩放方式时,指定缩放区域的形状不需要严格符合新视图,但新视图必须符合视窗的形状。)

◆提示:当采用窗口缩放方式时,指定缩放区的形状不需要严格符合新视图,但新视图必须符合视窗的形状。

4. 动态缩放视图

进行动态缩放,选择【视图】→【缩放】→【动态】菜单命令,或在【视图】选项卡的【导航】面板中单击按钮,这是绘图区将出现颜色不同的线框,在未执行缩放操作前,中间有一个×型符号,在其中按住鼠标左键进行拖动,试图框右侧会出现一个箭头。用户可根据需要调整该框至合适的位置后单击鼠标,重新出现×型符号后按Enter键,则绘图区只显示视图框的内容。

5. 比例缩放视图

选择【视图】→【缩放】→【比例】菜单命令,或在【视图】选项卡的【导航】面板中单击【缩放】按钮,表示按指定的比例缩放视图显示。当输入具体的数值时,图形就会按照该数值比例实现绝对缩放;在比例系数后面加 X 时,图形将实现相对缩放;在数值后面加 XP 时,则图形就会相对于图纸空间进行缩放。

6. 中心点缩放视图

选择【视图】→【缩放】→【圆心】菜单命令,或在【视图】选项卡的【导航】面板中单击【中心】按钮,可以将图形中的指定点移动到绘图区的中心。

7. 对象缩放视图

选择【视图】→【缩放】→【对象】菜单命令,或在【视图】选项卡的【导航】面板中单击【对象】按钮,可以尽可能大的显示一个或多个选定的对象并使其位于绘图区域的中心。

8. 放大、缩小视图

选择【视图】→【缩放】→【放大】(【缩小】)菜单命令,或在【视图】选项卡的【导航】面板中单击【放大】按钮或【缩小】按钮,可以将视图放大或缩小一定的比例。

9. 全部缩放视图

选择【视图】→【缩放】→【全部】菜单命令,或在【视图】选项卡的【导航】面板中单击【全部】按钮(◆快捷键为"Z"后按 Enter 键,再按"A"后按 Enter 键),可以显示栅格区域界限,图形栅格界限将填充当前视口或图形区域,若栅格外有对象,也将显示这些对象。

10. 范围缩放视图

选择【视图】→【缩放】→【范围】菜单命令,或在【视图】选项卡的【导航】面板中单击【范围】按钮,将尽可能放大显示当前绘图区的所有对象,并且仍在当前视窗或当前图形区域中全部显示这些对象。

另外,需要缩放视图时还可以在命令输入行中输入 zoom 命令(◆快捷键为"Z")后按 Enter 键,命令输入行提示如下:

★命令:zoom

指定窗口的角点,输入比例因子(nX 或 nXP),或者[全部(A)/中心(C)/动态(D)/范围(E)/上一个(P)/比例(S)窗口(W)/对象(O)]<实时>:

用户可以按照提示选择需要的命令进行输入后按 Enter 键,完成需要的缩放操作。

三、鸟瞰视图

选择【视图】→【鸟瞰视图】菜单命令,打开如图 2-19 所示的【鸟瞰视图】窗口。利用此窗口可以快速更改当前视口中的视图,只要【鸟瞰视图】窗口处于打开状态,在绘图过程中不中断当前命令便可以直接进行平移或缩放等操作,且无须选择菜单选项或输入命令就可以指定新的视图。用户还可以通过执行【鸟瞰视图】窗口中所提供的命令来改变该窗口中图像的放大比例,或以增量方式重新调整图像的大小,而不会影响到绘图本身的视图。

在该窗口中显示的宽线框为视图框,标记当前视图。该窗口的【视图】菜单中包括以下命令:

(1)【放大】:以当前视图框为中心,放大两倍【鸟瞰视图】窗口中的图形显示比例。

(2)【缩小】:以当前视图框为中心,缩小两倍

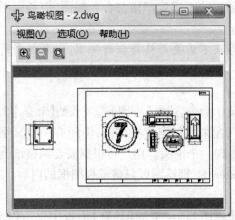

图 2-19 【鸟瞰视图】窗口

【鸟瞰视图】窗口中的图形显示比例。

(3)【全局】:在【鸟瞰视图】窗口显示整个图形和当前视图。

在该窗口的【选项】菜单中包括以下命令:

(1)【自动视口】:当显示多重视口时,自动显示当前视口的模型空间视图。关闭"自动视口"时,将不更新【鸟瞰视图】窗口以匹配当前视窗。

(2)【动态更新】:编辑图形时更新【鸟瞰视图】窗口。关闭"动态更新",时,将不更新【鸟瞰视图】窗口,直到在【鸟瞰视图】窗口中单击。

(3)【实时缩放】:使用【鸟瞰视图】窗口进行缩放时实时更新绘图区域。

本 章 小 结

本章主要介绍了AutoCAD 2010的坐标系、绘图环境和视图的控制等知识。通过本章的学习,读者可以熟练掌握AutoCAD 2010中利用坐标绘制基本图形、设置图形环境和视图控制的方法。

练 习 题

1. 何谓光栅图,何谓矢量图?矢量图有何优缺点?
2. 何谓世界坐标系与用户坐标系,常用的坐标表示方法有哪些?
3. 设置符合自己习惯的绘图环境。
4. 练习本章中介绍的视图方法。

第三章 精确绘图设置与图层编辑

由于计算机屏幕大小的限制，使用 AutoCAD 作图时，往往需要缩小图形以便于观察较大范围甚至是图面的全部。除非利用 AutoCAD 提供的工具进行精确做图，否则画图的图形元素看似相接，放大后进行观察或者用绘图仪绘出时，往往是断开的、冒头的或者是交错的。由于在第一章的介绍中强调了精确绘图的重要性，因此通过本章的学习读者可以掌握很多精确绘图的设置技巧。

AutoCAD 2010 提供了很多精确绘图的工具，包括：捕捉、栅格、正交、极轴、对象捕捉等命令，如图 3-1 所示。利用这些命令可以很容易地实现精确绘图。除了能够得到高质量的图纸之外，精确绘图还可以提高工程绘图的效率。

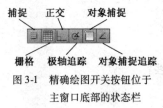

图 3-1 精确绘图开关按钮位于主窗口底部的状态栏

图层是 AutoCAD 的又一大特点，也是计算机绘图所不可缺少的功能，用户可以使用图层来管理图形的显示与输出。图层像透明的覆盖图，运用它可以很好地组织不同类型的图形信息。合理组织图层和图层上的对象能使图形中的信息处理更加容易。本章第四节将详细介绍如何创建图层、图层的状态和特性。

第一节 捕捉和栅格

要提高绘图的速度和效率，可以显示并捕捉栅格点的矩阵，还可以控制其间距、角度和对齐。【捕捉】和【栅格】开关按钮位于主窗口底部的应用程序状态栏。

一、捕捉和栅格

栅格是点的矩阵，遍布指定为图形栅格界限的整个区域。使用栅格类似于在图形下放置一张坐标纸。利用栅格可以对齐对象并直观显示对象之间的距离，而不打印栅格。如果放大或缩小图形，可能需要调整栅格间距，使其更适合新的放大比例。

捕捉模式用于限制十字光标，使其按照用户定义的间距移动。当【捕捉】模式打开时，光标似乎附着或捕捉到不可见的栅格。捕捉模式有助于使用箭头键或定点设备来精确地定位点。

◆注意："捕捉"与"对象捕捉"是两个完全不同的概念，由于在交通工程绘图中设置步长的"捕捉"和"栅格"实际运用不多，有时可能会影响绘图效率，因此本节对此项功能仅作简介。

二、栅格的应用

选择【工具】→【草图设置】菜单命令，或者在命令输入行中输入 dsettings，都会打开【草图设置】对话框，单击【捕捉和栅格】标签，切换到【捕捉和栅格】选项卡，就可以对栅格捕捉属性进行设置，如图 3-2 所示。

图3-2 【草图设置】对话框中的【捕捉和栅格】选项卡

【启用栅格】复选框:用于打开或关闭栅格。也可以通过单击状态栏上的【栅格】按钮(◆快捷键为"F7"键),或使用 GRIDMODE 系统变量,来打开或关闭栅格模式。

三、捕捉的应用

下面详细介绍【捕捉和栅格】选项卡中捕捉的设置:

(1)【启用捕捉】复选框:用于打开或关闭捕捉模式。也可以通过单击状态栏上的【捕捉】按钮(◆快捷键为"F9"键),或使用 SNAPMODE 系统变量,来打开或关闭捕捉模式。

(2)【捕捉间距】选项组:用于控制捕捉位置处的不可见矩形栅格,以限制光标仅在指定的 X 和 Y 间隔内移动。

①【捕捉 X 轴间距】:用于指定 X 方向的捕捉间距。间距值必须为正实数。

②【捕捉 Y 轴间距】:用于指定 Y 方向的捕捉间距。间距值必须为正实数。

③【X 轴间距和 Y 轴间距相等】:为捕捉间距和栅格间距强制使用同一 X 和 Y 间距值。捕捉间距可以与栅格间距不同。

(3)【极轴间距】选项组:用于控制极轴捕捉增量距离。

【极轴距离】:在选择【捕捉类型】选项组下的【PolarSnap】单选按钮时,设置捕捉增量距离。如果该值为 0,则极轴捕捉距离采用【捕捉 X 轴间距】的值。注意:【极轴距离】的设置需与极坐标追踪或对象捕捉追踪结合使用。如果两个追踪功能都未选择,则【极轴距离】设置无效。

(4)【捕捉类型】选项组:用于设置捕捉样式和捕捉类型。

①【栅格捕捉】:设置栅格捕捉类型。如果指定点,光标将沿垂直或水平栅格点进行捕捉。

②【矩形捕捉】:将捕捉样式设置为标准"矩形"捕捉模式。当捕捉类型设置为"栅格"并且打开"捕捉"模式时,光标将捕捉矩形和栅格。

③【等轴测捕捉】:将捕捉样式设置为"等轴测"捕捉模式。当捕捉类型设置为"栅格"并且打开"捕捉"模式时,光标将捕捉等轴测和栅格。

④【PolarSnap】:将捕捉类型设置为"PolarSnap"。如果打开了"捕捉"模式并在极轴追踪打开的情况下指定点,光标将沿在【极轴追踪】选项卡上相对于极轴追踪起点设置的极轴对齐角度进行捕捉。

第二节 正交与极轴追踪

"正交"与"极轴追踪"是AutoCAD精确绘图设置的两个重要选项,但是两个选项不能同时选择。"极轴追踪"包含了"正交",但是由于"正交"在工程设计中应用面更广泛,因此绘图中如何选择应视具体情况而定。

一、正交

正交是指在绘制线型图形对象时,线形对象的方向只能为水平或垂直,即当指定第一点时,第二点只能在第一点的水平方向或垂直方向。打开或关闭正交状态,可以通过单击状态栏上的【正交】按钮(◆快捷键为"F8"键),或使用ORTHO系统变量,来打开或关闭正交模式。

打开正交功能后,输入的第1点是任意的,但当移动光标准备指定第2点时,引出的橡皮筋线已不再是这两点之间的连线,而是起点到光标十字线的垂直线中较长的那段线,此选项在工程设计中用处很多,随后的章节会详细介绍。

二、极轴追踪

创建或修改对象时,可以使用【极轴追踪】以显示由指定的极轴角度所定义的临时对齐路径。打开或关闭正交状态,可以通过单击状态栏上的【极轴追踪】按钮(◆快捷键为"F10"键),来打开或关闭正交模式。

1. 使用极轴追踪

使用极轴追踪,光标将按指定角度进行移动。例如,如果打开了45°极轴角增量,在图3-3中绘制一条直线,当光标跨过45°角时,就会显示对齐路径和工具栏提示。当光标从该角度移开时,对齐路径和工具栏提示消失。

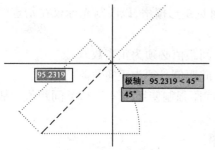

图3-3 使用【极轴追踪】命令所显示的图形

如果需要对【极轴追踪】属性进行设置,可选择【工具】→【草图设置】菜单命令,或者在命令输入行中输入"dsettings",打开【草图设置】对话框,单击【极轴追踪】标签,切换到的【极轴追踪】选项卡如图3-4所示。

下面详细介绍有关【极轴追踪】选项卡的内容:

(1)【启用极轴追踪】:打开或关闭极轴追踪。也可以按"F10"键或使用AUTOSNAP系统变量来打开或关闭极轴追踪。

(2)【极轴角设置】:设置极轴追踪的对齐角度。(为POLARANG系统变量)

(3)【增量角】:设置用来显示极轴追踪对齐路径的极轴角增量。可以输入任何角度,也可以从列表中选择90、45、30、30、22.5、18、15、10或5这些常用角度。

(4)【附加角】:对极轴追踪使用列表中的任何一种附加角度。【附加角】复选框也受PO-LARMODE系统变量控制。

◆注意:附加角度是绝对的,而非增量的。

【附加角】列表:如果选定【附加角】,将列出可用的附加角度。要添加新的角度,单击【新建】。要删除现有的角度,单击【删除】。其中最多可以添加10个附加极轴追踪对齐角度。

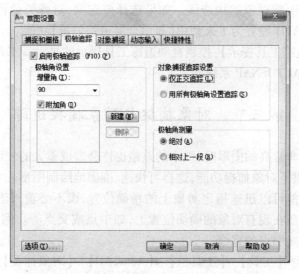

图3-4 【草图设置】对话框中的【极轴追踪】选项卡

◆注意:添加分数角度之前,必须将 AUPREC 系统变量设置为合适的十进制精度,以防止不需要的舍入。例如,如果 AUPREC 的值为 0(默认值),则所有输入的分数角度将舍入为最接近的整数。

2. 自动追踪

自动追踪功能可以使用户在绘图的过程中按指定的角度绘制对象,或者绘制与其他对象有特殊关系的对象。当该模式处于打开状态时,临时的对齐虚线有助于用户精确地绘图。用户还可以通过一些设置来更改对齐路线以适合自己的需求,这样就可以达到精确绘图的目的。

选择【工具】→【选项】菜单命令,打开如图3-5 所示的【选项】对话框,在【AutoTrack 设置】选项组中进行自动追踪的设置。

图3-5 【选项】对话框中的【草图】选项卡

(1)【显示极轴追踪矢量】:当极轴追踪打开时,将沿指定角度显示一个矢量。使用极轴追踪,可以沿角度绘制直线。极轴角是 90°的约数,如 45°、30°和 15°。可以通过将 TRACKPATH 设置为2禁用【显示极轴追踪矢量】功能。

(2)【显示全屏追踪矢量】:控制追踪矢量的显示。追踪矢量是辅助用户按特定角度或与其他对象的特定关系绘制对象的构造线。如果选择该选项,对齐矢量将显示为无限长的线。可以通过将 TRACKPATH 设置为 1 来禁用【显示全屏追踪矢量】功能。

(3)【显示自动追踪工具提示】:控制自动追踪工具提示的显示。工具提示是一个标签,它显示追踪坐标。(为 AUTOSNAP 系统变量)

第三节　对象捕捉与对象捕捉追踪

当绘制精度要求非常高的图形时,细小的差错也许会造成重大的失误,为尽可能提高绘图的精度,AutoCAD 提供了对象捕捉功能,这样可快速、准确地绘制图形。

使用对象捕捉功能可以迅速指定对象上的精确位置,而不必输入坐标值或绘制构造线。该功能可将指定点限制在现有对象的确切位置上,如中点或交点等。例如使用对象捕捉功能可以绘制到圆心或直线中点的直线。

在【菜单栏】中选择【工具】→【工具栏】→【AutoCAD】→【对象捕捉】菜单命令,打开的【对象捕捉】工具栏如图 3-6 所示。

图 3-6　【对象捕捉】工具栏

一、使用对象捕捉

如果需要对【对象捕捉】属性进行设置,可选择【工具】→【草图设置】菜单命令,或者在命令输入行中输入"dsettings",都会打开【草图设置】对话框;单击【对象捕捉】标签,切换到的【对象捕捉】选项卡如图 3-7 所示。

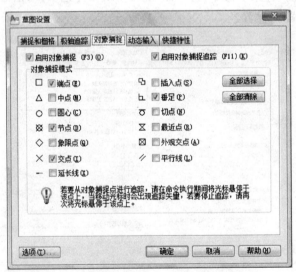

图 3-7　【草图设置】对话框中的【对象捕捉】选项卡

1. 对象捕捉的两种方式

(1)如果在运行某个命令时涉及对象捕捉,则当该命令结束时,捕捉也结束,这叫单点捕捉。这种捕捉形式一般是单击对象捕捉工具栏的相关命令按钮(◆或在绘图过程中按住"Shift"键,单击鼠标右键,即会出现"对象捕捉"浮动窗口,然后选择相关命令)形成的。

(2)如果在运行绘图命令前设置捕捉,则该捕捉在绘图过程中一直有效,该捕捉形式在【草图设置】对话框的【对象捕捉】选项卡中进行设置。对象捕捉的两种方法灵活运用会大大提高绘图效率的。

2.【对象捕捉】选项卡的内容

(1)打开或关闭"对象捕捉"状态,可以通过单击状态栏上的【对象捕捉】按钮(◆快捷键为"F3"键),或使用 OSMODE 系统变量来打开或关闭对象捕捉模式。当对象捕捉打开时,在【对象捕捉模式】下选定的对象捕捉处于活动状态。

(2)打开或关闭"对象捕捉追踪"状态,可以通过单击状态栏上的【对象捕捉追踪】按钮(◆快捷键为"F11"键),或使用 AUTOSNAP 系统变量来打开或关闭对象捕捉追踪。使用对象捕捉追踪,在命令输入行中指定点时,光标可以沿基于其他对象捕捉点的对齐路径进行追踪。要使用对象捕捉追踪,必须打开一个或多个对象捕捉。

3.对象捕捉名称和捕捉功能

(1)【端点】 :捕捉到圆弧、椭圆弧、直线、多线、多段线线段、样条曲线、面域或射线最近的端点,或捕捉宽线、实体或三维面域的最近角点,如图 3-8 所示。

(2)【中点】 :捕捉到圆弧、椭圆、椭圆弧、直线、多段线、面域、实体、样条曲线或参照线的中点,如图 3-9 所示。

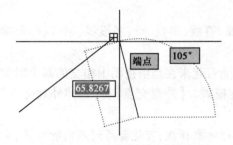
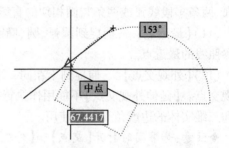

图 3-8　选择【端点】捕捉的效果　　　　图 3-9　选择【中点】捕捉的效果

(3)【圆心】 :捕捉到圆弧、圆、椭圆或椭圆弧的圆点,如图 3-10 所示。

(4)【节点】 :捕捉到点对象、标注定义点或标注文字起点,如图 3-11 所示。

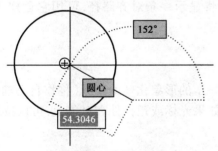
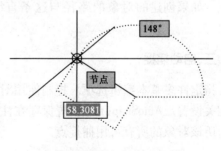

图 3-10　选择【圆心】捕捉的效果　　　　图 3-11　选择【节点】捕捉的效果

(5)【象限点】 :捕捉到圆弧、圆、椭圆或椭圆弧的象限点,如图 3-12 所示。

(6)【交点】 :捕捉到圆弧、圆、椭圆、椭圆弧、直线、多段线、射线、面域、样条曲线或参照线的交点。【延长线】交点不能用作执行对象捕捉模式。【交点】和【延长线】交点不能和三维实体的边或角点一起使用,如图 3-13 所示。

(7)【延长线】 :当光标经过对象的端点时,显示临时延长线或圆弧,以便用户在延长线或圆弧上指定点。

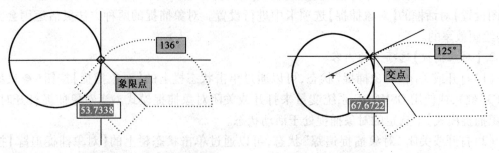

图 3-12 选择【象限点】捕捉的效果　　图 3-13 选择【交点】捕捉的效果

(8)【插入点】：捕捉到属性、块、形或文字的插入点。

(9)【垂足】：捕捉圆弧、圆、椭圆、椭圆弧、直线、多线、多段线、射线、面域、实体、样条曲线或参照线的垂足。当正在绘制的对象需要捕捉多个垂足时，将自动打开【递延垂足】捕捉模式。可以用直线、圆弧、圆、多段线、射线、参照线、多线或三维实体的边作为绘制垂直线的基础对象；也可以用【递延垂足】在这些对象之间绘制垂直线。

(10)【切点】：捕捉到圆弧、圆、椭圆、椭圆弧或样条曲线的切点。当正在绘制的对象需要捕捉多个垂足时，将自动打开【递延切点】捕捉模式。例如，可以用【递延切点】来绘制与两条弧、两条多段线弧或两条与圆相切的直线。

(11)【最近点】：捕捉到圆弧、圆、椭圆、椭圆弧、直线、多线、点、多段线、射线、样条曲线或参照线的最近点。

(12)【外观交点】：捕捉到不在同一平面但可能看起来在当前视图中相交的两个对象的外观交点。【延伸外观交点】不能用作执行对象捕捉模式。【外观交点】和【延伸外观交点】不能和三维实体的边或角点一起使用。

◆注意：如果同时打开【交点】和【外观交点】执行对象捕捉，可能会得到不同的结果，由于本书介绍的主要针对二维平面工程设计图，故绘图中一般不建议选择【外观交点】选项。

(13)【平行线】：无论何时提示用户指定矢量的第二个点时，都要绘制与另一个对象平行的矢量。指定矢量的第一个点后，如果将光标移动到另一个对象的直线段上，即可获得第二个点。如果创建的对象的路径与这条直线段平行，将显示一条对齐路径，可用它创建平行对象。

二、自动捕捉

指定许多基本编辑选项。控制使用对象捕捉时显示的形象化辅助工具（称作自动捕捉）的相关设置。AutoSnap(tm)设置保存在注册表中。如果光标或靶框处在对象上，可以按 Tab 键遍历该对象的所有可用捕捉点。

三、自动捕捉设置

如果需要对【自动捕捉】属性进行设置，可选择【工具】→【选项】菜单命令，打开如图 3-14 所示的【选项】对话框，单击【草图】标签，切换到【草图】选项卡。

下面将介绍【自动捕捉设置】选项组中的内容。

(1)【标记】：控制自动捕捉标记的显示。该标记是当十字光标移到捕捉点上时显示的几何符号。(为 AUTOSNAP 系统变量)

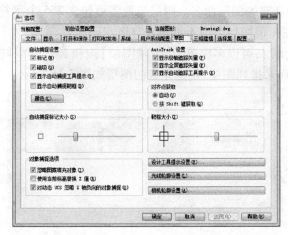

图 3-14 【选项】对话框中的【草图】选项卡

(2)【磁吸】:打开或关闭自动捕捉磁吸。磁吸是指十字光标自动移动并锁定到最近的捕捉点上。(为 AUTOSNAP 系统变量)

(3)【显示自动捕捉工具提示】:控制自动捕捉工具栏提示的显示。工具栏提示是一个标签,用来描述捕捉到的对象部分。(为 AUTOSNAP 系统变量)

(4)【显示自动捕捉靶框】:控制自动捕捉靶框的显示。靶框是捕捉对象时出现在十字光标内部的方框。(为 APBOX 系统变量)

(5)【颜色】:指定自动捕捉标记的颜色。单击【颜色】按钮后,打开【图形窗口颜色】对话框,在【界面元素】中选择【自动捕捉标记】,在【颜色】下拉列表框中可以任意选择一种颜色。

第四节 图 层 编 辑

图形对象都具有很多图形特性,如颜色、线型、线宽等,对象可以直接使用其所在图层定义的特性,也可以专门给各个对象指定特性,颜色有助于区分图形中相似的元素,线宽则可以区分不同的绘图元素(如中心线和点划线),可以表示对象的大小和类型,提高了图形的表达能力和可读性。合理组织图层和图层上的对象能使图形中的信息处理更加容易。

若某个图形对象的这几种特性均设为"ByLayer(随层)",则各特性与其所在图层的特性保持一致,并且可以随着图层特性的改变而改变。例如图层"Center"的颜色为"黄色",在该图层上绘制有若干直线,其颜色特性均为"ByLayer",则直线颜色也为黄色。

一、创建图层

在绘图设计中,用户可以为设计概念相关的一组对象创建和命名图层,并为这些图层指定通用特性。一个图形可创建的图层数和每个图层中可创建的对象数都是没有限制的,只要将对象分类并置于各自的图层中,即可方便、有效地对图形进行编辑和管理。通过创建图层,可以将类型相似的对象指定给同一个图层使其相关联。例如,可以将构造线、文字、标注和标题栏置于不同的图层上,然后进行控制。本节就来讲述如何创建新图层。

创建图层的步骤如下:

(1)在【常用】选项卡中的【图层】面板中单击【图层特性】按钮,将打开【图层特性管理器】对话框,图层列表中将自动添加名称为"0"的图层,所添加的图层被选中即呈高亮显示状态。

(2)在【名称】列为新建的图层命名。图层名最多可包含255个字符,其中包括字母、数字和特殊字符,如符号&等,但图层名中不可包含空格。

(3)若要创建多个图层,可以多次单击【新建图层】按钮 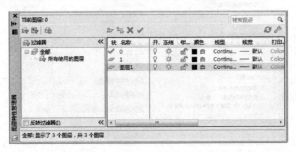,并以同样的方法为每个图层命名,按名称的字母顺序来排列图层,创建完成的图层如图3-15所示。

图3-15 【图层特性管理器】对话框

每个新图层的特性都被指定为默认设置,即在默认情况下,新建图层与当前图层的状态、颜色、线型、线宽等设置相同。当然用户既可以使用默认设置,也可以给每个图层指定新的颜色、线型、线宽和打印样式,其概念和操作将在下面讲解中涉及。

在绘图过程中,为了更好地描述图层中的图形,用户还可以随时对图层进行重命名,但对于图层0和依赖外部参照的图层不能重命名。

二、图层的颜色、线型和线宽

1. 图层颜色

图层颜色也就是为选定图层指定颜色或修改颜色。颜色在图形中具有非常重要的作用,可用来表示不同的组件、功能和区域。图层的颜色实际上是图层中图形对象的颜色,每个图层都拥有自己的颜色,对不同的图层既可以设置相同的颜色,也可以设置不同的颜色,这样绘制复杂图形时就可以很容易区分图形的各个部分。

要设置图层颜色时,可以通过以下几种方式:

(1)在【视图】选项卡的【选项板】面板中单击【特性】按钮,打开如图3-16所示的【特性】选项板在【常规】选项组的【颜色】下拉列表中选择需要的颜色。

(2)在【图层特性管理器】对话框中选中要指定修改颜色的图层,选择【颜色】图标,即可打开如图3-17所示的【选择颜色】对话框。

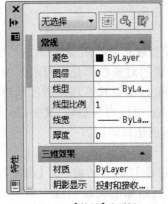

图3-16 【特性】选项板

图3-17 【选择颜色】对话框

图 3-17 中所示的三种颜色模式分别为：

①索引颜色模式，也叫做映射颜色。在这种模式下，只能存储一个 8 位色彩深度的文件，即最多 256 种颜色，而且颜色都是预先定义好的。一幅图像所有的颜色都在它的图像文件里定义，也就是将所有色彩映射到一个色彩盘里，即色彩对照表。因此，当打开图像文件时，色彩对照表也一同被读入了 Photoshop 中，Photoshop 由色彩对照表找到最终的色彩值。若要转换为索引颜色，必须从每通道 8 位的图像以及灰度或 RGB 图像开始。通常索引颜色模式用于保存 GIF 格式等网络图像。

索引颜色是 AutoCAD 中使用的标准颜色。每一种颜色用一个 AutoCAD 颜色索引编号（1~255 之间的整数）标识。标准颜色名称仅适用于 1~7 号颜色。颜色指定如下：1 代表红色、2 代表黄色、3 代表绿色、4 代表青色、5 代表蓝色、6 代表洋红色、7 代表白色/黑色。

②真彩色（true-color）是指图像中的每个像素值都分成 R、G、B 三个基色分量，每个基色分量直接决定其基色的强度，这样产生的色彩称为真彩色。例如图像色彩深度为 24，用 R:G:B = 8:8:8 来表示色彩，则 R、G、B 各占用 8 位来表示各自基色分量的强度，每个基色分量的强度等级为 $2^8=256$ 种。图像可容纳 224 种色彩。这样得到的色彩可以反映原图的真实色彩，故称真彩色。若使用 HSL 颜色模式，则可以指定颜色的色调、饱和度和亮度要素。

真彩色图像把颜色的种类提高了一大步，它为制作高质量的彩色图像带来了不少便利。真彩色也可以说是 RGB 的另一种叫法。从技术程度上来说，真彩色是指写到磁盘上的图像类型。而 RGB 颜色是指显示器的显示模式。不过这两个术语常常被当做同义词，因为从结果上来看它们是一样的，都有同时显示 16 余万种颜色的能力。RGB 图像是非映射的，它可以从系统的颜色表中自由获取所需的颜色，这种颜色直接与 PC 上显示颜色对应。

③配色系统包括几个标准 Pantone 配色系统，也可以输入其他配色系统，例如 DIC 颜色指南或 RAL 颜色集。输入用户定义的配色系统可以进一步扩充可供使用的颜色选择。这种模式需要具有很多的专业色彩知识，所以在实际操作中不必使用。

根据需要在对话框的不同选项卡中选择需要的颜色，然后单击【确定】按钮，应用选择颜色。

(3) 也可以在【特性】面板的【选择颜色】 ByLayer 下拉列表中选择系统提供的几种颜色或自定义颜色。

◆注意：若 AutoCAD 系统的背景色设置为白色，则"白色"颜色显示为黑色。

2. 图层线型

线型是指图形基本元素中线条的组成和显示方式，如虚线和实线等。在 AutoCAD 中既有简单线型，又有由一些特殊符号组成的复杂线型，以满足不同国家或行业标准的要求。

在图层中绘图时，使用线型可以有效地传达视觉信息，它是由直线、横线、点或空格等组合的不同图案，给不同图层指定不同的线型，可达到区分线型的目的。若为图形对象指定某种线型，则对象将根据此线型的设置进行显示和打印。

在【图层特性管理器】对话框中选择一个图层，然后在【线型】列表中单击与该图层相关联的线型，打开的【选择线型】对话框如图 3-18 所示。

用户可以从该对话框的列表中选择一种线型，也可以单击【加载】按钮，打开的【加载或重载线型】对话框如图 3-19 所示。

在该对话框中选择要加载的线型，单击【确定】按钮，所加载的线型即可显示在【选择线型】对话框中，用户可以从中选择需要的线型。选择完成后单击【确定】按钮，退出【选择线型对话框。

图3-18 【选择线型】对话框

图3-19 【加载或重载线型】对话框

在设置线型时,也可以采用其他的途径,具体如下:

(1)在【视图】选项卡中的【选项板】面板中单击【特性】按钮,打开【特性】选项板,在【常规】选项组的【线型】列表中选择线的类型。

在这里需要知道一些有关"线型比例"的知识。

通过全局修改或单个修改每个对象的线型比例因子,可以以不同的比例使用同一个线型。

在默认情况下,全局线型和单个线型比例均设置为1.0。比例越小,每个绘图单位中生成的重复图案就越多。例如,设置为0.5时,每一个图形单位在线型定义中显示重复两次的同一图案。不能显示完整线型图案的短线段显示为连续线。对于太短,甚至不能显示一个虚线小段的线段,可以使用更小的线型比例。

(2)也可以在【特性】面板中的【选择线型】  下拉列表中选择。选项的含义是:

"ByLayer(随层)":逻辑线型,表示对象与其所在图层的线型保持一致。

"ByBlock(随块)":逻辑线型,表示对象与其所在块的线型保持一致。

"Continuous(连续)":连续的实线。

当然,用户可使用的线型远不只这几种。AutoCAD系统提供了线型库文件,其中包含了数十种的线型定义。用户可随时加载该文件,并使用其定义各种线型。若这些线型仍不能满足需要,则可以自行定义某种线型,并在AutoCAD中使用。

关于线型应用的几点说明:

①当前线型:若某种线型被设置为当前线型,则新创建的对象(文字和插入的块除外)将自动使用该线型。

②线型的显示:可以将线型与所有AutoCAD对象相关联,但是它们不随同文字、点、视口、参照线、射线、三维多段线和块一起显示。若一条线过短,不能容纳最小的点划线序列,则显示为连续的直线。

③若图形中的线型显示过于紧密或过于疏松,用户可设置比例因子来改变线型的显示比例。改变所有图形的线型比例,可使用全局比例因子;而对于个别图形的修改,则应使用对象比例因子。

3. 图层线宽

线宽设置就是改变线条的宽度,可用于除TrueType字体、光栅图像、点和实体填充(二维实体)之外的所有图形对象,通过更改图层和对象的线宽设置来更改对象显示于屏幕和纸面上的宽度特性。在AutoCAD中,使用不同宽度的线条表现对象的大小或类型,可以提高图形的表达能力和可读性。若为图形对象指定线宽,那么对象将根据此线宽的设置进行显示和打印。

由于工程图有绘图比例的不同,同样的线宽在不同比例输出情况下,打印线宽也有所不同。因此,在这里设置线宽对于图形输出并不方便,工程上一般是利用颜色来控制输出线宽(见第十一章 图形输出与打印),因此这里对图层线宽的设置方法就不加详述了,有兴趣的读者可以查阅相关资料。

三、图层状态和特性

图层设置包括图层状态(例如开或锁定)和图层特性(例如颜色或线型)。在【图层特性管理器】对话框列表中显示了图层和图层过滤器状态及其特性和说明。用户可以通过单击状态和特性图标来设置或修改图层的状态和特性。在上一小节中仅介绍部分选项的内容,下面对上节没有涉及的选项进行具体的介绍。

(1)"状态"列:双击其图标,可以改变图层的使用状态。

(2) ✓ 图标:表示该图层正在使用。

(3) ⬙ 图标:表示该图标未被使用。

(4)"名称"列:显示图层名。可以选择图层名后单击并输入新图层名。

(5)"开"列:确定图层打开还是关闭。若图层被打开,该层上的图形可以在绘图区显示或在绘图区绘制出来。被关闭的图层仍然是图层的一部分,但关闭图层的图形不显示,也不能通过绘图区绘制出来。用户可根据需要,打开或关闭图层。

在图层列表框中,与"开"对应的列是"小灯泡"图标 ♀。通过单击【小灯泡】图标可实现打开或关闭图层的切换。若灯泡颜色是黄色,表示对应层是打开的;若是灰色,则表示对应层是关闭的。若关闭的是当前层,AutoCAD 会显示出对应的提示信息,警告正在关闭当前层,用户可以关闭当前层。很显然,关闭当前层后,所绘的图形均不能显示出来。

图层关闭时,它是不可见的,并且不能打印,即使【打印】选项是打开的。

依次单击【开】按钮,可调整各图层的排列顺序,使当前关闭的图层放在列表的最前面或最后面,也可以通过其他途径来调整图层顺序,在后面的介绍中将涉及对图层顺序的调整。

♀图标表示图层是打开的,而 ♀图标表示图层是关闭的。

(6)"冻结"列:在所有视口中冻结选定的图层。冻结图层可以加快 ZOOM、PAN 和许多其他操作的运行速度,增强对象选择的性能并减少复杂图形的重生成时间。AutoCAD 不显示、打印、隐藏、渲染或重生成冻结图层上的对象。

若图层被冻结,该层上的图形对象不能被显示出来或绘制出来,而且也不参与图形之间的运算。被解冻的图层则正好相反。从可见性来说,冻结层与关闭层是相同的,但冻结层上的对象不参与处理过程中的运算,关闭层上的对象则要参与运算。所以,在复杂的图形中冻结不需要的图层可以加快系统重新生成图形时的速度。

在图层列表框中,与"在所有视口冻结"对应的列是"太阳"☼ 或"雪花" ❄ 图标。"太阳"☼ 表示所对应层没有冻结,"雪花" ❄ 则表示相应层被冻结。单击这些图标可实现图层冻结与解冻的切换。

不能冻结当前层,也不能将冻结层设为当前层。另外,依次单击"在所有视口冻结"标题,可调整各图层的排列顺序,使当前冻结的图层放在列表的最前面或最后面。

可以冻结长时间不用看到的图层。解冻图层时,AutoCAD 会重生成和显示该图层上的对象。可以在创建时冻结所有视口、前图层视口或新图层视口中的图层。

图标表示图层是冻结的,而图标表示图层是解冻的。

(7)"锁定"列:锁定和解锁图层。

图标表示图层是锁定的,而图标表示图层是解锁的。

锁定并不影响图层上图形对象的显示,即锁定层上的图形仍然可以显示出来,但用户不能改变锁定层上的对象,不能对其进行编辑操作。若锁定层是当前层,用户仍可在该层上绘图。

在图层列表框中,与"锁定"对应的列是关闭或打开的小锁图标。锁打开表示该层是非锁定层;关闭则表示对应层是锁定的。单击这些图标可实现图层锁定或解锁的切换。

同样,依次单击图层列表中的【锁定】按钮,可以调整各图层的排列顺序,使当前锁定的图层放在列表的最前面或最后面。

(8)"打印样式"列:用于修改与选定图层相关联的打印样式。若正在使用颜色相关打印样式(PSTYLEPOUCY 系统变量设为1),则不能修改与图层关联的打印样式。单击任意打印样式均可以显示【选择打印样式】对话框。

(9)"打印"列:控制是否打印选定的图层。即使关闭了图层的打印,该图层上的对象仍会显示出来。关闭图层打印只对图形中的可见图层(图层是打开的并且是解冻的)有效。若图层设为打印但该图层在当前图形中是冻结的或关闭的,则 AutoCAD 不打印该图层。若图层包含参照信息(比如构造线),则关闭该图层的打印可能有益。

(10)"新视口冻结"列:用于冻结或解冻新创建视口中的图层。

(11)"说明"列:为所选图层或过滤器添加说明,或修改说明中的文字。过滤器的说明将添加到该过滤器及其中的所有图层。

四、保存图层状态

通过单击【图层特性管理器】对话框中的【图层状态管理器】按钮,可以打开【图层状态管理器】对话框,利用【图层状态管理器】来保存、恢复和管理命名图层状态,如图 3-20 所示。

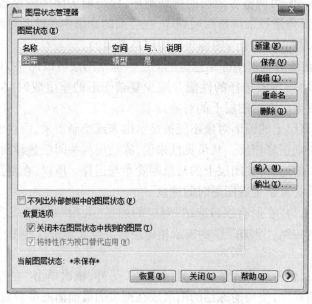

图 3-20 【图层过滤器特性】对话框

下面介绍【图层状态管理器】的功能：

(1)【图层状态】：该项列出了保存在图形中的命名图层状态、保存它们的空间及可选说明等。

(2)【新建】按钮：单击此按钮，显示【要保存的新图层状态】对话框，从中可以输入新命名图层状态的名称和说明。

(3)【保存】按钮：单击此按钮，保存选定的命名图层状态。

本 章 小 结

本章主要介绍了 AutoCAD 2010 的精确绘图设置，并对 AutoCAD 绘图过程中图层的功能、作用进行了详细的讲解。通过本章学习，读者应该可以熟练掌握 AutoCAD 2010 精确绘制基本图形的方法。

练 习 题

1. 区分捕捉与对象捕捉的区别和各自的作用是什么？
2. 正交与极轴追踪的关系是什么？
3. 如何利用对象捕捉与对象捕捉追踪定位点？
4. 使用图层的意义是什么？
5. 如何创建新图层？
6. 图层有哪些状态？改变图层状态的作用是什么？

第四章　初级二维绘图

常见的工程图都是由直线、圆弧和特殊曲线构成的。因此,理论上只要掌握直线曲线的绘制方法,用户就可以绘制几乎所有的工程图。本章的内容虽然简单,但是一些绘图技巧还需要牢固掌握。希望用户多加练习,为高效、准确绘图打好基础。

第一节　绘制直线

AutoCAD 中常用的直线类型有直线、射线、构造线、多段线,下面首先介绍直线的绘制。

一、调用绘制直线命令

绘制直线命令调用方法有以下几种:
(1)单击【绘图】面板中的【直线】按钮。
(2)在命令输入行中输入"line"(◆快捷键为"L")后按 Enter 键。
(3)在【菜单栏】中,选择【绘图】→【直线】菜单命令。

二、绘制直线的方法

执行命令后,命令输入行将提示用户指定第一点的坐标值,命令输入行提示如下:
★命令:_line 指定第一点:
输入第一点后,命令输入行将提示用户指定下一点的坐标值或放弃,命令输入行提示如下:
指定下一点或[放弃(U)]:
输入第二点后,命令输入行将提示用户指定下一点的坐标值或放弃,命令输入行提示如下:
指定下一点或[放弃(U)]:
完成以上操作后,命令输入行将提示用户指定下一点或闭合/放弃,在此输入 c 后按 Enter 键。命令输入行提示如下:
指定下一点或[闭合(C)/放弃(U)]:
命令提示的意义如下:
(1)放弃:取消最后绘制的直线。
(2)闭合:由当前点和起始点生成的封闭线。
使用绘制直线命令,可以创建一系列连续的直线段。每条线段都是可以单独进行编辑的直线对象。

三、绘制直线的技巧

绘制直线是工程设计绘图的基础,充分利用学习过的精确绘图知识可以大幅提高绘制直线的效率,下面就通过一个简单图形的绘制来体会一下。

如图 4-1 所示的简单图形,可用两种方法来绘制:

1. 方法 1——利用相对坐标完成绘图

执行"L"命令后,命令输入行将提示用户指定第一点的坐标值,命令输入行提示如下:

★命令:_line 指定第一点://在绘图窗体中任意点点击鼠标左键

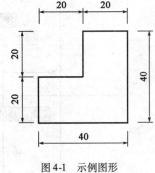

图 4-1　示例图形

指定下一点或[放弃(U)]://输入:@40,0　然后按 Enter 键(或鼠标右键)

指定下一点或[放弃(U)]://输入:@0,40　然后按 Enter 键(或鼠标右键)

指定下一点或[闭合(C)/放弃(U)]://输入:@-20,0　然后按 Enter 键(或鼠标右键)

指定下一点或[闭合(C)/放弃(U)]://输入:@0,-20　然后按 Enter 键(或鼠标右键)

指定下一点或[闭合(C)/放弃(U)]://输入:@-20,0　然后按 Enter 键(或鼠标右键)

指定下一点或[闭合(C)/放弃(U)]://输入:c 键

绘图结束。

2. 方法 2——利用精确绘图设置功能完成绘图

首先保证"正交"(◆快捷键为"F8"键)、"对象捕捉"(◆快捷键为"F3"键)、"对象捕捉追踪"(◆快捷键为"F11"键)为打开状态。执行"L"命令后,命令输入行将提示用户指定第一点的坐标值,命令输入行提示如下:

★命令:_line 指定第一点://在绘图窗体中任意点点击鼠标左键

指定下一点或[放弃(U)]://将鼠标移到第一点右侧,输入:40　然后按 Enter 键(或鼠标右键)

指定下一点或[放弃(U)]://将鼠标移到上一点上方,输入:40　然后按 Enter 键(或鼠标右键)

指定下一点或[闭合(C)/放弃(U)]:

将鼠标放置到绘制完成的第 1 段直线的中点超过 2s,直到该直线中点处出现"+"标志,再将鼠标上移至上一点右侧直至出现如图 4-2 提示,点击鼠标左键。

指定下一点或[闭合(C)/放弃(U)]:

将鼠标放置到绘制完成的第 2 段直线的中点超过 2s,直到该直线中点处出现"+"标志,再将鼠标左移至上一点下侧直至出现如图 4-3 提示,点击鼠标左键。

指定下一点或[闭合(C)/放弃(U)]:

将鼠标放置到起点超过 2s,直到该点处出现"+"标志,再将鼠标上移至上一点右侧,点击鼠标左键。

指定下一点或[闭合(C)/放弃(U)]:

将鼠标放置到起点附近,出现"□"标志后,点击鼠标左键完成绘图。

对比上述两种方法不难看出:由于第一种方法的键盘输入内容过多,而且"@"、","并不在键盘右侧的数字键盘上,因此效率低下。反观第二种方法,不但键盘输入内容少,而且仅用数字键盘就可以完成,其余操作靠鼠标就可以完成,效率明显提高。当然也可以在绘制其他图形中利用精确绘图设置功能,读者可以举一反三,在接下来的学习中就不加累述了。

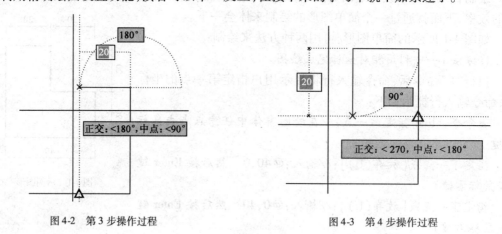

图 4-2　第 3 步操作过程　　　　　　　　图 4-3　第 4 步操作过程

第二节　绘制矩形和正多边形

绘制矩形和正多边形在交通工程图纸设计中使用不多(例如:防撞栏杆上的螺栓头),也完全可以用绘制直线来完成,因此这里只简单介绍其功能,不作详述。

一、绘制矩形

绘制矩形时,需要指定矩形的两个对角点。

1. 绘制矩形命令调用方法

(1)单击【绘图】面板中的【矩形】按钮□。

(2)在命令输入行中输入"rectang"后按 Enter 键。

(3)在【菜单栏】中,选择【绘图】→【矩形】菜单命令。

2. 绘制矩形的步骤

选择【矩形】命令后,命令输入行将提示用户指定第一个角点或[倒角(C)/标高(E)/圆角(F)/厚度(T)/宽度(W)],命令输入行提示如下:

★命令:_rectang

指定第一个角点或[倒角(C)/标高(E)/圆角(F)/厚度(T)/宽度(W)]

输入第一个角点值后,命令输入行将提示用户指定另一个角点或[面积(A)/尺寸(D)/旋转(R)],命令输入行提示如下:

指定另一个角点或[面积(A)/尺寸(D)/旋转(R)]:

给出另一角点的数值完成绘图。

二、绘制正多边形

正多边形是指有 3~1024 条等边长的闭合多段线,创建正多边形是绘制等边三角形、正方形、正六边形等的简便快速方法。

1. 绘制正多边形命令调用方法

(1)单击【绘图】面板中的【正多边形】按钮 。

(2)在命令输入行中输入"polygon"后按 Enter 键。

(3)在【菜单栏】中,选择【绘图】→【正多边形】菜单命令。

2. 绘制正多边形的步骤

选择【正多边形】命令后,命令输入行将提示用户输入边的数目,命令输入行提示如下:

★命令:_polygon 输入边的数目 <4>:

输入边的数目后,命令输入行将提示用户指定正多边形的中心点或[边(E)],具体提示如下:

指定正多边形的中心点或[边(E)]:

输入数值后,命令输入行将提示用户输入选项[内接于圆(I)/外切于圆(C)]<I>,具体提示如下:

输入选项[内接于圆(I)/外切于圆(C)]<I>:i

选择内接于圆(I)后,命令输入行将提示用户指定圆的半径,具体提示如下:

指定圆的半径:

给出半径后完成绘图。

在执行【正多边形】命令时,会出现部分让用户选择的命令,下面介绍一下命令提示的意义。

(1)内接于圆:指定外接圆的半径,正多边形的所有顶点都在此圆周上。

(2)外切于圆:指定内切圆的半径,正多边形与此圆相切。

第三节 绘 制 圆

圆是构成图形的基本元素之一。它的绘制方法有很多种,下面依次介绍。

一、绘制圆命令调用方法

(1)单击【绘图】面板中的【圆】按钮 。

(2)在命令输入行中输入 circle(◆快捷键为"C")后按 Enter 键。

(3)在【菜单栏】中,选择【绘图】→【圆】菜单命令。

二、多种绘制圆的方法

制圆的方法有多种,下面来分别介绍。

1. 圆心和半径画圆 ,AutoCAD 默认的画圆方式

选择命令后,命令输入行将提示用户指定圆的圆心或[三点(3P)/两点(2P)/相切、相切、半径(T)],具体提示如下:

★命令: circle 指定圆的圆心或[三点(3P)/两点(2P)/相切、相切、半径(T)]:

指定圆的圆心后绘图区如图 4-4 所示。

输入圆心坐标值后,命令输入行将提示用户指定圆的半径或[直径(D)],命令输入行提示如下:

指定圆的半径或[直径(D)]:

绘制的图形如图4-5所示。

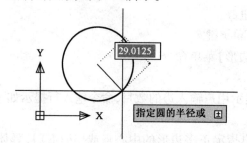
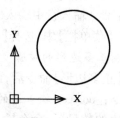

图4-4 指定圆心后绘图区所显示图形　　　　图4-5 完成绘图

在执行绘圆命令时,会出现部分让用户选择的命令,下面将介绍一下命令提示的意义。
(1)圆心:基于圆心和直径(或半径)绘制圆。
(2)三点:指定圆周上的3点绘制圆。
(3)两点:指定直径的两点绘制圆。
(4)相切、相切、半径:根据与两个对象相切的指定半径绘制圆。

2. 圆心、直径画圆

选择命令后,命令输入行将提示用户指定圆的圆心或[三点(3P)/两点(2P)/相切、相切、半径(T)],具体提示如下:

★命令:_Circle 指定圆的圆心或[三点(3P)/两点(2P)/相切、相切、半径(T)]:
指定圆的圆心后绘图区如图4-6所示。
输入圆心坐标值后,命令输入行将提示用户指定圆的半径或[直径(D)],具体提示如下:
指定圆的半径或【直径(D)】<100.0000>:_d 指定圆的直径<200.0000>:85
绘制的图形如图4-7所示。

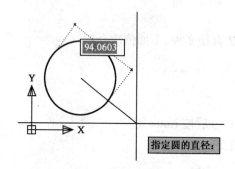
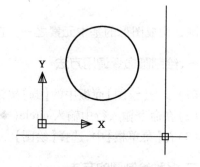

图4-6 指定圆心后绘图区所显示图形　　　　图4-7 完成绘图

3. 两点画圆

选择命令后,命令输入行将提示用户指定圆的圆心或【三点(3P)/两点(2P)/相切、相切、半径(T)】:_2p 指定圆直径的第一个端点,具体提示如下:

★命令:_circle 指定圆的圆心或[三点(3P)/两点(2P)/相切、相切、半径(T)]_2p 指定圆直径的第一个端点:
指定圆直径的第一个端点后绘图区如图4-8所示。
输入第一个端点的数值后,命令输入行将提示用户指定圆直径的第二个端点(在此AutoCAD认为首末两点的距离为直径),具体提示如下:
指定圆直径的第二个端点:

绘制的图形如图4-9所示。

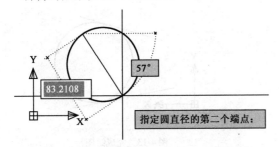
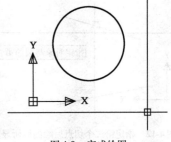

图4-8 指定圆直径第一点后绘图区所显示图形　　图4-9 完成绘图

4. 三点画圆

选择命令后，命令输入行将提示用户指定圆的圆心或[三点(3P)/两点(2P)/相切、相切、半径(T)]:_3p 指定圆上的第一个点，具体提示如下：

★命令:_circle 指定圆的圆心或[三点(3P)/两点(2P)/相切、相切、半径(T)]:_3p 指定圆上的第一个点：

指定圆上的第一个点后绘图区如图4-10所示。

指定第一个点的坐标值后，命令输入行将提示用户指定圆上的第二个点，具体提示如下：

指定圆上的第二个点：

指定圆上的第二个点后绘图区如图4-11所示。

指定第二个点的坐标值后，命令输入行将提示用户指定圆上的第三个点，具体提示如下：

指定圆上的第三个点：

在选定第三个点后完成绘图。

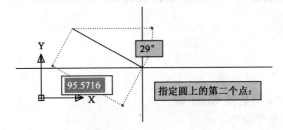
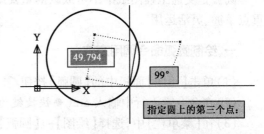

图4-10 指定圆上第一点后绘图区所显示图形　　图4-11 指定圆上第二点后绘图区所显示图形

5. 两点相切、半径

选择命令后，命令输入行将提示用户指定圆的圆心或[三点(3P)/两点(2P)/相切、相切、半径(T)]，具体提示如下：

★命令:_circle 指定圆的圆心或[三点(3P)/两点(2P)/相切、相切、半径(T)]:_ttr

选取与之相切的实体。命令输入行将提示用户指定对象与圆的第一个切点，指定对象与圆的第二个切点，命令是入行提示如下：

指定对象与圆的第一个切点：

指定第一个切点后，命令输入行提示如下：

指定对象与圆的第二个切点：

指定第二个切点时绘图区如图4-12所示。

指定两个切点后，命令输入行将提示用户指定圆的半径，具体提示如下：

指定圆的半径<50.000>:

指定圆的半径完成后的园如图 4-13 所示。

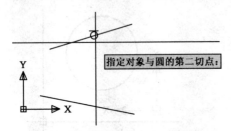

图 4-12 指定第二个切点后绘图区所显示图形

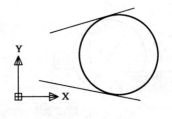

图 4-13 完成绘图

6. 三点相切

选择命令后,选取与之相切的实体,命令输入行提示如下:

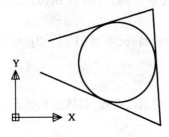

★命令:_circle 指定圆的圆心或[三点(3P)/两点(2P)/相切、相切、半径(T)]:_3p 指定圆上的第一个点:_tan

指定圆上的第一个点后,命令输入行提示如下:

指定圆上的第二个点:_tan 到

指定圆上的第二个点后,命令输入行提示如下:

指定圆上的第三个点:_tan 到

指定圆上的第三个点后,绘制的图形如图 4-14 所示。

图 4-14 三点相切绘圆完成的图形

第四节 绘制圆弧

圆弧是交通工程图纸中不可或缺的重要组成部分。它的绘制方法有很多种,希望读者能重点掌握、灵活运用。

一、绘制圆弧命令调用方法

(1)单击【绘图】面板中的【圆弧】按钮。
(2)在命令输入行中输入 arc(◆快捷键为"a")后按 Enter 键。
(3)在【菜单栏】中,选择【绘图】→【圆弧】菜单命令。

二、多种绘制圆弧的方法

绘制圆弧的方法有多种,下面来分别介绍。

1. 三点画弧

AutoCAD 提示用户输入起点、第二点和端点,顺时针或逆时针绘制圆弧,绘图区域显示的图形如图 4-15 所示。

2. 起点、圆心、端点

AutoCAD 提示用户输入起点、圆心、端点,绘图区域显示的图形如图 4-16 所示。在给出圆弧起点和圆心后,弧的半径就确定了,端点只是用来决定弧长,因此,圆弧不一定通过终点。

3. 起点、圆心、角度

AutoCAD 提示用户输入起点、圆心、角度(此处的角度为包含角,即为圆弧的中心到两个端点的两条射线之间的夹角,若夹角为正值,按顺时针画弧,若为负值,则按逆时针画弧),绘图区域显示的图形如图 4-17 所示。

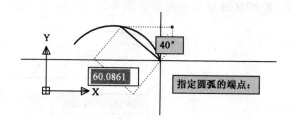

图 4-15　三点画圆弧绘图区域显示的图形

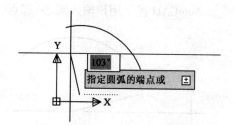

图 4-16　起点、圆心、端点画圆弧绘图
　　　　区域显示的图形

4. 起点、圆心、长度

AutoCAD 提示用户输入起点、圆心、弦长。绘图区域显示的图形如图 4-18 所示。当逆时针画弧时,如果弦长为正值,则绘制的是与给定弦长相应的最小圆弧,如果弦长为负值,则绘制的是与给定弦长相对应的最大圆弧;顺时针画弧则正好相反。

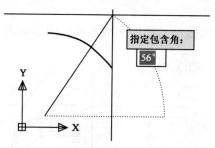

图 4-17　起点、圆心、角度画圆弧绘图
　　　　区域显示的图形

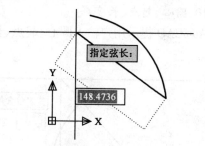

图 4-18　起点、圆心、长度画圆弧绘图
　　　　区域显示的图形

5. 起点、端点、角度

AutoCAD 提示用户输入起点、端点、角度(此处的角度为包含角)。绘图区域显示的图形如图 4-19 所示。若角度为正值,按逆时针画弧,若为负值,则按顺时针画弧。

6. 起点、端点、切向

AutoCAD 提示用户输入起点、端点、切向(所谓切向指的是圆弧的起点切线方向,以度数来表示),绘图区域显示的图形如图 4-20 所示。

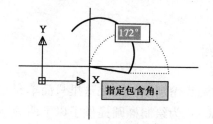

图 4-19　起点、端点、角度画圆弧绘图
　　　　区域显示的图形

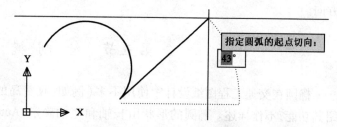

图 4-20　起点、端点、切向画圆弧绘图
　　　　区域显示的图形

7. 起点、端点、半径

AutoCAD 提示用户输入起点、端点、半径,绘图区域显示的图形如图 4-21 所示。

◆提示:在此情况下,(如果设置逆时针为正方向)用户只能沿逆时针方向画弧,如果半径是正值,则绘制的是起点与终点之间短弧,否则为长弧。

45

8. 圆心、起点、端点

AutoCAD 提示用户输入圆心、起点、端点,绘图区域显示的图形如图 4-22 所示。

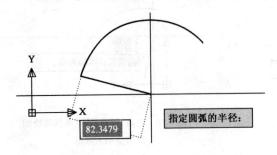
图 4-21 起点、端点、半径画圆弧绘图区域显示的图形

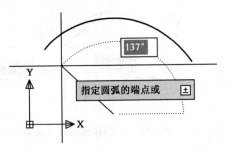
图 4-22 圆心、起点、端点画圆弧绘图区域显示的图形

9. 圆心、起点、角度

AutoCAD 提示用户输入圆心、起点、角度,绘图区域显示的图形如图 4-23 所示。

10. 圆心、起点、长度

AutoCAD 提示用户输入圆心、起点、长度(此长度为弦长),绘图区域显示的图形如图 4-24 所示。

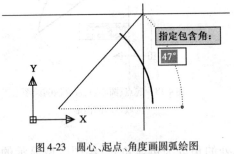
图 4-23 圆心、起点、角度画圆弧绘图区域显示的图形

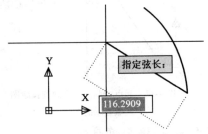
图 4-24 圆心、起点、长度画圆弧绘图区域显示的图形

11. 继续

在这种方式下,用户可以从以前绘制的圆弧的终点开始继续下一段圆弧。在此方式下画弧时,每段圆弧都与以前的圆弧相切。以前圆弧或直线的终点和方向就是此圆弧的起点和方向。

第五节 绘 制 椭 圆

椭圆在交通工程图纸设计中使用不多(例如:收费岛的端头轮廓线),因此这里只简单介绍其功能,不作详述。椭圆的形状由长轴和宽轴确定,AutoCAD 为绘制椭圆提供了以下两种可以直接使用的方法。

一、绘制椭圆命令调用方法

(1)单击【绘图】面板中的【椭圆】按钮。

(2)在命令输入行中输入 ellipse 后按 Enter 键。

(3)在【菜单栏】中,选择【绘图】→【椭圆】菜单命令。

二、绘制椭圆的方法

绘制椭圆的方法有3种,包括:
(1)中心点法;
(2)轴、端点法;
(3)椭圆弧绘制法。
具体操作方法这里不作介绍,有兴趣的读者可以自己查阅相关的资料。

第六节 绘 制 圆 环

圆环是经过实体填充的环,要绘制圆环,需要指定圆环的内外直径和圆心。交通工程设计中常将内径设为0,用于画钢筋端头。

一、绘制圆环命令调用方法

(1)单击【绘图】面板中的【圆环】按钮◎。
(2)在命令输入行中输入donut后按Enter键。
(3)在【菜单栏】中,选择【绘图】→【圆环】菜单命令。

二、绘制圆环的步骤

选择命令后,命令输入行将提示用户指定圆环的内径,具体提示如下:
★命令:_donut
指定圆环的内径<10.0000>:
指定圆环的内径后,命令输入行将提示用户指定圆环的外径,具体提示如下:
指定圆环的外径<20.0000>:
指定圆环的外径后,命令输入行将提示用户指定圆环的中心点或<退出>,具体提示如下:
指定圆环的中心点或<退出>:
指定圆环的中心点时绘图区如图4-25所示。

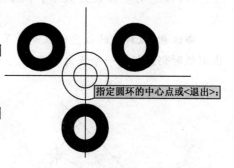

图4-25 指定圆环的中心点时绘图区域显示的图形

第七节 绘 制 点

在AutoCAD中,点是一种特殊的实体,它有其自身的属性,是构成图形最基本的元素之一,我们设计绘图中常利用其属性来辅助绘图。

一、绘制点的方法

AutoCAD 2010提供的绘制点的方法有以下几种。
(1)在【绘图】面板中单击【点】的按钮。
(2)在命令输入行中输入point后,按Enter键。
(3)在【菜单栏】中,选择【绘图】→【点】菜单命令。

二、绘制点的方式

绘制点的方式有以下几种。

(1)单点■:用户确定了点的位置后,绘图区域出现一个点。

(2)多点■:用户可以同时画多个点。

提示:可以通过按下 Esc 键结束绘制点。

(3)定数等分画点:用户可以指定一个实体,然后输入该实体被等分的数目后,AutoCAD 2010 会自动在相应的位置上画出点。本书第一章提到的"如何将一个角分成 3 等分",就可以利用这项功能来完成,如图 4-26 所示。

(4)定距等分画点:用户选择一个实体,输入分段的长度值后,AutoCAD 2010 会以选择端为起点自动在相应的位置上画出点。此项功能在实际工程设计中有很大用处,在第九章里结合图块功能会加以介绍。

三、设置点

在用户绘制点的过程中,可以改变点的形状和大小。

选择【格式】→【点样式】菜单命令,打开如图 4-27 所示的【点样式】对话框。在此对话框中,可以先选取上面点的形状,然后选择【相对于屏幕设置大小】或【按绝对单位设置大小】两个单选按钮中的一个,最后在【点大小】文本框中输入所需的数字。当选中【相对于屏幕设置大小】单选按钮时,在【点大小】文本框中输入的是点的大小相对于屏幕大小的百分比的数值,当选择【按绝对单位设置大小】单选按钮时,在【点大小】文本框中输入的是像素点的绝对大小。

◆注意:点样式的设置仅仅是为了绘图时获取方便,无论将点设置成什么样式,在打印输出图纸时仍然按照一个点大小输出。

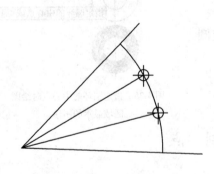

图 4-26 利用定数等分将一个角分成 3 等分

图 4-27 【点样式】对话框

第八节 自定义按钮设置

通过上述学习过程已经发现:每一种绘图方式都有相应的快捷按钮。但如何将一些常用的按钮放在面板上呢?又如何将一些不常用的按钮删除呢?下面我们就给大家介绍一下自定义按钮设置的方法。

(1)首先将鼠标移至任意【面板】上,单击鼠标右键出现【面板设置】浮动窗体(或选择【工具】→【工具栏】→【AutuCAD】菜单命令),如图4-28所示。可将需要的面板勾选,不需要的勾掉。如果仅仅需要单个命令,则选择位于浮动窗口底部的【自定义(C)…】选项。

(2)然后,在【自定义用户界面】对话框中寻找到你所需要的按钮(名称搜索或分类搜索)。

(3)用鼠标左键按住该按钮,将其拖入相应的【面板】上,如:绘图【面板】上,再松开鼠标左键。或将【面板】上不用的按钮拖出删除。

(4)最后,点击【自定义用户界面】对话框下方的【应用】按钮完成操作。

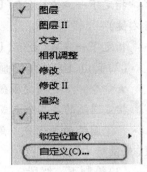

图4-28 浮动窗体

第九节 设计范例——初级绘图

下面通过一个具体的设计范例来讲解本章学习内容的一些使用方法。具体如下:

1.分析

如图4-29所示交通标志牌,我们可以看出由于△abc是一个等边三角形,故∠a = ∠b = ∠c = 60°。由于线段ef//ab,又它们之间的距离为10个单位,估不难判断圆弧fg的圆心就是b点。

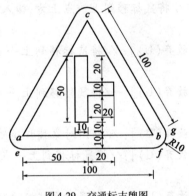

图4-29 交通标志牌图

2.绘图过程

1)绘制△abc等边三角形

首先保证"正交"(◆快捷键为"F8"键)、"对象捕捉"(◆快捷键为"F3"键)、"对象捕捉追踪"(◆快捷键为"F11"键)为打开状态。执行"L"命令后,命令输入行将提示用户指定第一点的坐标值,命令输入行提示如下:

★命令:_line 指定第一点://输入:0,0　然后按Enter键(或鼠标右键)

指定下一点或[放弃(U)]://将鼠标移到第一点右侧,输入:100　然后按Enter键(或鼠标右键)

指定下一点或[放弃(U)]://输入:@100<120　然后按Enter键(或鼠标右键)

指定下一点或[闭合(C)/ 放弃(U)]://输入:c键

2)绘制外部轮廓

(1)绘制线段ef

★命令:_line 指定第一点://输入:0, -10　然后后按Enter键(或鼠标右键)

指定下一点或[放弃(U)]://将鼠标移到第一点右侧,输入:100　然后按 Enter 键(或鼠标右键)

指定下一点或[放弃(U)]://输入:Esc 键(或鼠标右键)

(2)起点、圆心、角度画圆弧 fg

★命令:_arc 指定圆弧的起点或[圆心(C)]://鼠标左键点选 f 点

指定圆弧的第二个点或[圆心(C)/端点(E)]:_c 指定圆弧的圆心://鼠标左键点选 b 点

指定圆弧的端点或[角度(A)/弦长(L)]:_a 指定包含角://输入:120　然后按 Enter 键(或鼠标右键)

(3)绘制下一线段

★命令:_line 指定第一点://鼠标左键点选 g 点

指定下一点或[放弃(U)]://输入:@100<120　然后按 Enter 键(或鼠标右键)

指定下一点或[放弃(U)]://输入:Esc 键(或鼠标右键)

(4)同理完成余下的圆弧和直线段。

3)绘制内部图形

★命令:_line 指定第一点://输入:10,50　然后按 Enter 键(或鼠标右键)

指定下一点或[放弃(U)]://将鼠标移到第一点右侧,输入:10　然后按 Enter 键(或鼠标右键)

指定下一点或[放弃(U)]://将鼠标移到上一点上方,输入:20　然后按 Enter 键(或鼠标右键)

指定下一点或[闭合(C)/放弃(U)]://将鼠标移到上一点右侧,输入:20　然后按 Enter 键(或鼠标右键)

指定下一点或[闭合(C)/放弃(U)]://将鼠标移到上一点上方,输入:10　然后按 Enter 键(或鼠标右键)

指定下一点或[闭合(C)/放弃(U)]://利用对象捕捉追踪选择(详见本章第一节)

指定下一点或[闭合(C)/放弃(U)]://将鼠标移到上一点上方,输入:20　然后按 Enter 键(或鼠标右键)

指定下一点或[闭合(C)/放弃(U)]://利用对象捕捉追踪选择

指定下一点或[闭合(C)/放弃(U)]://输入:c 键

绘图结束。

本 章 小 结

本章主要介绍了 AutoCAD 2010 中二维平面初级绘图命令,并通过实例对 AutoCAD 绘制平面图形的技巧进行了详细的讲解。通过本章的学习,读者可以熟练掌握 AutoCAD 2010 中绘制基本二维图形的方法。

练 习 题

1. 简述本章中介绍了哪些二维图形的绘制。
2. 利用本章所学知识完成下列图形(见图 4-30 ~ 图 4-35)。

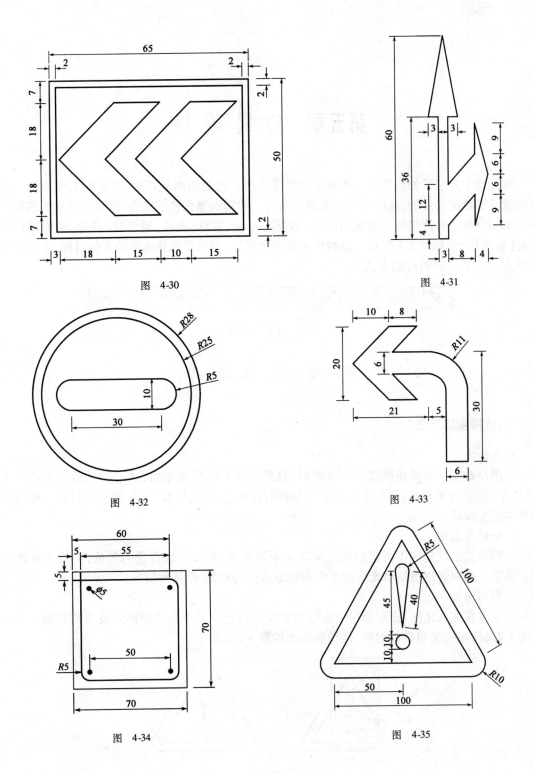

图 4-30 图 4-31

图 4-32 图 4-33

图 4-34 图 4-35

第五章 初级编辑

第四章中介绍了如何绘制一些基本的二维图形。在绘图的过程中,会发现某些图形不是一次就可以绘制出来的,这样不可避免地会出现一些错误操作或辅助线,这时就要用到编辑命令。AutoCAD中有许多图形编辑功能如:图形的复制、平移、旋转、镜像、阵列等,编辑图形对象的【修改】面板如图5-1所示。显然要编辑一个图形,首先要选择编辑的实体目标,下面将先介绍AutoCAD选择目标的方法。

图5-1 【修改】面板

第一节 实 体 选 择

一、选择实体方法

1. 点选法

当用户希望一次操作选择一个对象时,只要在执行编辑命令后,在十字光标变为被称为"拾取框"的正方形框后,将拾取框移至要编辑的目标上,单击鼠标左键,即选中目标。被选中的实体成虚线状。

2. 矩形窗选法

矩形窗选法就是利用指定对角点来定义矩形区域,更改区域背景的颜色,将其变成透明的。从第一点向对角点拖动光标的方向来确定选择的对象,分两种情况:

1)窗口选择

从左向右拖动光标(矩形窗口的边缘为实线),仅选择完全位于矩形区域中的对象。对于如图5-2a)所示的窗口选择对象,选择后结果如图5-2b)所示。

 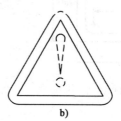

图5-2 窗口选择
a)选择前;b)选择后

2)窗交选择

从左向右拖动光标(矩形窗口的边缘为虚线),以选择矩形窗口包围的或相交的对象。对于如图5-3a)所示的窗交选择对象,选择后结果如图5-3b)所示。

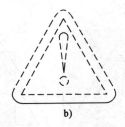

图 5-3 窗交选择
a) 选择前；b) 选择后

3. 多边形窗选法

对于一些矩形窗选难以选择的复杂图形，AutoCAD 还提供了多边形窗选法，包括窗口选择和窗交选择，和矩形窗选效果一致，只是选择窗体形状不同而已。

1) 多边形窗口选择

执行编辑命令后，键入"WP"命令，然后利用鼠标左键选择多边形的端点，用右键结束选择（多边形窗口的边缘为实线），且仅选择完全位于多边形区域中的对象。对于如图 5-4a) 所示的窗口选择对象，选择后结果如图 5-4b) 所示。

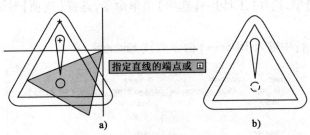

图 5-4 多边形窗口选择
a) 选择前；b) 选择后

2) 多边形窗交选择

执行编辑命令后，键入"CP"命令，然后鼠标左键选择多边形的端点，右键结束选择（多边形窗口的边缘为虚线）。以选择多边形窗口包围的或相交的对象。对于如图 5-5a) 所示的窗口选择对象，选择后结果如图 5-5b) 所示。

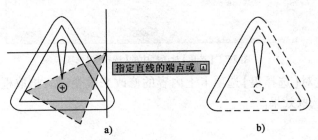

图 5-5 多边形窗交选择
a) 选择前；b) 选择后

4. 增减选择对象

在图形编辑时，往往一次性选择是无法达到要求的，比如多选或者少选了对象。如果是少选，AutoCAD 允许用户用上述方法继续选择；如果多选，操作时按住"Shift"键，选择多选的部分即可。下面仅用一个例子来说明如何仅选择标志牌的边缘部分，具体操作如图 5-6a)、

图 5-6b)、图 5-6c)所示。

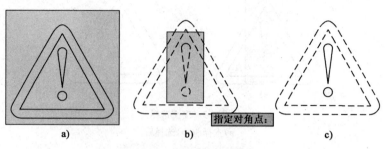

图 5-6 增减选择对象操作
a)选择对象；b)按住"Shift"后再窗口选择；c)选择后的结果

二、设置选择方式

对于复杂的图形,往往一次要同时对多个实体进行编辑操作。利用【选择集】选项卡设置恰当的目标选择方式即可实现这种操作。

用户可以通过下列方法打开【选择集】,如图 5-7 所示。

(1)在【菜单栏】中,选择【工具】→【选项】菜单命令,选择【选项】对话框中的【选择集】选项卡；

(2)在命令输入行中输入 DDSelect 命令后按 Enter 键。

图 5-7 【选项】对话框中的【选择集】选项卡

用户可以通过对【选择集】选项卡上内容的修改来改变,如：拾取框大小、视觉效果等设置,以达到最佳的选取效果。

三、使用编组

在 AutoCAD 2010 中,可以将图形对象进行编组以创建一种选择集,使编辑对象变得更为灵活。当用户需要对图形中的几个对象同时进行编辑时,可将这几个对象进行编组。接下来介绍创建编组的具体方法。

1. 创建对象编组

(1)编组是已命名的对象选择集,随图形一起保存。一个对象可以作为多个编组的成员。

在命令行提示下输入 Group(◆快捷键为"G")命令后按 Enter 键,可打开【对象编组】对话框,如图 5-8 所示。

(2)在【编组标识】选项组中,设置编组的名称和说明内容,然后单击【创建编组】选项组中的【新建】按钮,如图 5-9 所示,对话框将暂时关闭。将绘图区中所需要的对象选中,按 Enter 键,返回对话框。

图 5-8 【对象编组】对话框

图 5-9 创建编组

(3)单击"确定"按钮,完成编组的创建。

2. 修改编组

用户在创建了编组之后,若想要进行分解编组、在编组中添加或删除对象等操作,可再次通过"对象编组"对话框来完成。

(1)在命令行提示下输入 Group(◆快捷键为"G")命令后按 Enter 键,打开的【对象编组】对话框。

(2)在【修改编组】选项组中包含了多个修改编组的命令,只有在【编组名】列表框中选择了一个对象编组后,该选项组中的按钮才可用。在【编组名】列表中选择创建的编组,然后单击【删除】按钮,可暂时关闭对话框,在绘图区域中选择要从编组中删除的对象,按 Enter 键返回对话框。

(3)在【对话框】中单击【添加】按钮,然后在绘图区域中选择想要增添的对象,按 Enter 键,将对象添加到选定的编组中。

(4)单击【重命名】按钮,可对选定编组的名称进行重命名操作,也可直接在【编组名】选项右侧的文本框中输入新的名称。

(5)如果创建了多个编组,单击【重排】按钮会显示出如图 5-10 所示的【编组排序】对话框。在该对话框中可以修改选定编组中对象的编号次序。

(6)单击【确定】按钮,关闭【编辑排序】对话框,在【对象编组】对话框中单击【说明】按钮,可

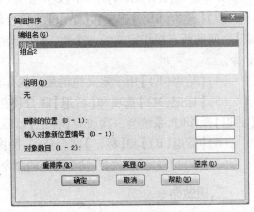

图 5-10 【编组排序】对话框

对当前编组的说明进行更改。在【说明】文本框中输入新的说明内容,单击该按钮,即可将编组的说明更改。

(7)选择要删除的编组,单击【分解】按钮即可将其删除。删除编组时,编组中的对象不受影响,仍保留在图形中。

◆提示:用户可通过按 Ctrl + H 组合键或 Ctrl + Shift + A 组合键在打开和关闭编组选择之间进行切换。

(8)最后单击【确定】按钮,完成对编组的修改操作。

第二节 放弃和重做

一、放弃命令

在绘图过程中,经常会不慎执行错误操作,当失误严重时,就会对图形文件造成很大的损失。

这时,AutoCAD 允许使用【放弃】命令来放弃这些错误操作。只要没有用【离开】或【结束】命令结束绘图,进入 AutoCAD 后的全部绘图操作都存储在缓冲区中,使用【放弃】命令可以逐步放弃本次进入绘图状态的操作,直至初始状态。这样,用户就可以一步一步地找出错误所在,重新进行编辑修改。

启动 undo 命令有如下 3 种方式:
(1)在【快速访问工具栏】上单击【放弃】按钮 ;
(2)在命令输入行中输入"U"或"Undo"(◆快捷键 Ctrl + Z)后按 Enter 键;
(3)在【菜单栏】中,选择【编辑】→【放弃】菜单命令。

在命令输入行中输入"U"和"Undo",是不同的。U 命令是 Undo 命令的单个使用模式,没有命令选项。Undo 命令则是全功能命令,它有以下几个选项:

★输入要放弃的操作数目或 [自动(A)/控制(C)/开始(BE)/结束(E)/标记(M)/后退(B)] <1>:

(1)【自动(A)】设为 ON,则同一菜单项后的几条命令可以用一个"放弃"命令返回。
(2)【控制(C)】选项允许用户有下面几种选择:
★ [全部(A)/无(N)/一个(O)/合并(C)/图层(L)] <全部>:
(3)【开始(BE)】选项和【结束】的联合使用,用户通过这一命令可把在执行【开始】和【结束】之间的所有操作定义为一个组,这个组由"放弃"命令统一处理,即一次可以放弃该组全部命令。
(4)【结束(E)】用于定义组的最后操作命令。
(5)【标记(M)】选项和【后退】联合使用,把在【标记】之前的这一命令标记下来,当执行【后退】操作时,系统会一次放弃【标记】以后的所有操作命令。
(6)【后退(B)】和【标记】联合使用,使图形返回到【标记】标记的位置。
(7)【数目】规定用"放弃"命令放弃的命令数目。缺省情况下,一次放弃一条或一组命令。

二、重做命令

与 Windows 其他应用软件相似,AutoCAD 提供了重新执行上一条命令的"重做"命令。执行该命令有 3 种方式:

(1)在【快速访问工具栏】上单击"重做"按钮;
(2)在命令输入行中输入"Redo"(◆捷键 Ctrl + Y)命令后按 Enter 键;
(3)在【菜单栏】中,选择【编辑】→【重做】菜单命令。
◆注意:"重做"命令只有在"放弃"命令之后才起作用,它没有选项。如果连续运行了两次以上的"放弃"命令,"重做"命令只对最近一次的"放弃"命令起作用。

第三节 删 除

在绘图的过程中,常需要删除一些多余的图形,这时就要用到删除命令。注意:由于矢量图自身属性,实体对象不能像被橡皮擦除那样操作,只能整体"删除"。
执行删除命令的 4 种方法如下:
(1)单击【修改】面板上的【删除】按钮;
(2)在命令输入行中输入"Erase"(◆快捷键为"E")命令后按 Enter 键;
(3)在【菜单栏】中,选择【修改】→【删除】菜单命令;
(4)选择要删除的对象,按 Delete 键。
使用上面的任意一种删除方法后在编辑区会出现口 图标,而后将鼠标移到要删除图形对象的位置,选择图形后再单击右键或按 Enter 键,即可完成删除图形的操作。

第四节 复 制

AutoCAD 为用户提供了复制命令,把已绘制好的图形复制到其他的地方。
执行复制命令的 3 种方法如下:
(1)单击【修改】面板上的【复制】按钮;
(2)在命令输入行中输入"copy"(◆快捷键为"CO"或"CP")命令后按 Enter 键;
(3)在【菜单栏】中,选择【修改】→【复制】菜单命令;
选择【复制】命令后,命令输入行提示如下:
★命令:_copy
选择对象:
在以上提示下选取实体,如图 5-11 所示,命令输入行就会显示选中的物体,并提示如下:
选择对象:找到 1 个
选取实体后命令输入行提示如下:
选择对象:
在 AutoCAD 中,该命令默认用户会继续选择下一个实体,点击鼠标右键或按 Enter 键即可结束选择。AutoCAD 会提示用户指定基点或位移,在绘图区域选择基点。命令输入行提示如下:
指定基点或[位移(D)/模式(O)] <位移>:
指定基点后绘图区如图 5-12 所示。
指定基点后,命令输入行会提示用户指定第二点或<使用第一个点作为位移>,命令输入行提示如下:
指定第二个点或<使用第一个点作为位移>:

指定完第二点,命令输入行会提示用户指定第二点或[退出(E)/放弃(U)] <退出>,命令输入行如下所示:

指定第二个点或[退出(E)/放弃(U)] <退出>:
继续拷贝或退出完成绘图。

◆注意:基点的选择非常重要,目的不同基点选择的位置也不同,绘图时应该视具体情况而定。

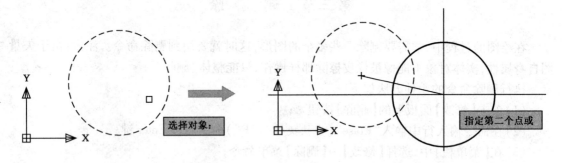

图 5-11 选择实体后绘图区所显示的图形　　　　图 5-12 指定基点后绘图区所显示的图形

第五节 移　　动

移动图形对象是使某一图形沿着基点移动一段距离,使对象到达合适的位置。
执行移动命令的 3 种方法如下:
(1)单击【修改】面板上的【移动】按钮⊕。
(2)在命令输入行中输入"move"(◆快捷键为"M")命令后按 Enter 键。
(3)选择【修改】→【移动】菜单命令。

选择【移动】命令后,将鼠标移到要移动图形对象的位置。选择需要移动的图形对象,然后点击鼠标右键或按 Enter 键。AutoCAD 会提示用户选择基点,选择基点后移动鼠标至相应的位置,命令输入行提示如下:

★命令:_move
选择对象:找到 1 个
选取实体后命令输入行提示如下:
选择对象
指定基点或[位移(D)] <位移>://选择基点后点击鼠标右键或按 Enter 键
指定第二个点或 <使用第一个点作为位移>:
指定基点和第二点完成编辑。

第六节 旋　　转

旋转对象是指用户将图形对象转一个角度使之符合用户的要求,旋转后的对象与原对象的距离取决于旋转的基点与被旋转对象的距离。

执行旋转命令的 3 种方法如下:

(1)单击【修改】面板上的【旋转】按钮。
(2)在命令输入行中输入"rotate"(◆快捷键为"RO")命令后按 Enter 键。
(3)选择【修改】→【旋转】菜单命令。
执行此命令后,移动鼠标到要旋转的图形对象的位置,单击选择需要移动的图形对象后单击鼠标右键,AutoCAD 会提示用户选择基点,选择基点后移动鼠标指相应的位置,命令输入行会提示如下:
★命令:_rotate
UCS 当前的正角方向:ANGDIR = 逆时针　ANGBASE = 0
选择对象:找到 1 个
此时绘图区域如图 5-13 所示。
选取实体后命令输入行提示如下:
选择对象:
指定基点:
指定基点后绘图区如图 5-14 所示。

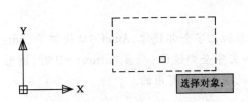

图 5-13　选择实体后绘图区所显示的图形　　　图 5-14　指定基点后绘图区所显示的图形

指定基点后命令输入行提示如下:
指定旋转角度,或[复制(C)/参照(R)]<0>:
给出旋转角或参考角最终完成图形编辑。
◆注意:基点是所选实体旋转的中心点,具有唯一性。

第七节　镜　　像

AutoCAD 为用户提供了镜像命令,以便把已绘制好的图形复制到其他位置。
执行镜像命令的 3 种方法如下:
(1)单击【修改】面板上的【镜像】按钮。
(2)在命令输入行中输入"mirror"(◆快捷键为"MI")命令后按 Enter 键。
(3)在【菜单栏】中选择【修改】→【镜像】菜单命令。
命令输入行提示如下:
★命令:_mirror
选择对象:找到 1 个
选取实体后绘图区如图 5-15 所示。
选取实体后命令输入行提示如下:
选择对象:

在 AutoCAD 中,此命令默认用户会继续选择下一个实体,单击鼠标右键或按 Enter 键即可结束选择。然后在提示下选取镜像线的第一点和第二点。

指定镜像线的第一点:指定镜像线的第二点:

指定镜像线的第一点后绘图区如图 5-16 所示。

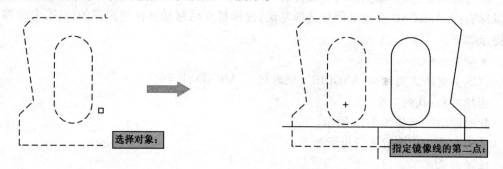

图 5-15　选择实体后绘图区所显示的图形　　　　图 5-16　指定镜像第一点后绘图区所显示的图形

AutoCAD 会询问用户是否要删除原图形(默认是"否"),如果不需要则直接单击鼠标右键或按 Enter 键,命令输入行提示如下:

要删除源对象吗?[是(Y)/否(N)]<N>:

完成操作。

◆注意:在交通工程设计时,并不需要将所有图形和文字全部镜像,AutoCAD 提供了"mirrtext"这个系统变量,当 mirrtext=1 时,所有的图形和文字全部镜像;而当 mirrtext=0 时,图形会发生镜像,而文字并没有发生镜像,这在大多数情况下是非常有用的。

第八节　偏　　移

当两个图相似,只在位置上有偏差时,可以用偏移命令。AutoCAD 提供了偏移命令是用户可以很方便地绘制此类图形,特别是要绘制许多相似的图形时,此命令要比使用复制命令快捷。

执行偏移命令的 3 种方法如下:

(1)单击【修改】面板上的【偏移】按钮。

(2)在命令输入行中输入"offset"(◆快捷键为"O")命令后按 Enter 键。

(3)在【菜单栏】中选择【修改】→【偏移】菜单命令。

命令输入行提示如下:

★命令:_offset

当前设置:删除源=否　图层=源　OFFSETGAPTYPE=0

指定偏移距离或[通过(T)/删除(E)/图层(L)]<10.0000>:20

指定偏移距离后命令输入行提示如下:

选择要偏移的对象,或[退出(E)/放弃(U)]:

选择要偏移的对象后绘图区如图 5-17 所示。

选择要偏移的对象后命令输入行提示如下:

指定要偏移的那一侧上的点,或[退出(E)/多个(M)/放弃(U)]:

指定要偏移的那一侧上的点后绘制的图形如图 5-18 所示。

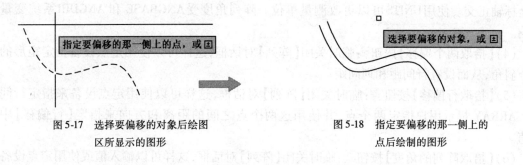

图 5-17 选择要偏移的对象后绘图区所显示的图形

图 5-18 指定要偏移的那一侧上的点后绘制的图形

第九节 阵 列

AutoCAD 为用户提供了阵列命令,以便把已绘制的图形复制到其他位置。
执行阵列命令的 3 种方法如下:
(1)单击【修改】工具栏上的【阵列】按钮。
(2)在命令输入行中输入"array"(◆快捷键为"AR")命令后按 Enter 键。
(3)在【菜单栏】中选择【修改】→【阵列】菜单命令。
AutoCAD 会自动打开如图 5-19 所示的【阵列】对话框。

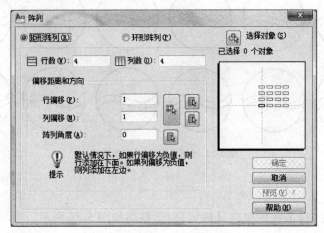

图 5-19 【阵列】对话框

在对话框最上面有【矩形阵列】和【环形阵列】两个单选按钮,是阵列的两种方式。使用【矩形阵列】选项创建选定对象的副本的行和列阵列。使用【环形阵列】选项通过围绕圆心复制选定对象来创建阵列。

一、矩形阵列

对话框中的【行数】和【列数】文本框用于输入阵列的行数和列数,具体功能如下:
(1)【行偏移】:按单位指定行间距。要向下添加行,指定负值。若要使用定点设备指定行间距,则单击【拾取两个偏移】按钮或【拾取行偏移】按钮。
(2)【列偏移】:按单位指定列间距。要向左边添加列,指定负值。若要使用定点设备指定列间距,则单击【拾取两个偏移】按钮或【拾取列偏移】按钮。
(3)【阵列角度】:指定旋转角度。此角度通常为 0,因此行和列与当前。UCS 的 X 和 Y 图形坐标轴正交。使用UNITS可以更改测量单位。阵列角度受ANGBASE和ANGDIR系统变量影响。

（4）【拾取两个偏移】按钮：临时关闭【阵列】对话框，这样可以使用定点设备指定矩形的两个斜角，从而设置行间距和列间距。

（5）【拾取行偏移】按钮：临时关闭【阵列】对话框，这样可以使用定点设备来指定行间距。ARRAY提示用户指定两个点，并使用这两个点之间的距离和方向来指定【行偏移】中的值。

（6）【拾取阵列的角度】按钮：临时关闭【阵列】对话框，这样可以输入值或使用定点设备指定两个点，从而指定旋转角度。使用UNITS可以更改测量单位。阵列角度受ANGBASE和ANGDIR系统变量影响。

（7）【选择对象】按钮：指定用于构造阵列的对象。可以在【阵列】对话框显示之前或之后选择对象。要在【阵列】对话框显示之后选择对象，则单击【选择对象】按钮，【阵列】对话框将暂时关闭。完成对象选择后，按Enter键。【阵列】对话框将重新显示，并且选定对象将显示在【选择对象】按钮下面。

【矩形阵列】绘制的图形如图5-20所示。

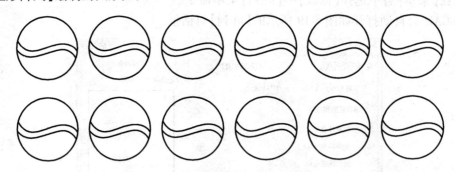

图5-20　【矩形阵列】绘制的图形

二、环形阵列

当选择【环形阵列】单选按钮后，【阵列】对话框将如图5-21所示。

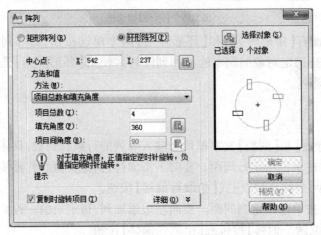

图5-21　选择【环形阵列】单选按钮后的【阵列】对话框

(1)【中心点】指定环形阵列的中心点。输入 X 和 Y 坐标值,或单击【拾取中心点】按钮以使用定点设备指定中心点。

(2)【拾取中心点】按钮:将临时关闭【阵列】对话框,以便用户使用定点设备在绘图区域中指定中心点。

(3)【方法和值】选项组:指定用于定位环形阵列中的对象的方法和值。

①【方法】:设置定位对象所用的方法。此设置控制哪些【方法和值】字段可用于指定值。例如:如果方法为【项目总数和填充角度】,则可以使用相关字段来指定值,【项目间的角度】字段不可用。

②【项目总数】:设置在结果阵列中显示的对象数目。默认值为 4。

③【填充角度】:通过定义阵列中第一个和最后一个元素的基点之间的包含角来设置阵列大小。正值指定逆时针旋转。负值指定顺时针旋转。默认值为 360,该值不允许为 0。

④【项目间角度】:设置阵列对象的基点和阵列中心之间的包含角。输入值必须为一个正值。默认方向值为 90。

◆注意:可以选择拾取键并使用定点设备来为【填充角度】和【项目间角度】指定值。

⑤【拾取填充的角度】按钮:临时关闭【阵列】对话框,这样可以定义阵列中第一个元素和最后一个元素的基点之间的包含角。ARRAY 提示在绘图区域参照一个点选择另一个点。

⑥【拾取项目间角度】按钮:临时关闭【阵列】对话框,这样可以定义阵列对象的基点和阵列中心之间的包含角。ARRAY 提示在绘图区域参照一个点选择另一个点。

(4)【复制时旋转项目】:预览区域显示旋转阵列中的项目。

(5)【详细】→【简略】按钮:打开和关闭【阵列】对话框中的附加选项的显示。选择【详细】时,将显示附加选项,此按钮名称变为【简略】。

(6)【对象基点】选项组:相对于选定对象指定新的参照(基准)点,对对象指定阵列操作时,这些选定对象将与阵列中心点保持不变的距离。要构造环形阵列,ARRAY 将确定从阵列中心点到最后一个选定对象上的参照点(基点)之间的距离。所使用的点取决于对象类型。

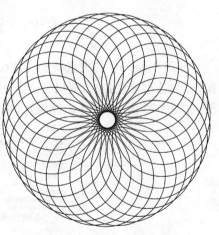

图 5-22 【环形阵列】绘制的图形

①【设为对象的默认值】:使用对象的默认基点定位阵列对象。若要手动设置基点,则取消启用此复选框。

②【基点】:设置新的 X 和 Y 基点坐标。选择【拾取基点】临时关闭对话框,并指定一个点。指定了一个点后,【阵列】对话框将重新显示。

【环形阵列】绘制的图形如图 5-22 所示。

第十节 缩 放

在 AutoCAD 中,可以通过缩放命令来使实际的图形对象放大或缩小。

执行缩放命令命令的 3 种方法如下。

(1)单击【修改】面板上的【缩放】按钮。

(2)在命令输入行中输入"scale"(◆快捷键为"SC")命令后按 Enter 键。

(3)选择【修改】→【缩放】菜单命令。

执行此命令后,AutoCAD 提示用户选择需要缩放的图形对象后移动鼠标到要缩放的图形对象位置。单击选择需要缩放的图形对象后右击,AutoCAD 提示用户选择基点。选择基点后在命令输入行中输入缩放比例系数后按 Enter 键,缩放完毕。命令输入行提示如下:

★命令:_scale

选择对象:找到一个

选取实体后命令输入行提示如下:

选择对象:

指定基点:

指定基点后绘图区如图 5-23 所示。

指定基点后命令输入行提示如下:

指定比例因子或[复制(C)/参照(R)]<3.0000>:

绘制的图形如图 5-24 所示。

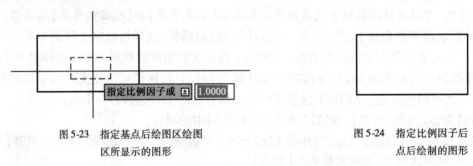

图 5-23　指定基点后绘图区绘图　　　　　　　　图 5-24　指定比例因子后
　　　　　区所显示的图形　　　　　　　　　　　　　　　　点后绘制的图形

第十一节　使用夹点模式编辑

利用 AutoCAD 的夹点功能,可以方便地对对象进行拉伸、移动、旋转、缩放,以及镜像编辑操作。在【菜单栏】中,选择【工具】→【选项】菜单命令,选择【选项】对话框中的【选择集】选项卡,如图 5-25 所示。在【选择集】选项卡中可以对夹点属性进行修改。

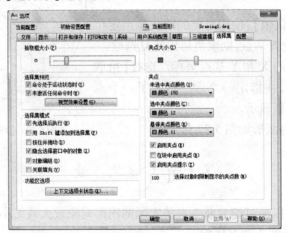

图 5-25　【选项】对话框中的【选择集】选项卡

接下来将通过具体实例介绍编辑夹点的各种命令。

一、使用夹点拉伸对象

（1）使用对象选择方式选择要进行拉伸的矩形对象，然后在按住 Shift 键，并在选择矩形的下侧两个夹点上单击，将其选中作为基夹点。

（2）在选择的任意一个基夹点上单击，这时命令行中将出现提示：

★＊＊拉伸＊＊

指定拉伸点或 [基点(B)/复制(C)/放弃(U)/退出(X)]：

（3）按下"F8"键启用"正交"功能，然后在绘图区域中向下移动光标至合适位置后单击，完成对夹点的拉伸操作，如图 5-26 所示。

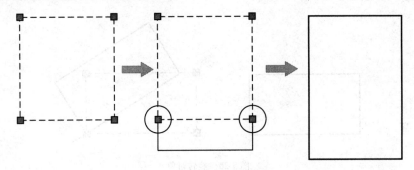

图 5-26　拉伸选择夹点

二、使用夹点移动对象

（1）先选择要移动的对象，然后在对象的任意一个夹点上单击，将默认夹点模式"拉伸"激活。

（2）按 Enter 键遍历夹点模式，直到显示夹点模式"移动"。

★＊＊拉伸＊＊

指定拉伸点或 [基点(B)/复制(C)/放弃(U)/退出(X)]：

＊＊移动＊＊

指定移动点或 [基点(B)/复制(C)/放弃(U)/退出(X)]：

（3）在绘图区域中向右移动鼠标并单击，选定对象将随夹点移动至指定的位置，如图 5-27 所示。

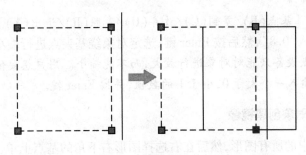

图 5-27　使用夹点移动对象

三、使用夹点旋转对象

（1）先选择要旋转的对象，然后在绘图区域中的对象夹点上单击，使其作为基夹点。

(2)多次按 Enter 键遍历夹点模式,直到显示夹点模式"旋转"。

★＊＊拉伸＊＊

指定拉伸点或[基点(B)/复制(C)/放弃(U)/退出(X)]：

＊＊移动＊＊

指定移动点或[基点(B)/复制(C)/放弃(U)/退出(X)]：

＊＊旋转＊＊

指定旋转角度或[基点(B)/复制(C)/放弃(U)/参照(R)/退出(X)]：

(3)围绕圆周移动光标,选定对象绕基夹点进行旋转,至合适位置后单击,完成对象的旋转操作,如图 5-28 所示。

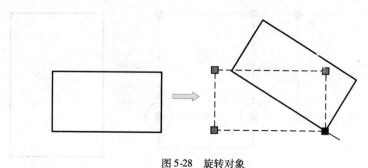

图 5-28　旋转对象

四、使用夹点缩放对象

(1)先选择要缩放的对象,然后在绘图区域中的对象夹点上单击,指定基夹点,将默认夹点模式"拉伸"激活。

(2)多次按 Enter 键遍历夹点模式,直到显示夹点模式"缩放"。

★＊＊拉伸＊＊

指定拉伸点或[基点(B)/复制(C)/放弃(U)/退出(X)]：

＊＊移动＊＊

指定移动点或[基点(B)/复制(C)/放弃(U)/退出(X)]：

＊＊旋转＊＊

指定旋转角度或[基点(B)/复制(C)/放弃(U)/参照(R)/退出(X)]：

＊＊比例缩放＊＊

指定比例因子或[基点(B)/复制(C)/放弃(U)/参照(R)/退出(X)]：

(3)在提示下输入"0.8",然后按 Enter 键,选定对象绕基夹点进行缩小。

◆提示:移动定点设备只能对对象进行放大,而不能缩小。用户想要使用夹点将某个对象缩小,必须在提示下输入一个大于0,小于1的数值,并按 Enter 键。

五、使用夹点为对象创建镜像

(1)先选择页面中的所有图形,然后在右选择图形右下角的基点上单击,指定基夹点。

(2)反复按 Enter 键遍历夹点模式,直到显示夹点模式"镜像"。

★＊＊拉伸＊＊

指定拉伸点或[基点(B)/复制(C)/放弃(U)/退出(X)]：

＊＊移动＊＊

指定移动点或[基点(B)/复制(C)/放弃(U)/退出(X)]:
＊＊旋转＊＊
指定旋转角度或[基点(B)/复制(C)/放弃(U)/参照(R)/退出(X)]:
＊＊比例缩放＊＊
指定比例因子或[基点(B)/复制(C)/放弃(U)/参照(R)/退出(X)]:
＊＊镜像＊＊
指定第二点或[基点(B)/复制(C)/放弃(U)/退出(X)]:

(3)在绘图区域中移动光标至选择图形右上角的夹点上单击,创建镜像,然后按 Enter 键完成镜像操作,如图 5-29 所示。

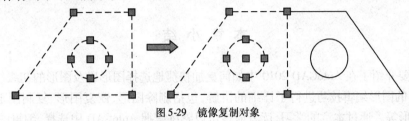

图 5-29　镜像复制对象

用户在选择基夹点后,也可在该基夹点上单击鼠标右键击,通过弹出的快捷菜单来选择需要的命令,如图 5-30 所示。

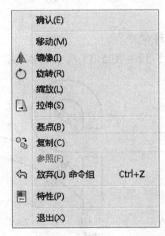

图 5-30　基夹点快捷菜单

第十二节　设计范例——编辑运用

下面通过一个具体的设计范例来讲解本章学习内容的一些使用方法。具体如下:
(1)某一交通标志牌的尺寸如图 5-31 所示,利用以前所学知识完成绘制。
(2)绘图过程:
①从图中可以看出该标牌的外框是一个完全轴对称的图形,因此,在绘制完部分外框后可以利用"镜像"命令完成整个外框图形。
②对于内部大正方形可以在任意位置绘制完成后,利用"移动"命令使其就位。
③对于 4 个小正方形可以利用"复制"命令或"阵列"(1 行 4 列,列间距为 24 而不是 4!)命令来完成。

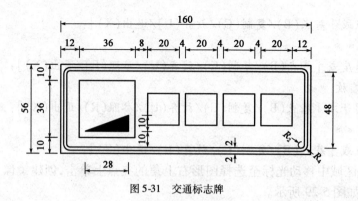

图 5-31 交通标志牌

本 章 小 结

本章主要介绍了在 AutoCAD 2010 中如何更加快捷地选择图形以及图形的初级编辑命令，并对 AutoCAD 的图形编辑技巧进行了详细的讲解，包括删除图形、恢复图形、复制图形、镜像图形以及修改图形等。通过本章的学习，读者应该可以熟练掌握 AutoCAD 中选择、编辑图形的方法。

练 习 题

1. 简述本章中介绍了哪些编辑命令？
2. 利用本章所学知识完成图 5-32～图 5-35 所示的图形。(H 值可以由读者自己确定)

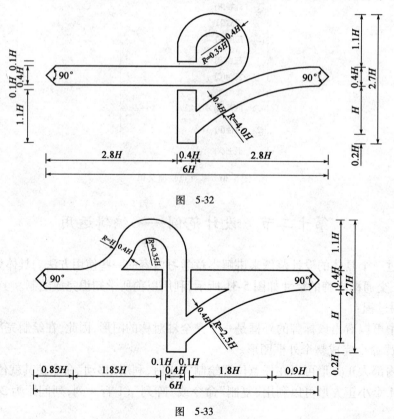

图 5-32

图 5-33

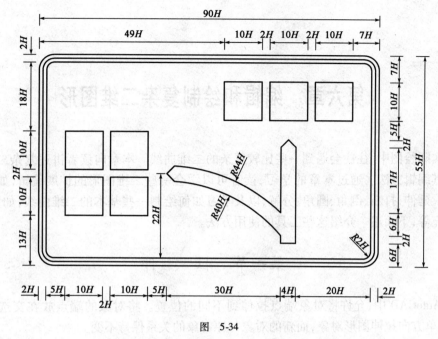

图 5-34

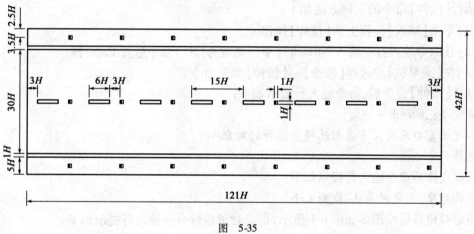

图 5-35

第六章 编辑和绘制复杂二维图形

在实际绘图中,往往会遇到一些比较复杂的二维曲线。本章向读者讲述复杂二维曲线的绘制及其编辑方法。通过本章的学习,读者可以学会一些二维图形的扩展编辑,如:拉伸、对齐、修剪、延伸、打断、倒角、圆角、分解,以及学习如何绘制一些基本的二维曲线,如多线、多段线和填充等,下面逐一介绍这些工具的使用方法。

第一节 拉　　伸

在 AutoCAD 中,允许将对象端点拉伸到不同的位置。将对象的端点放在交选框的内部时,可以单方向拉伸图形对象,而新的对象与原对象的关系保持不变。

执行【拉伸】命令的3种方法如下:

(1)单击【修改】面板上的【拉伸】按钮 。
(2)在命令输入行中输入"stretch"(◆快捷键为"S")命令后按 Enter 键。
(3)在【菜单栏】中选择【修改】→【拉伸】菜单命令。

选择【拉伸】命令后,命令输入行提示如下:

★命令:_stretch
以交叉窗口或交叉多边形选择要拉伸的对象…
选择对象:

选取实体后命令输入行提示如下:

选择对象:指定对角点:找到 1 个

指定对角点后绘图区如图 6-1 所示,指定对角点后命令输入行提示如下:

选择对象:
指定基点或[位移(D)]<位移>:

指定基点后绘图区如图 6-2 所示,指定基点后命令输入行提示如下:

指定第二个点或<使用第一个点作为位移>:
指定第二个点后完成操作。

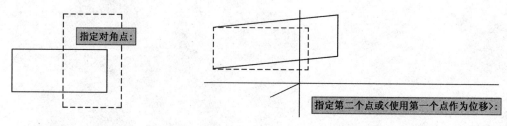

图 6-1　指定对角点后绘图区所显示的图形　　图 6-2　指定基点后绘图区所显示的图形

◆提示:选择拉伸命令时,必须是虚线框的交叉窗口,否则无效。对于该命令,圆、点、块以及文字是特例,当基点在圆心、插入点或文字行的最左边的点时,只是移动图形对象而不会拉伸。当基点在此中心之外,不会产生任何影响。

第二节 对 齐

对齐命令实际上被归为一个三维编辑命令,它的功能是将一个对象依据参考点对齐位移到指定位置。

执行【对齐】命令的3种方法如下:
(1)单击【修改】面板上的【对齐】按钮 (根据第四章第八节增添按钮);
(2)在命令输入行中输入"align"(◆快捷键为"AL")命令后按 Enter 键;
(3)在【菜单栏】中选择【修改】→【三维操作】→【对齐】菜单命令。

选择【对齐】命令后出,命令输入行提示用户选择实体作为将要被修剪实体的边界,这时可选取修剪实体的边界。

命令输入行提示如下:

★命令:_align

选择对象:指定对角点:找到 1 个

选择对象:

选取对象后命令输入行提示如下:

指定第一个源点:

指定第一个目标点:

选择第一个源点和目标点后绘图区如图 6-3 所示。

选择第一个源点和目标点后命令输入行提示如下:

指定第二个源点:

指定第二个目标点:

选择第一个源点和目标点后绘图区如图 6-4 所示。

选择第一个源点和目标点后命令输入行提示如下:

指定第三个源点或<继续>:

选择第三个源点后命令输入行提示如下:

是否基于对齐点缩放对象?[是(Y)/否(N)]<否>:

该选项的默认选择为<否>,如果不想缩放对象则单击鼠标右键或按住 Enter 键完成编辑,结果如图 6-5 所示。

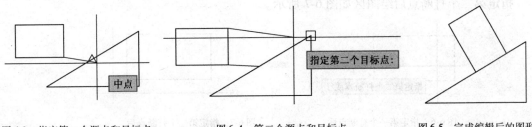

图 6-3 指定第一个源点和目标点　　图 6-4 第二个源点和目标点　　图 6-5 完成编辑后的图形

◆提示:在对齐命令中,第一个源点被认为是点到点重合对齐,而第二个源点(在不对象缩放时)则是确定对齐的方向,第三个源点是确定是否绕前两点翻转对象(如果无需翻转则单击鼠标右键或按 Enter 键)。

第三节 打 断

打断命令主要用于删除直线、圆或圆弧等实体的一部分,或将一个图形对象分割为两个同类对象。系统通过把对象上的由用户指定的两个分点投影到 X、Y 的平面上。其中有两种情况。

一、打断于点

执行此命令的方法是:单击【修改】面板上的【打断于点】按钮 。
执行此命令后出,命令输入行中提示用户选择一点作为打断的第1点。
命令输入行提示如下:
★命令:_break 选择对象:
指定第二个打断点或[第一点(F)]:_f
指定第一个打断点:
指定第一个打断点后命令输入行提示如下:
指定第二个打断点:@
用打断于点命令图形从表面上没有什么变化,而实际上已经被分成两部分。

二、打断

执行此命令的3种方法如下:
(1)单击【修改】面板上的【打断】按钮 。
(2)在命令输入行中输入"break"(◆快捷键为"BR")命令后按 Enter 键。
(3)在【菜单栏】中,选择【修改】→【打断】菜单命令。
执行此命令后,命令输入行提示如下:
★命令:_break 选择对象:
指定第二个打断点或[第一点(F)]:f
指定第一个打断点:
指定第一个打断点后绘图区如图6-6所示。
指定第一个打断点后命令输入行提示如下:
指定第二个打断点:
指定第二个打断点后绘图区如图6-7所示。

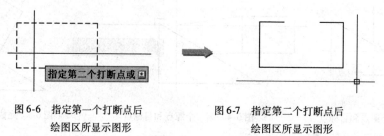

图6-6 指定第一个打断点后
　　　 绘图区所显示图形

图6-7 指定第二个打断点后
　　　 绘图区所显示图形

◆提示:打断的结果对于不同的图形对象来说是不相同的。对于直线和圆弧等轨迹线而言,将按照用户所指定的两个分点打断;而对于圆而言,将按照第一点向第二点的逆时针方向截去这两点之间的一段圆弧,从而将圆打断为一段圆弧。

第四节 修 剪

修剪命令的功能是将一个对象以另一个对象或它的投影面作为边界进行精确的修剪编辑。
执行【修剪】命令的3种方法如下:
(1)单击【修改】面板上的【修剪】按钮 ;
(2)在命令输入行中输入"trim"(◆快捷键为"TR")命令后按 Enter 键;
(3)在【菜单栏】中选择【修改】→【修剪】菜单命令。
选择【修剪】命令后出现 图标,命令输入行提示用户选择实体作为将要被修剪实体的边界,这时可选取修剪实体的边界。
命令输入行提示如下:
★命令:_trim
当前设置:投影=UCS,边=延伸
选择剪切边…
选择对象或<全部选择>:找到 1 个
选择对象后绘图区如图 6-8 所示。
选取对象后命令输入行提示如下:
选择对象:
选择要修剪的对象,或按住 Shift 键选择要延伸的对象,或
[栏选(F)/窗交(C)/投影(P)/边(E)/删除(R)/放弃(U)]:f
AutoCAD 在此默认为点选和窗交,如果选择边(F)后绘图区如图 6-9 所示。
选择边(F)后命令输入行提示如下:
指定第一个栏选点:
指定第一点后命令输入行提示如下:
指定下一个栏选点或[放弃(U)]:
指定第二点后命令输入行提示如下(单击鼠标右键结束):
指定下一个栏选点或[放弃(U)]:
单击鼠标右键后命令输入行提示如下:
选择要修剪的对象,或按住 Shift 键选择要延伸的对象,或[栏选(F)/窗交(C)/投影(P)/边(E)/删除(R)/放弃(U)]:
选择要修剪的对象后绘制的图形如图 6-10 所示。

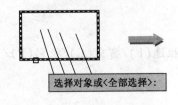

图 6-8 选择剪切参考对象

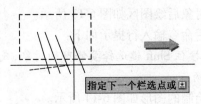

图 6-9 选择被剪切对象

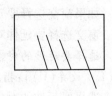

图 6-10 完成编辑后的图形

◆提示：在修剪命令中，AutoCAD会一直认为用户要修剪实体，直至按下空格键或Enter键或单击鼠标右键为止。

第五节 延 伸

AutoCAD提供的延伸命令正好与修剪命令相反，它是将一个对象或它的投影面作为边界进行延长编辑。

执行【延伸】命令的3种方法如下：

（1）单击【修改】面板上的【延伸】按钮 ；

（2）在命令输入行中输入"extend"（◆快捷键为"EX"）命令后按Enter键；

（3）在【菜单栏】中选择【修改】→【延伸】菜单命令。

执行【延伸】命令后，命令输入行提示用户选择实体作为将要被延伸的边界，这时可选取延伸实体的边界。

命令输入行提示如下：

★命令：_extend

当前设置：投影=视图，边=延伸

选择边界的边…

选择对象或<全部选择>：找到1个

选择对象后绘图区如图6-11所示。

选取对象后命令输入行提示如下：

选择对象：

选择要延伸的对象，或按住Shift键选择要修剪的对象，或[栏选(F)/窗交(C)/投影(P)/边(E)/放弃(U)]：

点选要延伸对象后绘图区如图6-12所示。

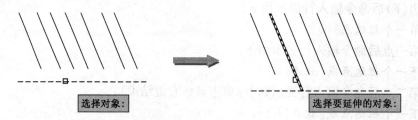

图6-11 选择剪切参考对象　　图6-12 点选择被剪切对象

点选要延伸对象后命令输入行提示如下：

选择要延伸的对象，或按住Shift键选择要修剪的对象，或[栏选(F)/窗交(C)/投影(P)/边(E)/放弃(U)]：

如果窗交选择要延伸对象后绘图区如图6-13所示。

窗交选择要延伸对象后命令输入行提示如下：

选择要延伸的对象，或按住Shift键选择要修剪的对象，或[栏选(F)/窗交(C)/投影(P)/边(E)/放弃(U)]：指定对角点：

选择要延伸的对象后绘制的图形如图6-14所示。

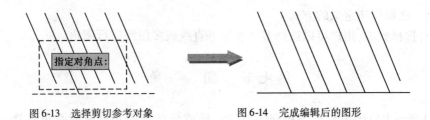

图 6-13　选择剪切参考对象　　　　图 6-14　完成编辑后的图形

第六节　倒　　角

【倒角】命令主要用于两条非平等直线或多段线进行的编辑,或将两条非平等直线进行相交连接。

执行【倒角】命令的 3 种方法如下:

(1)单击【修改】面板上的【倒角】按钮；

(2)在命令输入行中输入"chamfer"后按 Enter 键；

(3)在【菜单栏】中选择【修改】→【倒角】菜单命令。

执行【倒角】命令后,命令输入行提示如下:

★命令:_chamfer

("修剪"模式)当前倒角距离 1 = 30.0000,距离 2 = 30.0000

选择第一条直线或[放弃(U)/多段线(P)/距离(D)/角度(A)/修剪(T)/方式(E)/多个(M)]:t

输入修剪模式选项[修剪(T)/不修剪(N)] <修剪>:t

选择第一条直线或[放弃(U)/多段线(P)/距离(D)/角度(A)/修剪(T)/方式(E)/多个(M)]:d

指定第一个倒角距离 <40.0000>:

指定第二个倒角距离 <40.0000>:

选择第一条直线或[放弃(U)/多段线(P)/距离(D)/角度(A)/修剪(T)/方式(E)/多个(M)]:

选择第一条直线后命令输入行提示如下:

选择第二条直线,或按住 Shift 键选择要应用角点的直线:

完成倒角编辑。

执行【倒角】命令时,会出现部分让用户选择的命令,其意义如下:

①多段线:表示将要被倒角的线为多段线,用户可以在命令输入行中输入"P"后按 Enter 键选择此项。

②距离:设置倒角顶点到倒角线的距离,用户可以在命令输入行中输入"D"后按 Enter 键选择此项,然后在命令输入行中输入一定的数值来设置。

③角度:若选择角度,即在命令输入行中输入"A"后按 Enter 键。

④修剪:选择此项时,用户可以在命令输入行输入"T"后按 Enter 键,可以设置将要被倒角的位置是否要将多余的线条修剪掉。

⑤方式:此项的意义是控制 AutoCAD 使用两个距离,还是一个距离一个角度的方式。两种距离方式与"距离"的含义一样,一个距离一个角度的方式与"角度"的含义相同。在默认的

情况下为上一次操作所定义的方式。

⑥多个:选择此项,用户可以选择多个非平等直线或多段线进行倒角。

第七节 圆 角

【圆角】命令主要用于使两条相交的圆、弧、线或样条线等相交成的圆角连接。由于【倒角】命令只能用于对直线的编辑,因此它实际运用没有【圆角】多。

一、执行【圆角】命令的方法

执行【圆角】命令的3种方法如下。
(1)单击【修改】面板上的【圆角】按钮◯;
(2)在命令输入行中输入"fillet"(◆快捷键为"F")命令后按 Enter 键;
(3)在【菜单栏】中,选择【修改】→【圆角】菜单命令。

执行【圆角】命令后,命令输入行如下所示:
命令:_fillet
当前设置:模式=修剪,半径=0.0000
选择第一个对象或[放弃(U)/多段线(P)/半径(R)/修剪(T)/多个(M)]:r
指定圆角半径<0.0000>:30
选择第一个对象或[放弃(U)/多段线(P)/半径(R)/修剪(T)/多个(M)]:
选择第一个对象后绘图区如图6-15所示。
选择第一个对象后命令输入行提示如下:
选择第二个对象,或按住 Shift 键选择要应用角点的对象:
用圆角命令绘制的图形如图6-16所示。

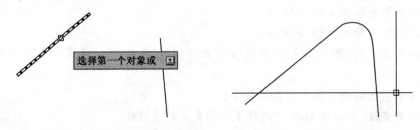

图6-15 选择第一个对象后绘图区所显示图形　　图6-16 完成编辑后的图形

在执行【圆角】命令时,会出现部分让用户选择的命令,下面介绍一下。

①多段线:表示将要被倒圆的线为多段线,用户可以在命令输入行中输入"P"后按 Enter 键选择此项。

②半径:用户在命令输入行中输入"R",表示用户需要设置要倒角的半径。

③修剪:选择此项时,用户可以设置将要被倒角的位置是否要将多余的线条修剪掉。

④多个:选择此项,用户可以选择多个相交的线段做圆角。

◆提示:使用同一个默认值,可以重复操作多次。

二、【圆角】命令的使用技巧

【圆角】在实际绘图中应用非常广泛、灵活,下面就介绍几种使用技巧:

(1)将半径设成0,【圆角】命令被常常当成"相互剪切"命令来使用；
(2)对于多段线和普通线倒【圆角】,普通线会变成多段线的一部分；
(3)对于任意两条平行线,无论【圆角】半径被设置成多大,均按照两直线间距离作为直径倒【圆角】,这项功能常被用于钢筋端头的绘制。

第八节 分 解

图形块是作为一个整体插入到图形中的,用户不能对它的单个图形对象进行编辑,当用户需要对它进行单个编辑时,就需要用到【分解】命令。【分解】命令是用于将块打碎,把块分解为原始的图形对象,这样用户就可以方便地进行编辑。

执行【分解】命令的3种方法如下：
(1)单击【修改】面板上的【分解】按钮 。
(2)在命令输入行中输入"explode"(◆快捷键为"X")命令后按Enter键。
(3)在【菜单栏】中选择【修改】→【分解】菜单命令。

命令输入行提示如下：
命令:_explode
选择对象:找到1个
选取对象后命令输入行提示如下：
选择对象:
完成对对象的分解操作。
◆提示:分解命令不但能分解块,还能分解填充体、多边形、多线、多段线等,但不能分解编组和文字。严格来说,分解命令并不是一个基本的编辑命令,但是分解命令在绘制复杂图形时的确给用户带来极大的方便。

第九节 创 建 多 线

多线是工程中常用的一种对象,多线对象由1~16条平行线组成,这些平行线称为元素。绘制多线时,可以使用包含两个元素的STANDARD样式,也可以指定一个以前创建的样式。开始绘制之前,可以修改多线的对正和比例。要修改多线及其元素,可以使用通用编辑命令、多线编辑命令和多线样式。

绘制多线的命令可以同时绘制若干条平行线,大大减轻了用line命令绘制平行线的工作量。在交通工程设计中,这条命令常用于绘制街道示意线、厚度均匀物体的轮廓线。

绘制多线命令调用方法如下：
(1)在命令输入行中输入"mline"后按Enter键；
(2)在【菜单栏】中选择【绘图】→【多线】菜单命令。

选择【多线】命令后,命令输入行的提示如下：
★命令:mline
当前设置:对正=上,比例=20.00,样式=STANDARD
然后命令输入行将提示用户指定起点或[对正(叫比例(S)/样式(ST)],命令输入行的提示如下：

指定起点或[对正(J)/比例(S)/样式(ST)]:

指定起点后绘图区如图 6-17 所示。

输入第 1 点的坐标值后,命令输入行将提示用户指定下一点,命令输入行的提示如下:

指定下一点:

在 mline 命令下,AutoCAD 默认用户画第 2 条多线。命令输入行将提示用户指定下一点或[放弃(U)]:

指定下一点或[放弃(U)]:

第 2 条多线从第 1 条多线的终点开始,以刚输入的点坐标为终点,画完后单击鼠标右键或按 Enter 键后结束。绘制的图形如图 6-18 所示。

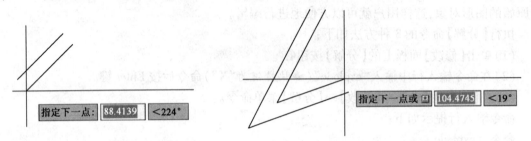

图 6-17　指定起点后绘图区所显示图形　　图 6-18　指定第 2 点后绘图区所显示图形

在执行【多线】命令时,会出现部分让用户选择的命令:

①对正:指定多线的对齐方式。

②比例:指定多线宽度缩放比例系数。

③样式:指定多线样式名。对于新建多线样式,可在【菜单栏】中选择【格式】→【多线样式】菜单命令,会出现如图 6-19 所示的【多线样式】对话框。编辑方法在此不加详述了。

图 6-19　【多线样式】对话框

第十节　创建和编辑多段线

多段线是作为单个对象创建的相互连接的序列线段。利用该功能可以创建直线段、弧线段或两者的组合线段,还可以使用其他编辑选项修改多段线对象的形状,也可以合并各自独立的多段线。

一、创建多线段

多段线是指由相互连接的直线段或直线段与圆弧的组合作为单一对象使用。利用该功能可以一次性编辑多段线,也可以分别编辑各线段。用多段线命令可以生成任意宽度的直线,任意形状、任意宽度的曲线,或者二者的结合体。在交通工程绘制中,可以利用其性质绘制路中线、等高线、建筑轮廓线等,而避免交叉使用直线命令和曲线命令。

绘制多段线命令调用方法有以下3种:

(1)单击【绘图】面板上的【多段线】按钮；

(2)在命令输入行中输入"pline"(◆快捷键为"PL")后按 Enter 键；

(3)在【菜单栏】中选择【绘图】→【多段线】菜单命令。

选择【多段线】命令后,命令输入行将提示用户指定起点,命令输入行提示如下:

★命令:_pline

指定起点:

当前线宽为 0.0000

在输入起点坐标值后,命令输入行将提示用户指定下一个点或[圆弧(A)/半宽(H)/长度(L)/放弃删宽度(W)],具体的提示如下:

指定下一个点或[圆弧(A)/半宽(H)/长度(L)/放弃(U)/宽度(W)]:A

指定圆弧(A)后绘图区如图 6-32 所示。

指定圆弧(A)后,命令输入行的提示如下:

指定圆弧的端点或

[角度(A)/圆心(CE)/方向(D)/直线(L)/半径(R)/第二个点(S)/放弃(V)/宽度(W)]:

指定圆弧的端点后绘图区如图 6-20 所示。

指定圆弧的端点后,命令输入行的提示如下:

指定圆弧的端点或

[角度(A)/圆心(CE)/闭合(CL)/方向(D)/半宽(H)/直线(L)/半径(R)/第二个点(S)/放弃(U)/宽度(W)]:l

指定下一点或[圆弧(A)/闭合(C)/半宽(H)/长度(L)/放弃(U)/宽度(W)]:w

指定起点宽度<0.0000>:10

指定端点宽度<10.0000>:

指定下一点或[圆弧(A)/闭合(C)/半宽(H)/长度(L)/放弃(U)/宽度(W)]:

指定直线(L)并给定起始点线宽(W)后绘图区如图 6-21 所示。

指定直线(L)并给定起始点线宽(W)后,命令输入行提示如下:

指定下一点或[圆弧(A)/闭合(C)/半宽(H)/长度(L)/放弃(U)/宽度(W)]:w

指定起点宽度<10.0000>:20

指定端点宽度<20.0000>:0

指定下一点或[圆弧(A)/闭合(C)/半宽(H)/长度(L)/放弃(U)/宽度(W)]:

给定起始点线宽(W)后,选择终点并结束绘图,最后绘制的图形如图6-22所示。

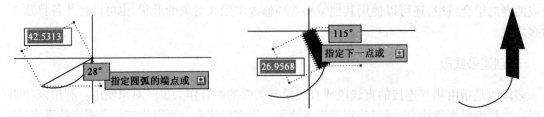

图6-20 指定圆弧的端点　　图6-21 指定直线(L)并给定起始点线宽(W)　图6-22 完成后的图形

在执行【多段线】命令时,会出现部分让用户选择的命令,并出现如下提示。

绘制圆弧段,命令输入行的提示如下:

指定圆弧的端点或

[角度(A)/圆心(CE)/闭合(CL)/方向(D)/半宽(H)/直线(L)/半径(R)/第二个点(S)/放弃(U)/宽度(W)]:

①圆弧端点:绘制弧线段。弧线段从多段线上一段的最后一点开始并与多段线相切。

②角度:指定弧线段从起点开始的包含角。输入正数将按逆时针方向创建弧线段,输入负数将按顺时针方向创建弧线段。

③圆心:指定弧线段的圆心。

④闭合:用弧线段将多段线闭合。

⑤方向:指定弧线段的起始方向。

⑥半宽:指定从具有一定宽度的多段线线段的中心到其一边的宽度。

⑦直线:退出圆弧选项并返回Pline命令的初始提示。

⑧半径:指定弧线段的半径。

⑨第二个点:指定三点圆弧的第二点和端点。

⑩放弃:删除最近一次添加到多段线上的弧线段。

⑪宽度:指定下一直线段或弧线段的起始宽度。

二、编辑多线段

用户可以通过闭合和打开多段线,以及移动、添加或删除单个顶点来编辑多段线;可以在任何两个顶点之间拉直多段线,也可以切换线型以便在每个顶点前或后显示虚线;可以为整个多段线设置统一的宽度,也可以分别控制各个线段的宽度;还可以通过多段线创建线性样条曲线。

1. 多段线的标准编辑

以下3种方式可以实现编辑多段线功能:

(1)单击【编辑Ⅱ】面板上的【编辑多段线】按钮（根据第四章第八节增添面板);

(2)在命令输入行中输入"pedit"后按Enter键;

(3)在【菜单栏】中选择【修改】→【对象】→【多段线】菜单命令。

执行编辑多段线命令后,在命令输入行中出现如下信息要求用户选择多段线:

★选择多段线或[多条(M)]

选择多段线后,AutoCAD会出现以下信息要求用户选择编辑方式:

输入选项

[闭合(C)/合并(J)/宽度(W)/编辑顶点(E)/拟合(F)/样条曲线(S)/非曲线化(D)/线型生成(L)/放弃(U)]:

这些编辑方式的含义分别如下。

①闭合:创建多段线的闭合线段,连接最后一条线段与第一条线段。除非使用【闭合】选项闭合多段线,否则将会认为多段线是开放的。

②合并:将直线、圆弧或多段线添加到开放的多段线的端点,并从曲线拟合多段线中删除曲线拟合。要将对象合并至多段线,其端点必须接触。

③宽度:为整个多段线指定新的统一宽度,起点和端点宽度可以不同。

④编辑顶点:通过在屏幕上绘制X来标记多段线的第一个顶点。如果已指定此顶点的切线方向,则在此方向上绘制箭头。

⑤拟合:创建连接每一对顶点的平滑圆弧曲线。曲线经过多段线的所有顶点并使用任何指定的切线方向,这项功能常用于等高线的拟合。

⑥样条曲线:将选定多段线的顶点用作样条曲线拟合多段线的控制点或边框。

⑦非曲线化:删除圆弧拟合或样条曲线拟合多段线插入的其他顶点并拉直多段线的所有线段。

⑧线型生成:生成通过多段线顶点的连续图案的线型。此选项关闭时,将生成开始和末端的顶点处为虚线的线型。

◆注意:【编辑多段线】功能不但可以编辑多段线,也可以用来编辑普通直线和圆弧,编辑前系统会询问是否将其转换成"多段线",回答"Y"即可。

2. 倒角

除了以上的标准编辑外,还可以对多段线进行倒角和倒圆处理,倒角处理基本上与相交直线的倒角相同。

(1)用【多段线】命令绘制出图形,如图6-23所示。

(2)选择倒角命令,命令输入行的提示如下:

★命令:_chamfer

("修剪"模式)当前倒角距离1=0.0000,距离2=0.0000

选择第一条直线或[放弃(U)/多段线(P)/距离(D)/角度(A)/修剪(T)/方式(E)/多个(M)]:a

指定第一条直线的倒角长度<0.0000>:10

指定第一条直线的倒角角度<0>:10

选择第一条直线或[放弃(U)/多段线(P)/距离(D)/角度(A)/修剪(T)/方式(E)/多个(M)]: p

选择二维多段线:

5条直线已被倒角

倒角后的多段线如图6-24所示。

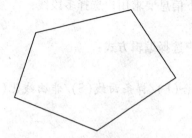
图 6-23 倒角前的多段线

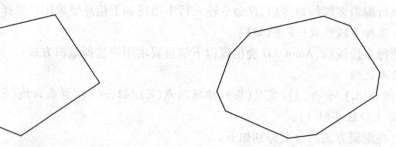
图 6-24 倒角后的多段线

3. 多段线的倒圆角

多段线的倒圆角处理与一般的倒圆角处理基本相同。

(1) 用【多段线】命令绘制出图形,如图 6-25 所示。

(2) 选择圆角命令。命令输入行的提示如下:

命令:_fillet

当前设置:模式 = 修剪,半径 = 0.0000

选择第一个对象或[放弃(U)/多段线(P)/半径(R)/修剪(T)/多个(M)]:r

指定圆角半径 < 0.0000 > :20

选择第一个对象或[放弃(U)/多段线(P)/半径(R)/修剪(T)/多个(M)]:p

选择二维多段线:

5 条直线已被圆角

倒圆角后的多段线如图 6-26 所示。

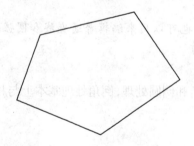
图 6-25 倒圆角前的多段线

图 6-26 倒圆角后的多段线

第十一节 图案填充

许多绘图软件都可以通过一个图案填充的过程填充图形的某些区域。AutoCAD 也不例外,它用图案填充来区分工程的部件或表现组成对象的材质。例如,对建筑装潢制图中的地面或建筑断层面就用特定的图案填充来表现。

一、建立图案填充

在对图形进行图案填充时,可以使用预定义的填充图案,也可以使用当前线型定义的简单填充图案,还可以创建更复杂的填充图案。有一种图案类型叫做实体,它使用实体颜色填充区域。也可以创建渐变填充。渐变填充在一种颜色的不同灰度之间或两种颜色之间使用过渡。渐变填充提供光源反射到对象上的外观,可用于增强演示图形。

执行图案填充的方法如下：

单击【绘图】面板上的【图案填充】按钮；在命令输入行中输入"bhatch"（◆快捷键为"BH"）后按 Enter 键；在【菜单栏】中选择【绘图】→【图案填充】菜单命令。

执行此命令后将打开如图 6-27 所示的【图案填充和渐变色】对话框，默认情况下显示【图案填充】选项卡。

图 6-27　【图案填充和渐变色】对话框

下面介绍【图案填充】选项卡中的内容，该选项卡用来定义要应用的填充图案的外观。

1. 类型和图案

【类型和图案】是指定图案填充的类型和图案。

1）类型

【类型】：设置图案类型。用户定义的图案基于图形中的当前线型；自定义图案是在任何自定义 PAT 文件中定义的图案，这些文件已添加到搜索路径中，可以控制任何图案的角度和比例。预定义图案存储在产品附带的 acad.pat 或 acadiso.pat 文件中，这两个文件会在"自定义填充图案的制作"中详细介绍。

2）图案

【图案】：列出可用的预定义图案。最近使用的六个用户预定义图案出现在列表顶部。HATCH 将选定的图案存储在 HPNAME 系统变量中。只有将【类型】设置为【预定义】，该【图案】选项才可用。

3）按钮

按钮：显示【填充图案选项板】对话框，从中可以同时查看所有预定义图案的预览图像，这将有助于用户做出选择，如图 6-28 所示。

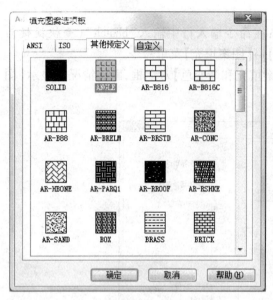

图6-28 【填充图案选项板】对话框

【填充图案选项板】对话框显示所有预定义和自定义图案的预览图像。此对话框在四个选项卡上组织图案,每个选项卡上的预览图像按字母顺序排列。单击要选择的填充图案,然后单击【确定】按钮。

(1)【ANSI】选项卡:显示产品附带的所有ANSI图案。

(2)【ISO】选项卡:显示产品附带的所有ISO图案。

(3)【其他预定义】选项卡:显示产品附带的除ISO和ANSI之外的所有其他图案。

(4)【自定义】选项卡:显示已添加到搜索路径(在【选项】对话框的【文件】选项卡上设置)中的自定义PAT文件列表。

4)样例

【样例】选项:用于显示选定图案的预览图像。单击【样例】选项可以显示【填充图案选项板】对话框。选择SOLID图案后,单击右箭头可以显示颜色列表或【选择颜色】对话框。

5)自定义图案

【自定义图案】:列出可用的自定义图案。6个最近使用的自定义图案将出现在列表顶部。选定图案的名称存储在卸PNAME系统变量中。只有在【类型】中选择了【自定义】,此选项才可用。

2.角度和比例

【角度和比例】:指定选定填充图案的角度和比例。

1)角度

【角度】:指定填充图案的角度(相对当前UCS坐标系的X轴)。HATCH将角度存储在HPANG系统变量中。

2)比例

【比例】:放大或缩小预定义或自定义图案。HATCH将比例存储在HPSCALE系统变量中。只有将【类型】设置为【预定义】或【自定义】,此选项才可用。

3)双向

【双向】:对于用户定义的图案,将绘制第二组直线,这些直线与原来的直线成90°角,从而构成交叉线。只有在【图案填充】选项卡上将【类型】设置为【用户定义】时,此选项才可用。

4)相对图纸空间

【相对图纸空间】:相对于图纸空间单位缩放填充图案。使用该选项,可很容易地做到适合于布局的比例显示填充图案。该选项仅适用于布局。

5)间距

【间距】:指定用户定义图案中的直线间距。HATCH将间距存储在HPSPACE系统变量中。只有将【类型】设置为【用户定义】,此选项才可用。

6)ISO 笔宽

【ISO 笔宽】:基于选定笔宽缩放 ISO 预定义图案。只有将【类型】设置为【预定义】,并将【图案】设置为可用的 ISO 图案的一种,此选项才可用。

3.图案填充原点

【图案填充原点】:控制填充图案生成的起始位置。某些图案填充(例如砖块图案)需要与图案填充边界上的一点对齐。在默认情况下,所有图案填充原点都对应于当前的 UCS 原点。

1)使用当前原点

【使用当前原点】:使用存储在 HPORGINMODE 系统变量中的设置。在默认情况下,原点设置为 0,0。

2)指定的原点

【指定的原点】:用于指定新的图案填充原点。单击该选项可使以下选项可用。

(1)【单击以设置新原点】:直接指定新的图案填充原点。

(2)【默认为边界范围】:基于图案填充的矩形范围计算出新原点。用户可以选择该范围的四个角点及其中心。(HPORGINMODE 系统变量)

(3)【存储为默认原点】:将新图案填充原点的值存储在 HPORIGIN 系统变量中。

(4)【原点预览】:显示原点的当前位置。

4.边界

【边界】:确定对象的边界。

1)拾取点

【添加:拾取点】:根据围绕指定点构成封闭区域的现有对象确定边界。点击该按钮后,【图案填充和渐变色】对话框将暂时关闭,系统会提示拾取一个点。

系统提示拾取内部点或[选择对象(S)/删除边界(B)]后,在要进行图案填充或填充的区域内单击,或者指定选项、输入"u"或"undo"放弃上一个选择,或按 Enter 键返回对话框。

如图 6-29 所示为使用【添加:拾取点】进行的图案填充。

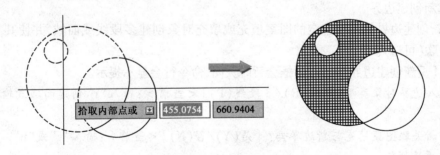

图 6-29 使用【添加:拾取点】进行的图案填充

拾取内部点时,可以随时在绘图区域单击鼠标右键显示包含多个选项的快捷菜单,如图 6-30 所示。

如果用户在快捷菜单中勾选了【孤岛检测】选项,则最外层边界内的封闭区域对象将被检测为孤岛。

2)选择对象

【添加:选择对象】:根据构成封闭区域的选定对象确定边界。点击该按钮后,【图案填充和渐变色】对话框将暂时关闭,系统将会提示选择对象。

系统提示选择对象或[拾取内部点(K)/删除边界(B)]后,选择定义图案填充或填充区域的对象,或者指定选项、输入"u"或"undo"放弃上一个选择,或按 Enter 键返回对话框。

如图 6-31 所示为选取【添加:选择对象】选项进行图案填充过程。

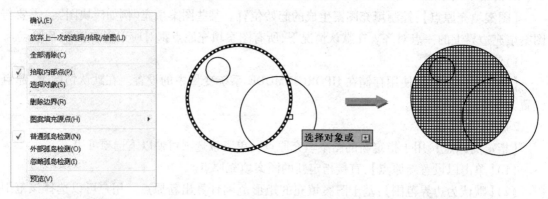

图 6-30　填充快捷菜单　　　　　　图 6-31　使用【添加:选择对象】进行的图案填充

使用【选择对象】选项时,HATCH 不会自动检测内部对象。用户必须选择选定边界内的对象,以按照当前的孤岛检测样式填充那些对象。

每次单击【选择对象】选项时,HATCH 都会清除上一个选择集。

选择对象时,可以随时在绘图区域单击鼠标右键以显示快捷菜单,并可以利用该快捷菜单放弃最后一个选定对象、更改选择方式、更改孤岛检测样式、预览图案填充或渐变填充。

3) 删除边界

【删除边界】:从边界定义中删除以前添加的任何对象。

单击【删除边界】时,对话框会暂时关闭,且命令行会显示提示。

选择对象或【添加边界(A)】:选择要从边界定义中删除的对象、指定选项或按 Enter 键返回对话框。

4) 重新创建边界

【重新创建边界】:围绕选定的图案填充或填充对象创建多段线或面域,并使其与案填充对象相关联(可选)。

单击【重新创建边界】时,对话框会暂时关闭,命令行会显示提示。

★输入边界对象类型[面域(R)/多段线(P)]<当前>:输入"r"创建面域或输入"p"创建多段线。

要重新关联图案填充与新边界吗?[是(Y)/否(N)]<当前>:输入"y"或"n"。

5) 查看选择集

【查看选择集】:暂时关闭对话框,并使用当前的图案填充或填充设置显示当前定义的边界。如果未定义边界,则此选项不可用。

5. 选项

【选项】:控制几个常用的图案填充或填充选项。

1) 关联

【关联】:控制图案填充或填充的关联。关联的图案填充或填充在用户修改其边界时将会更新。(HPASSOC 系统变量)

2）创建独立的图案填充

【创建独立的图案填充】：控制当指定了几个独立的闭合边界时，是创建单个图案填充对象，还是创建多个图案填充对象。（HPSEPARATE 系统变量）

3）绘图次序

【绘图次序】：为图案填充或填充指定绘图次序。图案填充可以放在所有其他对象之后、所有其他对象之前、图案填充边界之后或图案填充边界之前。（HPDRAWORDER 系统变量）

4）继承特性

【继承特性】：使用选定图案填充对象的图案填充或填充特性对指定的边界进行图案填充或填充。HPINHERIT 控制是由 HPORIGIN 还是由源对象来决定结果图案填充的图案填充原点。在选定图案填充要继承其特性的图案填充对象之后，可以在绘图区域中单击鼠标右键，使用快捷菜单（如图 6-30 所示）在【选择对象】和【拾取内部点】选项之间进行切换以创建边界。

单击【继承特性】时，对话框将暂时关闭，命令行将显示提示。

6．预览

【预览】：预览填充效果。点击【预览】按键后会暂时关闭【图案填充和渐变色】对话框，并使用当前图案填充设置显示当前定义的边界。单击图形或按 Esc 键返回对话框。单击鼠标右键或按 Enter 键接受该图案填充。如果没有指定用于定义边界的点，或没有选择用于定义边界的对象，则此选项不可用。

7．渐变色

【渐变色】：用渐变色来填充图形。（◆注意：由于在实际工程设计绘图中运用渐变色填充图形不多，这里就不详细介绍，有兴趣的读者可以自己查阅相关资料）。如图 6-32 所示为【渐变色】选项卡。

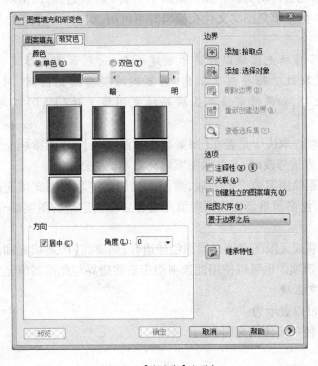

图 6-32　【渐变色】选项卡

二、修改图案填充

对填充图案修改可以修改填充图案填充边界,也可以修改实体填充区域,使用的方法取决于实体填充区域是实体图案、二维实面,还是宽多线段或圆环;还可以修改图案填充的绘制顺序。

修改图案填充有以下3种方法:

(1)在命令输入行中输入"hatchedit"后按 Enter 键。

(2)在【菜单栏】中选择【修改】→【对象】→【图案填充】菜单命令。

(3)单击【编辑Ⅱ】面板上的【图案填充】按钮。

1. 更改现有图案填充的填充特性

用户可以修改特定图案填充的特性,例如现有图案填充的图案、比例和角度;也可以将特性从一个图案填充复制到另一个图案填充。使用【图案填充编辑】对话框中的【继承特性】按钮 继承特性,可以将所有特定图案填充的特性(包括图案填充原点)从一个图案填充复制到另一个图案填充。使用【特性匹配】对话框可将基本特性和特定图案填充的特性(除了图案填充原点之外)从一个图案填充复制到另一个图案填充;也还可以使用【修改】面板上的【分解】命令将图案填充分解为部件对象(◆不过最好不要对填充图案进行分解)。

2. 修改填充边界

图案填充边界可以进行复制、移动、拉伸和修剪等操作。和处理其他对象一样,使用夹点可以拉伸、移动、旋转、缩放和镜像填充边界以及和它们关联的填充图案。如果所做的编辑保持边界闭合,关联填充会自动更新。如果编辑中生成了开放边界,图案填充将失去任何边界关联性,并保持不变。如果填充图案文件在编辑时不可用,则在编辑填充边界的过程中可能会失去关联性。

◆提示:如果修剪填充区域以在其中创建一个孔,则该孔与填充区域内的孤岛不同,且填充图案失去关联性。而要创建孤岛,则要删除现有填充区域,用新的边界创建一个新的填充区域。此外,如果修剪填充区域而填充图案文件(PAT)不再可用,则填充区域将消失。

图案填充的关联性取决于是否在【图案填充和渐变色】和【图案填充编辑】对话框中选择了【关联】。当原边界被修改时,非关联图案填充将不被更新。

用户可以随时删除图案填充的关联,然而一旦删除了现有图案填充的关联,就不能再重建。若要恢复关联性,必须重新创建图案填充或者必须创建新的图案填充边界并且边界与此图案填充关联。

如果要在非关联或无限图案填充周围创建边界,则要在【图案填充和渐变色】对话框中使用【重新创建边境】选项。也可以使用此选项制定新的边界与此图案填充关联。

3. 修改实体填充区域

实体填充区域可以表示为:

(1)图案填充(使用实体填充图案);

(2)二维实体;

(3)渐变填充;

(4)宽多段线或圆环。

修改这些实体填充对象的方式与修改任何其他图案填充、二维实面、宽多段线或圆环的方式相同。除了 PROPERTIES 外,还可以使用 HATCHEDIT 进行实体填充和渐变填充、为二维实面编辑夹点、使用 PEDIT 编辑宽多段线和圆环。

4.修改图案填充的绘制顺序

编辑图案填充时,可以更改其绘制顺序,使其显示在图案填充边界后面、图案填充边界前面、所有其他对象后面或所有其他对象前面。

三、自定义填充图案的制作

在 AutoCAD 制图中,CAD 自带的图案库虽然内容丰富,但有时仍然不能满足行业设计的需要,这时可以用自定义图案来填充。

AutoCAD 的填充图案都保存在名为 acad.pat 和 acadiso.pat 的库文件中,两个文件内容一样,其缺省路径为安装目录的\Acad2010\UserDataCache\Support 目录下,其中 acad.pat 可以认为是 acadiso.pat 的备份文件。用户可以用文本编辑器对 acadiso.pat 文件直接进行编辑,添加自定义图案的语句;也可以自己创建一个 *.pat 文件,保存在相同目录下,CAD 均可识别。

首先,参看下面的库文件标准格式:

*pattern-name[,description]

angle,x-origin,y-origin,delta-x,delta-y[,dash-1,dash-2,…]

第一行为标题行。星号后面紧跟的是图案名称,执行 HATCH 命令选择图案时,将显示该名称。方括号内是图案由 HATCH 命令的"?"选项显示时的可选说明。如果省略说明,则图案名称后不能有逗号。

第二行为图案的描述行。可以有一行或多行。其含义分别为:直线绘制的角度,填充直线族中的一条直线所经过的点的 X、Y 轴坐标,两填充直线间的位移量,两填充直线的垂直间距,dash-n 为一条直线的长度参数,可取正负值或为零,取正值表示该长度段为实线,取负值表示该段为留空,取零则画点,如图 6-33 所示。

根据上述原则,利用记事本打开 acadiso.pat,找到如下内容:

*ANGLE,角钢
0,0,0,0,6.985,5.08,-1.905
90,0,0,0,6.985,5.08,-1.905

*AR-B88,8x8 块砖顺砌
0,0,0,0,203.2

90,0,0,203.2,101.6,203.2,-203.2

分析上述数据,各项取值应不难理解,这里就不多加解释,对应的图形如图 6-34 所示。

◆注意:图案定义文件的每一行最多可包含 80 个字符。

到此,相信读者已经掌握了自定义图案的方法。现在,只需一点点耐心,就可以编辑出非常复杂的图案了。

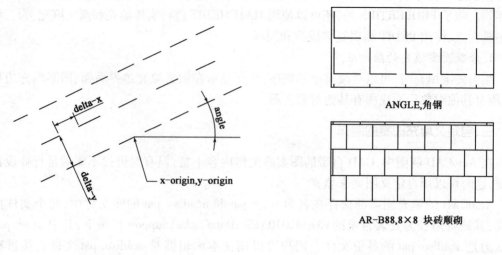

图6-33 描述行的含义

ANGLE,角钢

AR-B88,8×8 块砖顺砌

图6-34 对应填充图形

第十二节 设计范例——绘制标线图

1. 范例说明

某一交通标志线的尺寸如图6-35所示,利用以前所学知识完成绘制。

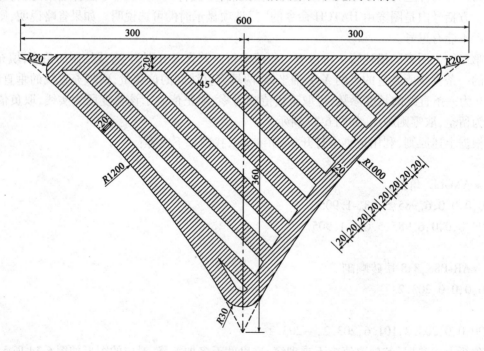

图6-35 交通标线1

2. 绘图过程

（1）首先依据尺寸利用圆弧、直线绘制外框线；
（2）运用【圆角】编辑外框轮廓,【偏移】出内框线；

(3)【阵列】间隔为 20 的水平直线,【旋转】135°,【移动】到对应位置;
(4)依据内框线剪切斜线,最后【填充图形】,完成绘图。

本 章 小 结

本章主要介绍了 AutoCAD 2010 中编辑和绘制复杂二维图形的命令,并对 AutoCAD 绘制平面图形编辑技巧进行了详细的讲解。通过本章的学习,读者还可以熟悉掌握绘制其他平面图形的方法。

练 习 题

1. 本章中介绍了哪些编辑命令?
2. 利用本章所学知识完成图 6-36 ~ 图 6-39 所示图形。

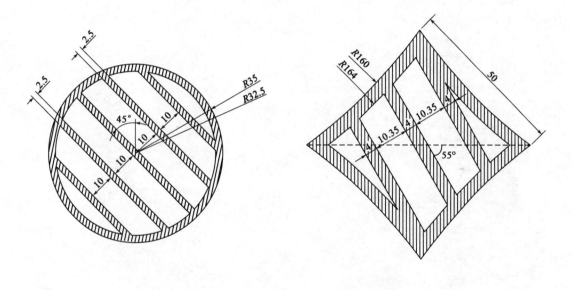

图 6-36　交通标线 2　　　　　　　　　　　图 6-37　交通标线 3

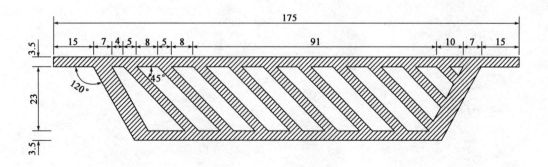

图 6-38　交通标线 4

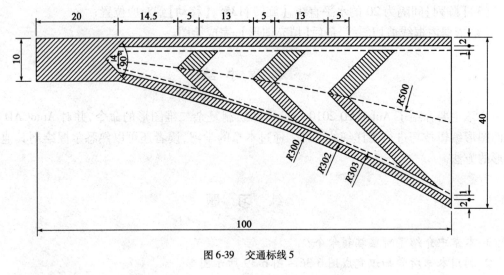

图 6-39 交通标线 5

第七章 文字、表格与块操作

利用 AutoCAD 绘图时，同样离不开使用文字对象。建立和编辑文字的方法与绘制一般的图形对象不同，因此有必要专门讲述。在使用 AutoCAD 绘制图形时，会遇到大量相似的图形实体，如果重复复制，效率极其低下。AutoCAD 提供了一种有效的工具——块。块是一组相互集合的实体，它可以作为单个目标加以应用，可以由 AutoCAD 中的任何图形实体组成。本章将讲述建立文字、设置文字样式、修改和编辑文字的方法，以及怎样制作表格和何如使用块。

第一节 单 行 文 字

单行文字一般用于图形对象的规格说明、标题栏信息和标签等，也可以作为图形的一个有机组成部分。对于这种不需要使用多种字体的简短内容，可以使用【单行文字】命令建立单行文字。

一、创建单行文字

创建单行文字的几种方法如下：
(1) 在命令输入行中输入"Dtext"(◆快捷键为"DT")命令后按下 Enter 键；
(2) 单击【文字】面板上的【单行文字】按钮**A**(根据第四章第八节增添面板)；
(3) 在【菜单栏】中选择【绘图】→【文字】→【单行文字】菜单命令。
每行文字都是独立的对象，可以重新定位、调整格式或进行其他修改。
创建单行文字时，要指定文字样式并设置对正方式。文字样式设置文字对象的默认特征。对正决定字符的哪一部分与插入点对正。
执行此命令后，命令输入行提示如下。
★命令：_dtext
当前文字样式："Standard" 文字高度：2.5000 注释性：否
指定文字的起点或[对正(J)/样式(S)]：
此命令行各选项的含义如下：
(1) 默认情况下提示用户输入单行文字的起点。
(2) 对正：用来设置文字对齐的方式，AutoCAD 默认的对齐方式为左对齐。由于此项的内容较多，在后面会有详细的说明。
(3) 样式：用来选择文字样式。
在命令输入行中输入"S"并按 Enter 键，执行此命令，命令输入行提示如下：
输入样式名或[?]＜Standard＞：
此信息提示用户在输入样式名或[?]＜Standard＞后输入一种文字样式的名称(默认值是当前样式名)。

输入样式名称后，AutoCAD 又会出现指定文字的起点或[对正(J)/样式(S)]的提示，提示用户输入起点位置。输入完起点坐标后按 Enter 键，命令输入行提示如下：

指定高度 <2.5000>：

提示用户指定文字的高度(◆如果在文字设置中给出的高度不是 0，则不会出现该选项)。指定高度后按 Enter 键，命令输入行提示如下：

指定文字的旋转角度<0>：

指定角度后按 Enter 键，这时用户就可以输入文字内容。

在指定文字的起点或[对正(J)/样式(S)]后输入"J"并按 Enter 键，命令输入行提示如下：

输入选项

[对齐(A)/布满(F)/居中(C)/中间(M)/右对齐(R)/左上(TL)/中上(TC)/右上(TR)/左中(ML)/正中(MC)/右中(MR)/左下(BL)/中下(BC)/右下(BR)]：

以有以上多种对齐方式选择，各种对齐方式及其说明如表 7-1 所示。

各种对齐方式及其说明　　　　　　　　　表 7-1

对齐方式	说　明
对齐(A)	提供文字基线的起点和终点，文字在此基线上均匀排列，这时可以调整字高比例以防止字符变形
布满(F)	给定文字基线的起点和终点，文字在此基线上均匀排列，而文字的高度保持不变，这时字型的间距要进行调整
居中(C)	给定一个点的位置，文字在该点为中心水平排列
中间(M)	指定文字串的中间点
右对齐(R)	指定文字串的右基线点
左上(TL)	指定文字串的顶部左端点与大写字母顶部对齐
中上(TC)	指定文字串的顶部中心点以大写字母顶部为中心点
右上(TR)	指定文字串的顶部右端点与大写字母顶部对齐
左中(ML)	指定文字串的中部左端点与大写字母和文字基线之间的线对齐
正中(MC)	指定文字串的中部中心点与大写字母和文字基线之间的中心线对齐
右中(MR)	指定文字串的中部右端点与大写字母和文字基线之间的一点对齐
左下(BL)	指定文字左侧起始点，与水平线的夹角为字体的选择角，且过该点的直线就是文字中最下方字符字底的基线
中下(BC)	指定文字沿排列方向的中心点，最下方字符字底基线与 BL 相同
右下(BR)	指定文字串的右端底部是否对齐

◆提示：要结束单行输入，在一空白行处按 Enter 键即可。

二、编辑单行文字

与绘图类似的是，在建立文字时，也有可能出现错误操作，这时就需要编辑文字。

1. 编辑单行文字的方法可以分为以下 3 种：

(1)命令输入行中输入"Ddedit"后按 Enter 键；

(2)用鼠标双击文字，即可实现编辑单行文字操作；

(3)单击【文字】面板上的【编辑文字】按钮（根据第四章第八节增添面板）。

2.编辑单行文字的具体方法。

在命令行中输入 Ddedit 后按 Enter 键,出现捕捉标志。移动鼠标使此捕捉标志至需要编辑的文字位置,然后单击选中文字实体。

在其中可以修改的只是单行文字的内容,修改完文字内容后按两次 Enter 键即可。

第二节　多　行　文　字

对于较长和较为复杂的内容,可以使用【多行文字】命令来创建多行文字。多行文字可以布满指定的宽度,在垂直方向上无限延伸。用户可以自行设置多行文字对象中的单个字符的格式。

多行文字由任意数目的文字行或段落组成,与单行文字不同的是在一个多行文字编辑任务中创建的所有文字行或段落都被当作同一个多行文字对象。多行文字可以被移动、旋转、删除、复制、镜像、拉伸或比例缩放。

可以将文字高度、对正、行距、旋转、样式和宽度应用到文字对象中或将字符格式应用到特定的字符中。对齐方式要考虑文字边界以决定文字要插入的位置。

与单行文字相比,多行文字具有更多的编辑选项。可以将下划线、字体、颜色和高度变化应用到段落中的单个字符、词语或词组上。

一、创建多行文字

可以通过以下几种方式创建多行文字：
(1)单击【绘图】面板上的【多行文字】按钮 A；
(2)在命令输入行中输入"Mtext"(◆快捷键为"T")后按 Enter 键；
(3)在【菜单栏】中选择【绘图】→【文字】→【多行文字】菜单命令。
提示:创建多行文字对象的高度取决于输入的文字总量。
命令输入行提示如下：
命令:_mtext 当前文字样式："Standard"　文字高度:2.5　注释性：否
指定第一角点：
指定对角点或[高度(H)/对正(J)/行距(L)/旋转(R)/样式(S)/宽度(W)/栏(C)]:h
指定高度<2.5>:60
指定对角点或[高度(H)/对正(J)/行距(L)/旋转(R)/样式(S)/宽度(W)/栏(C)]:W
指定宽度:100
此时绘图区打开【文字格式】工具栏,如图 7-1 所示。

图 7-1　【文字格式】工具栏

在 AutoCAD 实际操作中也会遇到要求上下标的情况,下面介绍数据标注上下标的方法：
(1)上标:如果想输入"X^2",编辑文字时输入"X2^",然后选中 2^,点 b/a 按键即可。

(2)下标:编辑文字时,输入"X^2",然后选中^2,点 b/a 按键即可。

(3)上下标:编辑文字时,输入"X2^2",然后选中 2^2,点 b/a 按键即可。

用【多行文字】命令创建的文字的具体设置如字体、高度、颜色、对齐方式等这里不加以详述,希望读者下去多加练习。

二、编辑多行文字

1.编辑多行文字的方法为

(1)在命令输入行中输入 Mtedit 后按 Enter 键;

(2)用鼠标双击文字,即可实现编辑多行文字操作;

(3)在【菜单栏】中选择【修改】→【对象】→【文字】→【编辑】菜单命令。

2.编辑多行文字

在命令输入行中输入 Mtedit 后选择多行文字对象,会重新打开【多行文字】选项卡和【在位文字编辑器】,可以将原来的文字重新编辑为用户所需要的文字。

◆注意:尽管【多行文字】相对于【单行文字】具有更多的编辑选项,能在同一行中采用不同字体、高度、颜色等等不同的文字。但是由于它是框选文字,在绘图中常常会造成编辑图形时的误操作。因此,对于简单文字请读者还是尽量选择【单行文字】进行编辑。

第三节 文字样式

在 AutoCAD 图形中,所有的文字都有与之相关的文字样式。当输入文字时,AutoCAD 会使用当前的文字样式作为其默认的样式,该样式可以包括字体、样式、高度、宽度比例和其他文字特性。

打开【文字样式】对话框有以下 3 种方法:

(1)在命令输入行中输入"Style"后按 Enter 键;

(2)单击【文字】面板上的【文字样式】按钮 (根据第四章第八节增添面板);

(3)在【菜单栏】中选择【格式】→【文字样式】菜单命令。

【文字样式】对话框如图 7-2 所示。

图 7-2 【文字样式】对话框

其中各选项的介绍如下：

(1)在【样式】选项组中可以新建、重命名和删除文字样式。用户应先从左边的下拉列表框中选择相应的文字样式名称,然后单击【新建】按钮新建一种文字样式的名称,用右键单击选择的样式,在右键快捷菜单中选择【重命名】命令为某一文字样式重新命名,或者单击【删除】按钮删除某一文字样式的名称。

(2)在【字体】选项组中可以设置字体的名称和高度等。用户应先在【字体名】下拉列表中选择要使用的字体,然后在【高度】文本框中输入相应的数值表示字体的高度。如果文本的高度设置为"0",则每次【单行文字】编辑都会提示用户指定文字的高度。

(3)在【效果】选项组中可以设置字体的排列方法和距离等。用户可以启用【颠倒】、【反向】和【垂直】复选框来分别设置文字的排列样式,也可以在【宽度因子】和【倾斜角度】文本框中输入相应的数值来设置文字的辅助排列样式。

◆提示:对于【宽度因子】,工程设计中往往将其设置为"0.8",而不是制图中学习的"0.65"。

一、样式名

当用户所需的文字样式不够使用时,需要创建一个新的文字样式,具体操作步骤如下：
在命令输入行中输入"Style"命令后按 Enter 键。
在打开的【文字样式】对话框中,单击【新建】按钮,打开【新建文字样式】对话框。
在【样式名】文本框输入新创建的文字样式的名称后,单击【确定】按钮。若未输入文字样式的名称,AutoCAD 会自动将该样式命名为"样式1"(AutoCAD 会自动地为每一个新命名的样式加1)。

二、字体

AutoCAD 为用户提供了许多不同的字体,对于支持汉字的字体,AutoCAD 提供了两种方式:一种是直接在【字体名】下拉列表中选择 Windows 字库字体；另一种是勾选【使用大字体】复选框,再选择【字体样式】下拉列表中的 AutoCAD 字库字体。由于 AutoCADR14 版本之前都不支持 Windows 字库,因此我国的工程技术人员就开发了大量支持 AutoCAD 的汉字字库。但是由于该字库与 Windows 字库的汉字字体大小差一个号,因此很多原有图形字体还无法转换成 Windows 字库字体,这一点在实际运用时会对此有进一步的认识。

三、文字效果与预览效果

在【效果】选项组中可以设置字体的排列方法,如:【颠倒】、【反向】和【垂直】排列样式,也可以在【宽度因子】和【倾斜角度】文本框中输入相应的数值来设置文字的辅助排列样式；并在【预览效果】窗口中预览相应文字效果,如图7-3所示。

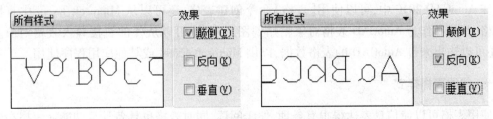

图7-3 【文字样式】对话框中的【预览效果】窗口

第四节 特殊字符的输入

在工程制图中,经常要标注一些特殊的字符,如表示钢筋直径的符号、角度的度等。这些特殊的字符不能从键盘上直接输入。AutoCAD为这些特殊字符提供了一些简捷的控制代码,输入这些特殊代码可以达到输入特殊字符的目的。

AutoCAD提供的控制码,均由两个百分号(%%)和一个字母组成。输入这些控制码后,屏幕上不会立即显示它们所代表的特殊符号,只有在回车结束本次标注命令之后,控制码才会变成相应的特殊字符。

AutoCAD提供的控制码及其相对应的特殊字符见表7-2。

控制码及其相对应的特殊字符　　　　　表7-2

控 制 码	对应的特殊字符及功能
%%O	打开或关闭文字上划线功能
%%U	打开或关闭文字下划线功能
%%D	标注符号"度"(°)
%%P	标注正负号(±)
%%C	标注直径(ø)

◆注意:%%O与%%U是两个切换开关,在文本中第一次键入此符号,表明加上上划线或下划线,第二次键入,则去掉上划线或下划线。

练习:用控制码输入字符。

（1）打开【文字样式】对话框；

（2）在【字体名】对话框中将当前字体设置为Romans,关闭对话框；

（3）★命令://输入"DT"按Enter键；

（4）指定文字的起点或[对正(J)/样式(S)]://用光标在屏幕上点取一点作为文本的起始点；

（5）指定高度<2.5000>://输入"5"；

（6）指定文字的旋转角度<0>://按Enter键；

（7）输入:"%%U%%P60%%D"；

（8）得到结果:"<u>±60°</u>"。

第五节　表　格

在AutoCAD 2010中,可以使用【表格】命令创建表格,还可以从Microsoft Excel中直接复制表格,并将其作为AutoCAD表格对象粘贴到图形中,也可以从外部直接导入表格对象。此外,还可以输出来自AutoCAD的表格数据,以供Microsoft Excel或其他应用程序使用。

一、创建表格样式

使用表格可以使信息表达得很有条理、便于阅读,同时表格也具备计算功能。表格在建筑类绘图中经常用于门窗表、钢筋表、原料单和下料单等,在机械类绘图中常用于装配图的零件明细栏、标题栏和技术说明栏等。

在【菜单栏】中选择【格式】→【表格样式】菜单命令，打开如图7-4所示的【表格样式】对话框。在此对话框中可以设置当前表格样式，以及创建、修改和删除表格样式。

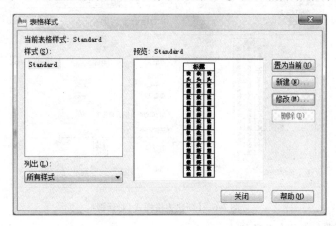

图7-4 【表格样式】对话框

下面介绍此对话框中各选项的主要功能：

（1）【当前表格样式】选项组：显示应用于所创建表格的表格样式的名称。默认表格样式为Standard。

（2）【样式】：显示表格样式列表。当前样式被亮显。

（3）【列出】：控制"样式"列表格的内容。

①【所有样式】：显示所有表格样式。

②【正在使用的样式】：仅显示被当前图形中的表格引用的表格样式。

（4）【预览】：显示"样式"列表中选定样式的预览图像。

（5）【置为当前】：将"样式"列表中选定的表格样式设置为当前样式。所有新表格都将使用此表格样式创建。

（6）【新建】：显示【创建新的表格样式】对话框，从中可以定义新的表格样式。

（7）【修改】：显示【修改表格样式】对话框，从中可以修改表格样式。

（8）【删除】：删除"样式"列表中选定的表格样式。不能删除图形中正在使用的样式。

单击【新建】按钮，出现如图7-5所示的【创建新的表格样式】对话框，定义新的表格样式。

在【新样式名】文本框中输入要建立的表格名称，然后单击【继续】按钮，出现如图7-6所示的【新建表格样式】对话框，在该对话框中通过对起始表格、常规、单元样式等格式设置完成对表格样式的设置，具体操作这里不加详述。

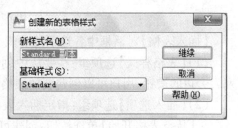

图7-5 【创建新的表格样式】对话框

二、绘制表格

创建表格样式的最终目的是绘制表格，以下将详细介绍按照表格样式绘制表格的方法：在【菜单栏】中，选择【绘图】→【表格】菜单命令或在命令行中输入Table后按Enter键，都会出现

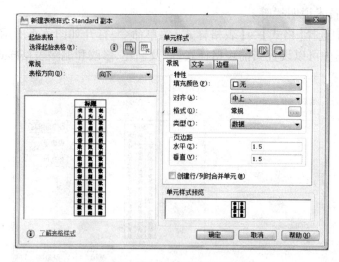

图7-6 【新建表格样式】对话框

如图7-7所示的【插入表格】对话框。

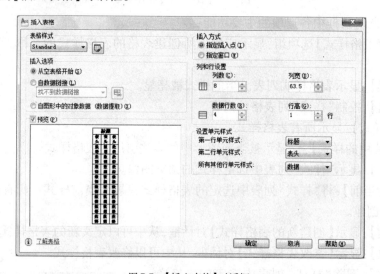

图7-7 【插入表格】对话框

【插入表格】对话框中各选项的功能为：

(1)【表格样式】选项组：在要从中创建表格的当前图形中选择表格样式。通过单击下拉列表旁边的按钮，用户可以创建新的表格样式。

(2)【插入选项】选项组：指定插入表格的方式。

①【从空表格开始】单选按钮：创建可以手动填充数据的空表格。

②【自数据链接】单选按钮：从外部电子表格中的数据创建表格。

③【自图形中的对象数据(数据提取)】：启动"数据提取"向导。

(3)【预览】：显示当前表格样式的样例。

(4)【插入方式】选项组：指定表格位置。

①【指定插入点】单选按钮：指定表格左上角的位置。可以使用定点设备，也可以在命令输入行输入坐标值。如果表格样式将表格的方向设置为由下而上读取，则插入点位于表格的左下角。

②【指定窗口】单选按钮：指定表格的大小和位置。可以使用定点设备，也可以在命令输入行输入坐标值。选定此选项时，行数、列数、列宽和行高取决于窗口的大小以及列和行设置。

（5）【列和行设置】选项组：设置列和行的数目和大小。其中：▥按钮：表示列；▤按钮：表示行。

①【列数】：指定列数。选择【指定窗口】单选按钮并指定列宽时，"自动"选项将被选中，且列数由表格的宽度控制。如果已指定包含起始表格的表格样式，则可以选择要添加到此起始表格的其他列的数量。

②【列宽】：指定列的宽度。选择【指定窗口】单选按钮并指定列数时，则选定了"自动"选项，且列宽由表格的宽度控制。最小列宽为一个字符。

③【数据行数】：指定行数。选择【指定窗口】单选按钮并指定行高时，则选定了"自动"选项，且行数由表格的高度控制。带有标题行和表格头行的表格样式最少应有三行。最小行高为一个文字行。如果已指定包含起始表格的表格样式，则可以选择要添加到此起始表格的其他数据行的数量。

④【行高】：按照行数指定行高。文字行高基于文字高度和单元边距，这两项均在表格中设置。选择【指定窗口】单选按钮并指定行数时，则选定了"自动"选项，且行高由表格的高度控制。

（6）【设置单元样式】选项组：对于那些不包含起始表格的表格样式，则要指定新表格单元格式。

①【第一行单元样式】：指定表格中第一行的单元样式。默认情况下，使用标题单元样式。

②【第二行单元样式】：指定表格中第二行的单元样式。默认情况下，使用表头单元样式。

③【所有其他行单元样式】：指定表格中所有其他行单元样式。默认情况下，使用单元样式。

三、填写表格

表格内容的填写包括输入文字、单元格内插入公式和直接插入块等内容，需要有一定文字编辑处理基础知识和能力。在这里也不做详细介绍了，有兴趣的读者可以翻阅相关资料。

第六节　创建并编辑块

在使用 AutoCAD 绘制图形时，会遇到大量相似的图形实体，如果重复复制，效率极其低下。AutoCAD 提供了一种有效的工具——块。块是一组相互集合的实体，它可以作为单个目标加以应用，可以由 AutoCAD 中的任何图形实体组成。

在绘制图形时，如果图形中有大量相同或相似的内容，或者所绘制的图形与已有的图形文件相同，则可以把要重复绘制的图形创建成块（也称为图块），并根据需要为块创建属性，指定块的名称、用途及设计者等信息，在需要时直接将其插入，当然，用户也可以把已有的图形文件以参照的形式插入当前图形中（即外部参照），或是通过 AutoCAD 设计中心浏览、查找、预览、使用、和管理 AutoCAD 的不同资源文件。块的广泛应用是由它本身的特点决定的。

一般来说，块具有如下特点：

1. 提高绘图速度

用 AutoCAD 绘图时，常常要绘制一些重复出现的图形。如果把这些经常要绘制的图形定义成块保存起来,绘制它们时就可以通过插入块的方法实现,即把绘图变成了拼图,避免了重复性工作,同时又提高了绘图速度。

2. 节省存储空间

AutoCAD 要保存图中每一个对象的相关信息,如对象的类型、位置、图层、线型、颜色等,这些信息要占用存储空间。如果一幅图中绘有大量的图形,则会占据较大的磁盘空间。但如果把相同图形事先定义成一个块,绘制它们时就可以直接把块插入到图中的各个相应的位置。这样即满足了绘图要求,又可以节省磁盘空间。因为虽然在块的定义中包含了图形的全部对象,但系统只需要一次这样的定义。对块每次插入,AutoCAD 仅需要记住这个块对象的有关信息(如块名、插入点坐标、插入比例等),从而节省了磁盘空间。对于复杂但需多次绘制的图形,这一特点表现得更加显著。

3. 便于修改图形

一张工程图纸往往需要多次修改。如在工程图设计中,旧标准用虚线表示预留孔的内径,目前把内径用细实线表示。如果对旧图纸上的每一个预留孔的内径按新标准修改,既费时又不方便。但如果原来是通过插入块的方法绘制的,那么,只要简单定义块等操作,图中插入的块均会自动进行修改。

4. 加入属性

很多块还要求有文字信息以进一步解释、说明。AutoCAD 允许为块定义这些文字属性,而且还可以在插入的块中显示或不显示这些属性,从图中提取这些信息并将它们传送到数据库中。

块是一个或多个对象组成的对象集合,常用语挥之复杂、重复的图形。一旦一组对象组合成块,就可以根据作图需要将这组对象插入任意指定位置,而且还可以按不同的比例和旋转角度插入。

概括地讲块操作是指通过操作达到用户使用块的目的,如创建块,保存块,块插入等对块进行的一些操作。

一、创建块

创建块是把一个或是一组实体定义为一个整体块。可以通过以下方式来创建块:
(1)单击【块】面板中的【创建块】按钮;
(2)在命令输入行输入"Block"(◆快捷键为"B")后按 Enter 键;
(3)在命令输入行输入"Bmake"后按 Enter 键;
(4)在【菜单栏】中选择【绘图】→【块】→【创建】菜单命令。

执行上述任一操作后,AutoCAD 会打开如图 7-8 所示的【块定义】对话框。

下面介绍该对话框中各选项的主要功能:

(1)【名称】下拉列表框:指定块的名称。如果将系统变量 EXTNAMES 设置为 1,块名最长可达 255 个字符,包括字母、数字、空格以及 Microsoft Windows 和 AutoCAD 没有用于其他用途的特殊字符。块名称及块定义保存在当前图形中。

◆注意:不能用 DIRECT、LIGHT、AVE_RENDER、RM_SDB、SH_SPOT 和 OVERHEAD 作为有效的块名称。

(2)【基点】选项组:指定块的插入基点。默认值是(0,0,0)。

①【拾取点】按钮:可以通过单击此按钮暂时关闭对话框以便在当前图形中拾取插入基

图 7-8 【块定义】对话框

点,然后利用鼠标直接在绘图区选取。

②X 文本框:指定 X 坐标值。

③Y 文本框:指定 Y 坐标值。

④Z 文本框:指定 Z 坐标值。

(3)【对象】选项组:指定新块中要包含的对象,以及创建块之后是保留或删除选定的对象还是将它们转换成块引用。

①【选择对象】按钮:单击该按钮可以暂时关闭【块定义】对话框,这时用户可以在绘图区选择图形实体作为将要定义的块实体。完成对象选择后,按 Enter 键重新显示【块定义】对话框。

②【快速选择】按钮:显示【快速选择】对话框,如图 7-9 所示,该对话框定义选择集。

③【保留】单选按钮:创建块以后,将选定对象保留在图形中作为区别对象。

④【转换为块】单选按钮:创建块以后,将选定对象转换成图形中的块引用。

⑤【删除】单选按钮:创建块以后,从图形中删除选定的对象。

⑥【未选定对象】:创建块以后,显示选定对象的数目。

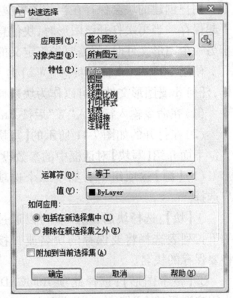

图 7-9 【快速选择】对话框

(4)【设置】选项组:指定块的设置。

①【块单位】下拉列表框:指定块参照插入单位。

②【超链接】按钮:打开【插入超链接】对话框,可以使用该对话框将某个超链接与块定义相关联。

(5)【方式】选项组:用于块的插入方式设置。

①【注释性】:指定块为 annotative。单击信息图标以了解有关注释性对象的更多信息。

②【使块方向与布局匹配】:指定在图纸空间视口中的块参照的方向与布局的方向匹配。如果未选择"注释性"选项,则该选项不可用。

103

③【按统一比例缩放】复选框：指定是否阻止块参照不按统一比例缩放。

④【允许分解】复选框：指定块参照是否可以被分解。

(6)【说明】文本框：指定块的文字说明。

(7)【在块编辑器中打开】复选框：选中此复选框后单击【块定义】对话框中的【确定】按钮，则在块编辑器中打开当前的块定义。

下面通过绘制"公里桩"块来了解制作过程。具体步骤如下：

(1)利用绘圆、直线和填充命令绘制图形，如图7-10所示；

(2)在命令输入行输入"B"后按Enter键；

(3)在打开的【块定义】对话框的【名称】文本框中输入"GLZ"(◆注意：由于在【插入块】操作时需要再次输入块的名称，因此最好不要给块起中文名称以减少工作量)；

(4)单击【基点】选项组的【拾取点】按钮，然后在绘图区选择上述图形直线的下端点后按Enter键(或单击鼠标右键)；

(5)单击【对象】选项组中的【选择对象】按钮，然后在绘图区选择上述图形后按Enter键(或单击鼠标右键)；

(6)单击【块定义】对话框中的【确定】按钮，则定义了块。

图7-10　公里桩

二、将块保存为文件

用户创建的块会保存在当前图形文件的块的列表中，当保存图形文件时，块的信息和图影一起保存。当再次打开该图形时，块信息同时也被载入。但是当用户需要将所定义的块应用于另一个图形文件时，就需要先将定义的块保存，然后再调出使用。

使用Wblock(◆快捷键为"W")命令，块就会以独立的图形文件(dwg)的形式保存。同样，任何dwg图形文件也可以作为块来插入。执行保存块的操作步骤如下：

(1)在命令输入行输入"W"后按Enter键；

(2)在打开的如图7-11所示的【写块】对话框做设置后，单击【确定】按钮即可。

下面介绍【写块】对话框中的参数设置：

(1)【源】选项组中有如下3个选项供用户选择。

①【块】：选择块后，用户就可以通过后面的下拉列表选择将要保存的块名或直接输入将要保存的块名。

②【整个图形】：选择此项 AutoCAD 会认为用户选择整个图形作为块来保存。

③【对象】：选择此项，用户可以选择一个图形实体作为块来保存。选择此项后，用户才可以进行下面的设置来选择基点，选择实体等。这部分内容与前面定义块的内容相同，在此就不在赘述了。

(2)【基点】和【对象】选项组中的选项主要用于通过基点或对象的方式来选择目标。

图7-11　【写块】对话框

(3)【目标】:指定文件的新名称和新位置以及插入块时所用的测量单位。用户可以将此块保存至相应的文件夹中。可以在【文件名和路径】的下拉列表中选择路径或单击按钮来指定路径。

(4)【插入单位】用来指定从设计中心拖动新文件并将其作为块插入到使用不同单位的图形中时自动缩放所使用的单位值。如果用户希望插入时不自动缩放图形,则选择"无单位"。

◆注意:用户在执行 Wblock 命令时,不必先定义一个块,只要直接将所选图形实体作为一个图块保存在磁盘上即可。当所输入的块不存在时,AutoCAD 会显示【AutoCAD 提示信息】对话框,提示块不存在,是否要重新选择。在多视窗中,Wblock 命令只适用于当前窗口。存储后的块可以重复使用,而不需要从提供这个块的原始图形中选取。

Wblock 命令操作方法如下:
(1)首先保存上一步所定义的块至 D 盘 Temp 文件夹下,名字为"图1";
(2)打开"图1"的图形;
(3)在命令输入行中输入"W"后按 Enter 键,打开【写块】对话框;
(4)选择【源】选项组中的【块】选项,在后面的下拉列表中选择"GLZ";
(5)在【目标】选项组的【文件名和路径】框中输入"D:\Temp\公里桩",并单击【确定】按钮。

三、插入块

定义块和保存块的目的是为了使用块,使用插入命令来将块插入到当前的图形中。

块操作是 CAD 中比较核心的操作,许多程序员与绘图工作者都会建立各种各样的块。他们的工作给用户带来不少方便,用户能像搭积木一样使用这些图块。如在工程制图中建立各个规格的标准结构图以便在绘制时方便调用。

用户将一个块插入到图形中时,必须指定插入的块名、插入点的位置、插入的比例系数以及图块的旋转角度。插入可以分为两类:单块插入和多重插入。下面就分别来讲述这两个插入命令。

1. 单块插入

(1)在命令输入行中输入"Insert"或"Ddinset"(◆快捷键为"I")后按 Enter 键;
(2)在【菜单栏】中选择【插入】→【块】菜单命令;
(3)单击【块】面板中的【插入块】按钮。

打开如图 7-12 所示的【插入】对话框。下面来讲解其中的参数设置。

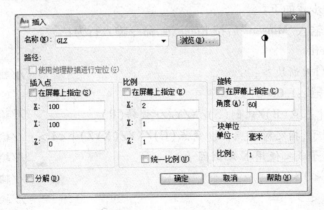

图 7-12 【写块】对话框

在【插入】对话框中,在【名称】后的文本框中输入块名或者单击文本后的浏览按钮来浏览文件,然后从中选择块。

在【插入点】选项组中,当用户启用【在屏幕上指定】复选框时,插入点可以用鼠标动态选取;当用户不启用【在屏幕上指定】复选框时,可以在下面的 X、Y、Z 后文本框中输入用户所需的坐标值。

在【比例】选项组中,用户启用【在屏幕上指定】复选框时,比例会在插入时动态缩放;当用户不启用【在屏幕上指定】复选框时,可以在下面的 X、Y、Z 后的文本框中输入用户所需的比例值。如果用户启用【统一比例】复选框,则只能在 X 后的文本框中输入统一的比例因子表示缩放系数。

在【旋转】选项组中,用户启用【在屏幕上指定】复选框时,则旋转角度在插入时确定。当用户不启用【在屏幕上指定】复选框时,可以在下面的【角度】后的文本框中输入图块的旋转角度。

在【块单位】选项组中,显示有关块单位的信息。【单位】指定插入块的单位值。【比例】显示单位比例因子,该比例因子是根据块的单位值和图形单位计算的。

用户可以通过启用【分解】复选框分解块并插入该块的单独部分。

设置完毕后,单击【确定】按钮,完成插入块的操作。

块的插入操作是这样的:新建一个图形文件,插入块"GLZ",插入点为(100,100),X、Y、Z 方向的比例分别为 2∶1∶1,旋转角度为 60°。

(1)在命令输入行输入"I"后按 Enter 键;

(2)在打开的【插入】对话框的【名称】下拉选择"GLZ";

(3)不启用【插入点】选项组中的【在屏幕上指定】复选框,然后在下面的 X、Y 文本框中分别输入"100";

(4)不启用【缩放比例】选项组中的【在屏幕上指定】复选框,然后在下面的 X、Y、Z 的文本框中分别输入"2"、"1"、"1";

(5)取消启用【旋转】选项组中的【在屏幕上指定】复选框,在下面的【角度】文本框中输入"60"后,单击【确定】按钮,将块插入图中。

2. 多重插入

有时同一个块在一幅图中要插入多次,并且这种插入有一定的规律性。如阵列方式,这是可以直接采用多重插入命令。这种方法不但大大节省绘图时间,提高绘图速度,而且节约磁盘空间。多重插入的步骤如下:

在命令输入行输入"Minsert"后按 Enter 键,命令输入行为:

★命令:_minsert

输入块名或[?]<新块>:   //输入将要插入的块名

单位:毫米 转换:1.0000

指定插入点或[基点(B)/比例(S)/X/Y/Z/旋转(R)]:   //输入插入块的基点

输入 X 比例因子,指定对角点,或[角点(C)/XYZ(XYZ)]<1>: //输入 X 方向的比例

输入 Y 比例因子或<使用 X 比例因子>:   //输入 Y 方向的比例

指定旋转角度<0>:   //输入旋转块的角度

输入行数(---)< >:   //输入阵列的行数

输入列数(|||)<1>:   //输入阵列的列数

输入行间距或指定单位单元(---)： //输入行间距
输入列间距(|||)： //输入列间距

四、设置基点

要设置当前图形的插入基点，可以选用下列3种方法：
(1)单击【块】面板中的【基点】按钮；
(2)在【菜单栏】中选择【绘图】→【块】→【基点】菜单命令；
(3)在输入行中输入"Base"后按 Enter 键。
命令输入行提示如下：
★命令：_base
输入基点<0.0000,0.0000,0.0000>://指定点，或按下 Enter 键

基点是用当前 UCS 中的坐标来表示的。当向其他图形插入当前图形或将当前图形作为其他图形的外部参照时，此基点将被用作插入基点。

第七节 块 属 性

在一个块中会附带有很多信息，这些信息就称为属性。属性是块的一个组成部分，从属于块，可以随块一起保存并随块一起插入到图形中，它为用户提供了一种将文本赋予块的交互式标记，每当用户插入一个带有属性的块时，AutoCAD 就会提示用户输入相应的数据。

属性在第一次建立块时可以被定义，或者是在块插入时增加属性，AutoCAD 还允许用户自定义一些属性。属性具有以下特点：

(1)一个属性包括属性标志和属性值两个方面。
(2)在定义块之前，每个属性要用命令进行定义。由它来具体规定属性默认值、属性标志、属性提示以及属性的显示格式等具体信息。属性定义后，该属性在图中显示出来，并把有关信息保留在图形文件之中。
(3)在插入块之前，AutoCAD 将通过属性提示要求用户输入属性值。插入块后，属性以属性值表示。因此同一个定义块，在不同的插入点可以有不同的属性值。如果在定义属性时，把属性值定义为常量值，那么 AutoCAD 将不询问属性值。

一、创建块属性

块属性是附属于块的非图形信息，是块的组成部分，可包含块定义中的文字对象。在定义一个块时，属性必须预先定义而后选定。通常属性用于在块的插入过程中进行自动注释。

要创建一个块的属性，用户可以使用 dattdef 或 attdef 命令先建立一个属性定义来描述属性特征，包括标记、提示符、属性值、文本格式、位置以及可选模式等。属性的创建步骤如下：

选用下列任一种方法打开【属性定义】对话框：
(1)在命令输入行中输入"Ddattdef"或"Attdef"后按 Enter 键；
(2)在【菜单栏】中选择【绘图】→【块】→【属性定义】菜单命令；
(3)单击【块】面板中的【属性定义】按钮。

在打开的如图 7-13 所示的【属性定义】对话框中，设置块的一些插入点及属性标记等，然后单击【确定】按钮即可完成块属性的创建。

图 7-13 【属性定义】对话框

下面介绍【属性定义】对话框中的参数设置。

1.【模式】选项组

在该选项组中,有以下几个复选框,用户可以任意组合这几种模式作为用户的设置。

(1)【不可见】:当该模式被选中时,属性为不可见。当用户只想把属性数据保存到图形中,而不想显示或输出时,应将该选项启用。反之则禁用。

(2)【固定】:当该模式被启用时,属性用固定的文本值设置,如果用户插入的是常数模式的块,在插入后,不重新定义块,则不能编辑该块。

(3)【验证】:在该模式下把属性值插入图形文件前可检验可变属性的值。在插入块时,AutoCAD 显示可变属性的值,等待用户按 Enter 键确认。

(4)【预置】:启用该模式可以创建自动可接受默认值的属性。插入块时,不再提示输入属性值,但它与常数不同,块在插入后还可以进行编辑。

(5)【锁定位置】:锁定块参照中属性的位置。解锁后,属性可以相对于使用夹点编辑的块的其他部分移动,并且可以调整多行属性的大小。

(6)【多行】:指定属性值可以包含多行文字。选定此选项后,可以指定属性的边界宽度。

◆注意:在动态块中,由于属性的位置包括在动作的选择集中,因此必须将其锁定。

2.【属性】选项组

在该选项组中,有以下 3 组设置:

(1)【标记】:每个属性都有一个标记,作为属性的标识符。属性标识符可以是除了空格和!号之外的任意字符。

◆注意:AutoCAD 会自动将标记中的小写字母换成大写字母。

(2)【提示】:是用户设定的插入块时的提示。如果该属性值不为常数值,当用户插入该属性的块时,AutoCAD 将使用该字符串,提示用户输入属性值。如果设置了常数模式,则该提示将不会出现。

(3)【默认】:可变属性一般将默认的属性设置为【未输入】。插入带属性的块时,AutoCAD 显示默认的属性值,如果用户按下 Enter 键,则将接受默认值。单击右侧的【插入字段】按钮,可以插入一个字段作为属性的全部或部分值,如图 7-14 所示。

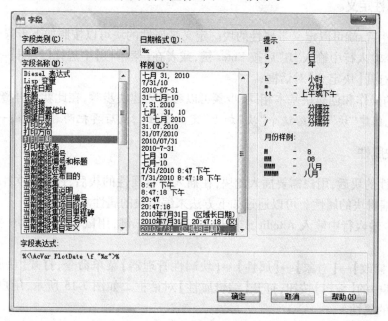

图 7-14 【字段】对话框

3.【插入点】选项组

在该选项组中,用户可以通过启用【在屏幕上指定】复选框,利用鼠标在绘图区选择某一点,也可以直接在下面的 X、Y、Z 后的文本框中输入用户将设置的坐标值。

4.【文字设置】选项组

在该选项组中,用户可以设置以下几项:

(1)【对正】:该选项可以设置块属性的文字对齐情况。用户可以通过在下拉列表中选择某项作为用户设置的对齐方式。

(2)【文字样式】:该选项可以设置块属性的文字样式。用户可以通过【文字样式】右侧的下拉列表 Standard 中选择某项作为用户设置的文字样式。

(3)【注释性】复选框:使用该特性,用户可以自动完成缩放注释的过程,从而使注释能够以正确的大小在图纸上打印或显示。

(4)【文字高度】:如果用户设置的文字样式中已经设置了文字高度,则此项为灰色,表示用户不可设置;否则用户可以通过单击 按钮来利用鼠标在绘图区动态地选取文字高度或直接在此后的文本框中输入文字高度。

(5)【旋转】:如果用户设置的文字样式中已经设置了文字旋转角度,则该项为灰色,表示用户不可设置;否则用户可以通过单击 按钮来利用鼠标在绘图区动态地选取角度或直接在此后的文本框中输入文字旋转角度。

(6)【边界宽度】:换行前,指定多线属性中文字行的最大长度。值 0.000 表示对文字行的长度没有限制。该选项不适用于单线属性。

5.【在上一个属性定义下对齐】复选框

该复选框用于将属性标记直接置于定义的上一个属性的下面。如果之前没有创建属性定义,则此选项不可用。

二、编辑属性定义

创建完属性后,就可以定义带属性的块。定义带属性的块可以按照如下步骤来进行。

(1)在命令输入行中输入"B"后按 Enter 键,或者在【菜单栏】中选择【绘图】→【块】→【创建】菜单命令,打开【块定义】对话框;

(2)下面的操作和创建块基本相同,步骤可以参考创建块步骤,在此就不再赘述。

◆注意:先创建"块",再给这个"块"加上"定义属性",最后再把两者创建成一个"块"。

三、编辑块属性

定义带属性的块后,用户需要插入此块,在插入带有属性的块后,还能再次用 Attedit 或是 Ddatte 命令来编辑块的属性。可以通过如下方法来编辑块的属性。

(1)在命令输入行中输入 Attedit 或 Ddatte 后按 Enter 键,用鼠标选取某块,打开【编辑属性】对话框。

(2)选择【修改】→【对象】→【属性】→【块属性管理器】菜单命令,打开【块属性管理器】对话框,单击其中的【编辑】按钮,打开【编辑属性】对话框。如图 7-15 所示,用户可以在该对话框中修改块的属性。

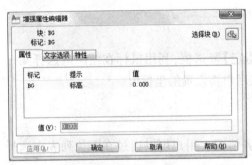

图 7-15 【编辑属性】对话框

下面介绍【编辑属性】对话框中各选项卡的功能:

(1)【属性】选项卡:定义将值指定给属性的方式以及已指定的值在绘图区是否可见,并设置提示用户输入值的字符串。【属性】选项卡还显示标识该属性的标签名称。

(2)【文字选项】选项卡:设置用户定义图形中属性文字的显示方式的特性。在【特性】选项卡上可修改属性文字的颜色。

(3)【特性】选项卡:定义属性所在的图层以及属性行的颜色、线宽和线型。如果图形使用打印样式,可以使用【特性】选项卡为属性指定打印样式。

四、块属性管理器

前面已经使用过【块属性管理器】对话框中的选项编辑块属性,本节将对其功能做具体的讲解。

选择【修改】→【对象】→【属性】→【块属性管理器】菜单命令,打开的【块属性管理器】对话框如图 7-16 所示。

【块属性管理器】对话框用于管理当前图形中块的属性定义。用户可以通过它在块中编辑属性定义、从块中删除属性以及更改插入块时系统提示用户输入属性值的顺序。

选定块的属性显示在属性列表中,在默认的

图 7-16 【块属性管理器】对话框

情况下,"标记"、"提示"、"默认"和"模式"属性特性显示在属性列表中。单击【设置】按钮,用户可以指定想要在列表中显示的属性特性。

对于每一个选定块,属性列表下的说明都会标识出当前图形和在当前布局中相应块的实例数目。

下面讲解此对话框各选项、按钮的功能:

(1)【选择块】按钮:用户可以使用定点设备从图形区域选择块。当选择【选择块】选项时,在用户从图形中选择块或按 Esc 键取消之前,对话框将一直关闭。如果修改了块的属性,并且未保存所做的更改就选择一个新块,系统会提示在选择其他块之前先保存更改。

(2)【块】下拉列表框:该列表框中可以列出具有属性的当前图形中的所有块定义,用户从中选择要修改属性的块。

(3)【属性列表】:显示所选块中每个属性的特征。

(4)【在图形中找到】:当前图形中选定块的实例数。

(5)【在模型空间中找到】:当前模型空间或布局中选定块的实例数。

(6)【设置】按钮:用于打开【设置】对话框,如图 7-17 所示。在该对话框中可以自定义【块属性管理器】中属性信息的列出方式,控制【块属性管理器】中属性列表的外观。【在列表中显示】选项组中指定要在属性列表中显示的特性。此列表中仅显示选定的特性。其中的"标记",特性总是选定的。【全部选择】按钮用来选择所有特性。【全部清除】按钮用来清除所有特性。【突出显示重复的标记】复选框用于打开或关闭复制强调标记。如果选择该选项,在属性列表中,复制属性标记为红色。如果不选择该选项,则在属性列表中不突出显示重复的标记。【将修改应用到现有参照】复选框用于指定是否更新正在修改其属性的块的所有现有实例。如果选择该选项,则通过新属性定义更新此块的所有实例。如果不选择该选项,则仅通过新属性定义更新此块的新实例。

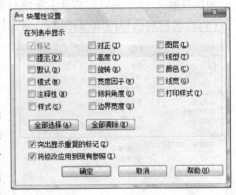

图 7-17 【设置】对话框

(7)【应用】按钮:应用用户所做的更改,但不关闭对话框。

(8)【同步】按钮:用于更新具有当前定义的属性特性的选定块的全部实例。该项操作不会影响每个块中赋给属性的值。

(9)【上移】按钮:用于在提示序列的早期阶段移动选定的属性标记。当选定固定属性时,【上移】按钮不可用。

(10)【下移】按钮:用于在提示序列的后期阶段移动选定的属性标记。当选定常量属性时,【下移】按钮不可使用。

(11)【编辑】按钮:用于打开【编辑属性】对话框,该对话框的功能已在前面做了介绍。

(12)【删除】按钮:从块定义中删除选定的属性。如果在选择【删除】按钮之前已选择了【设置】对话框中的【将修改应用到现有参照】复选框,将删除当前图形中全部块实例的属性。对于仅具有一个属性的块,【删除】按钮不可使用。

第八节 设计范例——制作图块

本节通过两个范例的介绍来加深了解块的操作。

1. 范例(一)

制作一个如图 7-18 所示的带属性的高程标记块。

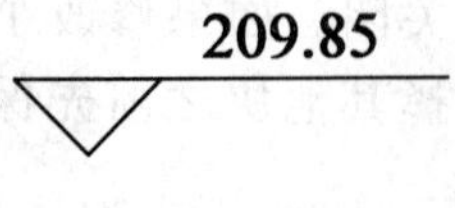

具体制作过程如下：

(1)在命令输入行中输入"Ddattdef"或"Attdef"后按 Enter 键,打开如图 7-19 所示的【属性定义】对话框；

(2)在【属性】选项组中的【标记】对话框内填写:"BG",【提示】对话框内填写:"标高值?",【默认】对话框内填写:"0.00",点击【确定】按键,在绘图区内单击鼠标左键；

图 7-18 带属性的高程标记块

(3)在相应位置绘制直线部分；

(4)在命令输入行中输入"B"后按 Enter 键,打开【块定义】对话框,点击【拾取点】按钮,在绘图区选择图形下尖点。点击【选择对象】按钮,在绘图区选择上述所有对象；

(5)在名称对话框内填写:"BG",点击【确定】按键,出现【编辑属性】对话框,如图 7-20 所示；

图 7-19 【属性定义】对话框 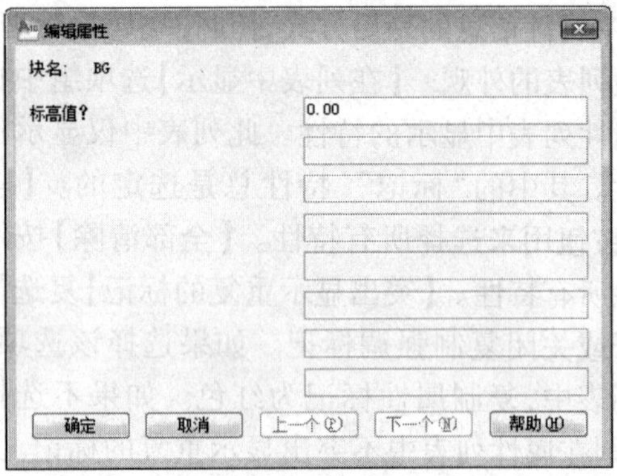　　　图 7-20 【编辑属性】对话框

(6)在【编辑属性】对话框点击【确定】按键,完成块制作；

(7)用户可以尝试插入该块(块名为"BG"),并同时给出高程。

2. 范例(二)

在一曲线上绘制等间距的公里桩。

具体绘制过程如下：

(1)参考第一节,首先制作"公里桩"块；

(2)绘制任意曲线,如图 7-21 所示；

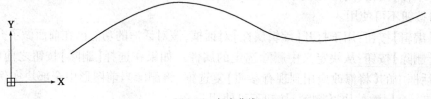

图 7-21 任意曲线

（3）在【菜单栏】中，选择【绘图】→【点】→【定距等分】；
（4）命令行如下：

★命令：_measure
选择要定距等分的对象： //选择上述曲线
指定线段长度或[块(B)]： //输入"B"
输入要插入的块名： //输入"glz"
是否对齐块和对象？[是(Y)/否(N)]<Y>：
指定线段长度： //输入"500"

（5）结果如图7-22所示。

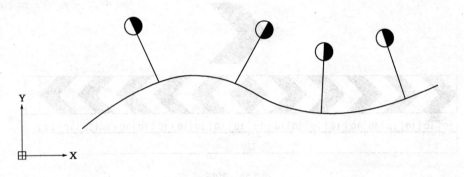

图7-22　最终结果

本 章 小 结

本章主要介绍了AutoCAD 2010的文字、表格和块。通过本章学习，读者应该可以熟练掌握AutoCAD 2010中文字、表格和块的创建和编辑。

练 习 题

1. 简述如何创建文字和表格。
2. 某工程数量表如表7-3所示，利用本章所学知识完成表格制作。

工　程　数　量　表　　　　　　　　　　　　　　表7-3

项　　目		单位	JL-2 监理标段			JL-3 监理标段					
			第3施工标段	第4施工标段	第5施工标段	LM-1	JA-1	LH-1	第6施工标段	第7施工标段	第8施工标段
公路里程		km	2.226	2.088	3.048	22.811	22.811	22.811	4.74	3.44	3.683
			—	1.104	—	1.104	1.104	1.104	—	—	—
主线路基土石方	挖方	km³	8.9	2	2	—	—	—	680	211	417
	填方	km³	10.5	108	112	—	—	—	53	615	255
支线路基土石方	挖方	km³	—	2	—	—	—	—	—	—	—
	填方	km³	—	28	—	—	—	—	—	—	—

3. 为什么要创建块？
4. 何谓块属性？简述创建一个带属性块的步骤。
5. 利用本章知识完成带两个属性(水准点编号和高程)的图块,如图 7-23 所示。

图 7-23　带属性的图块

6. 利用本章知识创建图块并完成如图 7-24 所示图形。

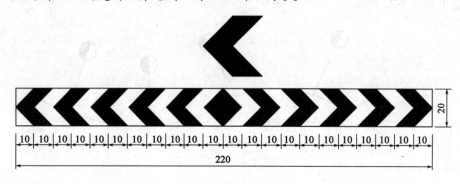

图 7-24　图形

第八章 尺寸标注与打印输出

尺寸标注是图形绘制的一个重要组成部分,它是图形的测量注释,可以测量和显示对象的长度、角度等测量值。AutoCAD 提供了多种标注样式和设置标注格式的方法,可以满足交通、建筑、机械、电子等大多数应用领域的要求。在绘图时使用尺寸标注,能够对图形的各个部分添加提示和解释等辅助信息,既方便用户绘制,又方便阅读。本章将讲述自行设置尺寸标注样式的方法以及对图形进行尺寸标注的方法;还将介绍交通工程专业标准图框制作和打印输出方式。

第一节 尺寸标注的概念

尺寸标注是一种通用的图形注释,用来描述图形对象的几何尺寸、实体间的角度和距离等。在 AutoCAD 2010 中,对绘制的图形进行尺寸标注时应遵循以下规则:

(1)物体的真实大小应以图样上所标注的尺寸数值为依据,与图形的大小及绘图的准确度无关。

(2)图样中的尺寸以毫米为单位时,不需要标注计量单位的代号或名称。如采用其他单位,则必须注明相应计量单位的代号或名称,如度、厘米及米等。

(3)图样中所标注的尺寸为该图样所表示的物体的最后完工尺寸,否则应另加说明。

(4)一般物体的每一尺寸只标注一次,并应标注在最后反映该结构最清晰的图形上。

一、尺寸标注的元素

尽管 AutoCAD 提供了多种类型的尺寸标注,但通常都是由以下几种基本元素所构成的。下面对尺寸标注的组成元素进行介绍。

一个完整的尺寸标注包括尺寸线、延伸线、尺寸箭头和标注文字 4 个组成元素,如图 8-1 所示。

(1)尺寸线:用于指示标注的方向和范围,通常使用箭头来指出尺寸线的起点和端点。AutoCAD 将尺寸线放置在测量区域中,而且通常被分割成两条线,标注文字沿尺寸线放置。角度标注的尺寸线是一条圆弧。

图 8-1 完整的尺寸标注示意图

(2)延伸线:从被标注的对象延伸到尺寸线,又被称为投影线,一般垂直于尺寸线。但在特殊情况下用户也可以根据需要将延伸线倾斜一定的角度。

(3)尺寸箭头:显示在尺寸线的两端,表明测量的开始和结束位置。AutoCAD 默认使用闭合的填充箭头符号,同时,AutoCAD 还提供了多种箭头符号可供选择,用户也可以利用【块】功能自定义符号。

(4)标注文字:用于表明图形实际测量值。可以使用由 AutoCAD 自动计算出的测量值,并可附加公差、前缀和后缀等。用户也可以自行指定文字或取消文字。

（5）圆心标记和中心线：标记圆或圆弧的圆心。

二、尺寸标注的过程

AutoCAD 提供了多种类型的尺寸标注，但是尺寸标注的过程是一致的。

（1）选择【标注】菜单或【标注】面板，如图 8-2 所示；
（2）从标注面板中选择标注类型；
（3）选择标注对象进行标注。

图 8-2　【标注】面板

◆注意：在进行尺寸标注后，有时发现不能看到所标注的尺寸文本，这是因为尺寸标注的整体比例因子设置得太小，将尺寸标注方式对话框打开，修改其数值即可。

第二节　尺寸标注的样式

在 AutoCAD 中，要使标注的尺寸符合要求，就必须先设置尺寸样式，即确定 4 个基本元素的大小及相互之间的基本关系。本节将对尺寸标注样式管理、创建及其具体设置作详尽的讲解。

一、标注样式的管理

设置尺寸标注样式有以下 3 种方法：
（1）在【菜单栏】中选择【标注】→【标注样式】菜单命令；
（2）在命令输入行中输入"ddim"（◆快捷键为"D"）命令后按 Enter 键；
（3）单击【标注】面板中的【标注样式】按钮（根据第四章第八节增添面板）。

无论使用上述任何一种方法，AutoCAD 都会打开如图 8-3 所示的【标注样式管理器】对话框。显示当前可以选择的尺寸样式名，可以查看所选择样式的预览图。

下面对【标注样式管理器】对话框的各项功能作具体介绍：

（1）【置为当前】按钮：用于建立当前尺寸标注类型。
（2）【新建】按钮：用于新建尺寸标注类型。单击该按钮，将打开【创建新标注样式】对话框，其具体应用在下节中介绍。
（3）【修改】按钮：用于修改尺寸标注类型。单击该按钮，将打开【修改标注样式】对话框。
（4）【替代】按钮：替代当前尺寸标注类型。单击该按钮，将打开【替代当前样式】对话框，其中的选项与【修改标注样式】对话框中的内容一致。
（5）【比较】按钮：比较尺寸标注样式。单击该按钮，将打开如图 8-4 所示的【比较标注样式】对话框。比较功能可以帮助用户快速地比较几个标注样式在参数上的不同。

二、创建新标注样式

单击【标注样式管理器】对话框中的【新建】按钮，出现如图 8-5 所示的【创建新标注样式】对话框。

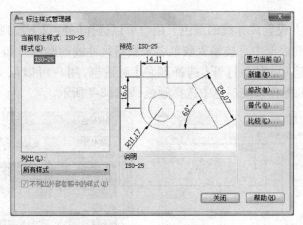

图 8-3 【标注样式管理器】对话框

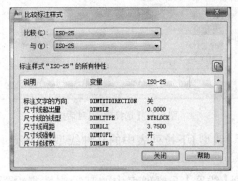

图 8-4 【比较标注样式】对话框

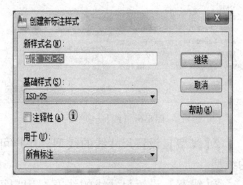

图 8-5 【创建新标注样式】对话框

在该对话框中可以进行以下设置：
(1)在【新样式名】文本框中输入新的尺寸样式名；
(2)在【基础样式】下拉列表中选择相应的标准；
(3)在【用于】下拉列表中选择需要将此尺寸样式应用到相应尺寸标注上。

设置完毕后单击【继续】按钮即可进入【新建标注样式】对话框进行各项设置,其内容与【修改标注样式】对话框中的内容一致。

【新建标注样式】对话框、【修改标注样式】对话框与【替代当前样式】对话框中的内容是一致的,包括 7 个选项卡,在此对其设置作详细的讲解。

AutoCAD 中存在标注样式的导入、导出功能,可以用标注样式的导入、导出功能实现在新建图形中引用当前图形中的标注样式或者导入样式应用标注,后缀名为 dim。

三、直线和箭头

【线】选项卡：

该选项卡(图 8-6)用来设置尺寸线和延伸线的格式和特性。

单击【新建标注样式】对话框中的【线】标签,切换到【线】选项卡。在此选项卡中,用户可以设置尺寸的几何变量。

此选项卡各选项内容如下：

(1)【尺寸线】：设置尺寸线的特性。在此选项中,AutoCAD 提供了以下 6 项内容供用户

117

设置：

①【颜色】：显示并设置尺寸线的颜色。用户可以选择【颜色】下拉列表中的某种颜色作为尺寸线的颜色，或在列表框中直接输入颜色名来获得尺寸线的颜色。如果单击【颜色】下拉列表中的"选择颜色"选项，则会打开【选择颜色】对话框，用户可以从 255 种 AutoCAD 索引（ACI）颜色、真彩色和配色系统颜色中选择颜色，如图 8-7 所示。

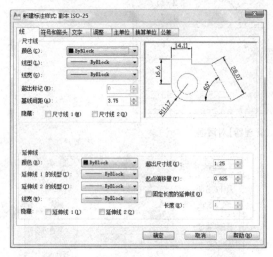

图 8-6 【线】选项卡　　　　　　　　　图 8-7 【选择颜色】对话框

②【线型】：设置尺寸线的线型。用户可以选择【线型】下拉列表中的某种线型作为尺寸线的线型。

③【线宽】：设置尺寸线的线宽。用户可以选择【线宽】下拉列表中的某种属性来设置线宽，如 ByLayer（随层）、ByBlock（随块）及默认或一些固定的线宽等。

◆注意：交通工程设计中对尺寸线一般不设置线宽。

④【超出标记】：显示的是当用短斜线代替尺寸箭头使用倾斜、建筑标记、积分和无标记时尺寸线超过延伸线的距离，用户可以在此输入自己的预定值。默认情况下为 0。

⑤【基线间距】：显示的是两尺寸线之间的距离，用户可以在此输入自己的预定值。该值将在进行连续和基线尺寸标注时用到。

⑥【隐藏】：不显示尺寸线。当标注文字在尺寸线中间时，如果选中【尺寸线 1】复选框，将隐藏前半部分尺寸线；如果选中【尺寸线 2】复选框，则隐藏后半部分尺寸线。如果同时选中两个复选框，则尺寸线将被全部隐藏。

（2）【延伸线】：控制延伸线的外观。在此选项中，AutoCAD 提供了以下 8 项内容供用户设置。

①【颜色】：显示并设置延伸线的颜色。用户可以选择【颜色】下拉列表中的某种颜色作为延伸线的颜色，或在列表框中直接输入颜色名来获得延伸线的颜色。如果单击【颜色】下拉列表中的"选择颜色"选项，则会打开【选择颜色】对话框，用户可以从 255 种 AutoCAD 索引（ACI）颜色、真彩色和配色系统颜色中选择颜色。

②【延伸线 1 的线型】及【延伸线 2 的线型】：设置延伸线的线型。用户可以选择其下拉列表中的某种线型作为延伸线的线型。

③【线宽】：设置延伸线的线宽。

◆注意：交通工程设计中对延伸线一般不设置线宽。

④【隐藏】:不显示延伸线。如果选中【延伸线1】复选框,将隐藏第一条延伸线;如果选中【延伸线2】复选框,则隐藏第二条延伸线。如果同时选中两个复选框,则延伸线将被全部隐藏。

⑤【超出尺寸线】:显示的是延伸线超过尺寸线的距离。用户可以在此输入自己的预定值。

⑥【起点偏移量】:用于设置自图形中定义标注的点到延伸线的偏移距离。一般来说,延伸线与所标注的图形之间有间隙,该间隙即为起点偏移量,即在【起点偏移量】微调框中所显示的数值,用户也可以把它设为另外一个值。

⑦【固定长度的延伸线】:用于设置延伸线从尺寸线开始到标注原点的总长度。无论是否设置了固定长度的延伸线,延伸线偏移都将设置从延伸线原点开始的最小偏移距离。

⑧【符号和箭头】选项卡:

该选项卡(图8-8)用来设置箭头、圆心标记、折断标注、弧长符号、半径折弯标注和线性折弯标注的格式和位置。单击【新建标注样式】对话框中的【符号和箭头】标签,切换到【符号和箭头】选项卡。

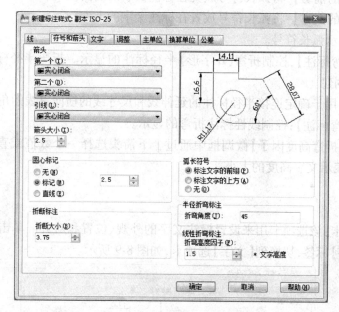

图8-8 【符号和箭头】选项卡

该选项卡各选项内容如下:

(1)【箭头】:控制标注箭头的外观。该此选项中,AutoCAD提供了以下4项设置内容:

①【第一个】:用于设置第一条尺寸线的箭头。当改变第一个箭头的类型时,第二个箭头将自动改变以便同第一个箭头相匹配。

②【第二个】:用于设置第二条尺寸线的箭头。

③【引线】:用于设置引线尺寸标注的指引箭头类型。

◆注意:用户要指定自己定义的箭头块,可分别单击上述3项下拉列表中的"用户箭头"选项,显示【选择自定义箭头块】对话框。用户在该对话框中选择自己定义的箭头块的名称(该块必须在图形中)。

④【箭头大小】:在此微调框中显示的是箭头的大小值,用户可以单击上下移动的箭头选择相应的大小值,或直接在微调框中输入数值以确定箭头的大小。

◆注意：在 AutoCAD2010 版本中新增了"翻转标注箭头"的功能，用户可以更改标注上每个箭头的方向。

（2）【圆心标记】：控制直径标注和半径标注的圆心标记和中心线的外观。在该选项中，AutoCAD 提供了以下内容供用户设置：

①【无】：不创建圆心标记或中心线，其存储值为 0。

②【标记】：创建圆心标记，其存储值为正。

③【直线】：创建中心线，其存储值为负。

（3）【折断标注】：在此微调框中显示和设置圆心标记或中心线的大小。

用户可以在【折断大小】微调框中通过上下箭头选择一个数值或直接在微调框中输入相应的数值来表示圆心标记的大小。

（4）【弧长符号】：控制弧长标注中圆弧符号的显示。在该选项中，AutoCAD 为用户提供了以下 3 个选项供用户设置：

①【标注文字的前缀】：将弧长符号放置在标注文字的前面。

②【标注文字的上方】：将弧长符号放置在标注文字的上方。

③【无】：不显示弧长符号。

（5）【半径折弯标注】：控制折弯（Z 字形）半径标注的显示。折弯半径标注通常在中心点位于页面外部时创建。

【折弯角度】：用于确定连接半径标注的延伸线和尺寸线的横向直线的角度。

（6）【线性折弯标注】：控制线性标注折弯的显示。

用户可以在【折弯高度因子】微调框中通过上下箭头选择一个数值或直接在微调框中输入相应的数值来表示文字高度的大小。

四、文字

【文字】选项卡：该选项卡用来设置标注文字的外观、位置和对齐。单击【新建标注样式】对话框中的【文字】标签，切换到【文字】选项卡，如图 8-9 所示。

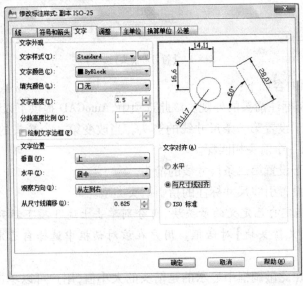

图 8-9　【文字】选项卡

此选项卡各选项内容如下:

(1)【文字外观】:设置标注文字的样式、颜色和大小等属性。在该选项中,AutoCAD 提供了以下 6 个选项供用户设置:

①【文字样式】:用于显示和设置当前标注文字样式。用户可以从其下拉列表中选择一种样式。若要创建和修改标注文字样式,可以单击下拉列表框旁边的【文字样式】按钮,打开【文字样式】对话框(见第八章第三节),从中进行标注文字样式的创建和修改。

②【文字颜色】:用于设置标注文字的颜色。用户可以选择其下拉列表中的某种颜色作为标注文字的颜色,或在列表框中直接输入颜色名来获得标注文字的颜色。如果单击其下拉列表中的"选择颜色"选项,则会打开【选择颜色】对话框,用户可以从 255 种 AutoCAD 索引(ACI)颜色、真彩色和配色系统颜色中选择颜色。

③【填充颜色】:用于设置标注文字背景的颜色。可以选择其下拉列表中的某种颜色作为标注文字背景的颜色,或在列表框中直接输入颜色名来获得标注文字背景的颜色。

④【文字高度】:用于设置当前标注文字样式的高度。用户可以直接在文本框中输入需要的数值。

◆注意:如果用户在【文字样式】选项中将文字高度设置为固定值(即文字样式高度大于0),则此处设置的文字高度无效。如果要使用在【文字】选项卡上设置的高度,必须确保【文字样式】中的文字高度设置为 0。

⑤【分数高度比例】:用于设置相对于标注文字的分数比例,在公差标注中,当公差样式有效时可以设置公差的上下偏差文字与公差的尺寸高度的比例值。另外,只有在【主单位】选项卡上选择【分数】作为【单位格式】时,此选项才可应用。在此微调框中输入的值乘以文字高度,可确定标注分数相对于标注文字的高度。

⑥【绘制文字边框】:某种特殊的尺寸需要使用文字边框。例如基本公差,如果选择此选项将在标注文字周围绘制一个边框。

(2)【文字位置】:用于设置标注文字的位置。在此选项中,AutoCAD 提供了以下 4 个选项供用户设置:

①【垂直】:用来调整标注文字与尺寸线在垂直方向的位置。用户可以在此下拉列表中选择当前的垂直对齐位置。该下拉列表中共有 4 个选项供用户选择,它们分别是:

a.【居中】:将文本置于尺寸线的中间。

b.【上方】:将文本置于尺寸线的上方。从尺寸线到文本的最低基线的距离就是当前的文字间距。

c.【外部】:将文本置于尺寸线上远离第一个定义点的一边。

d.【JIS】:按日本工业的标准放置。

②【水平】:用来调整标注文字与尺寸线在平行方向的位置。用户可以在该下拉列表中选择当前的水平对齐位置,该下拉列表中供选择的选项分别是:

a.【居中】:将文本置于延伸线的中间。

b.【第一条延伸线】:将标注文字沿尺寸线与第一条延伸线左对正。延伸线与标注文字的距离是箭头大小加上文字间距之和的两倍。

c.【第二条延伸线】:将标注文字沿尺寸线与第二条延伸线右对正。延伸线与标注文字的距离是箭头大小加上文字间距之和的两倍。

d.【第一条延伸线上方】:沿第一条延伸线放置标注文字或将标注文字放置在第一条延伸

线之上。

e.【第二条延伸线上方】:沿第二条延伸线放置标注文字或将标注文字放置在第二条延伸线之上。

③【观察方向】下拉列表:用于控制标注文字的观察方向。该下拉列表包括以下选项:

a.【从左到右】:按从左到右阅读的方式放置文字。

b.【从右到左】:按从右到左阅读的方式放置文字。

④【从尺寸线偏移】:用于调整标注文字与尺寸线之间的距离,即文字间距。该值也可用作尺寸线段所需的最小长度。另外,只有当生成的线段至少与文字间隔同样长时,才会将文字放置在延伸线内侧。只有箭头、标注文字以及页边距有足够的空间容纳文字间距时,才会将尺寸线上方或下方的文字置于内侧。

(3)【文字对齐】:用于控制标注文字放在延伸线外边或里边时的方向是保持水平还是与延伸线平行。在此选项中,AutoCAD 提供了以下 3 个选项供用户设置:

①【水平】:选中此单选按钮表示无论尺寸标注为何种角度,它的标注文字总是水平的。

②【与尺寸线对齐】:选中此单选按钮表示尺寸标注为何种角度时,它的标注文字即为何种角度,文字方向总是与尺寸线平行。

③【ISO 标准】:选中此单选按钮表示标注文字方向遵循 ISO 标准。当文字在延伸线内时,文字与尺寸线对齐;当文字在延伸线外时,文字水平排列。

五、调整

【调整】选项卡:该选项卡用来设置标注文字、箭头、引线和尺寸线的放置位置。

单击【新建标注样式】对话框中的【调整】标签,切换到【调整】选项卡,如图 8-10 所示。该选项卡各选项内容如下:

(1)【调整选项】:用于在特殊情况下调整尺寸的某个要素的最佳表现方式。在该选项中,AutoCAD 提供了以下 6 个选项供用户设置:

图 8-10 【调整】选项卡

①【文字或箭头(最佳效果)】：选中该单选按钮表示 AutoCAD 会自动选取最优的效果,当没有足够的空间放置文字和箭头时,AutoCAD 会自动把文字或箭头移出延伸线。

②【箭头】：选中该单选按钮表示在延伸线之间没有足够的空间放置文字和箭头时,将首先把箭头移出延伸线。

③【文字】：选中该单选按钮表示在延伸线之间没有足够的空间放置文字和箭头时,将首先把文字移出延伸线。

④【文字和箭头】：选中该单选按钮表示在延伸线之间没有足够的空间放置文字和箭头时,将会把文字和箭头同时移出延伸线。

⑤【文字始终保持在延伸线之间】：选中该单选按钮表示在延伸线之间没有足够的空间放置文字和箭头时,文字将始终留在延伸线内。

⑥【若箭头不能放在延伸线内,则将其消除】：选中该复选框,表示当文字和箭头在延伸线内放置不下时,消除箭头,即不画箭头。

(2)【文字位置】：用于设置标注文字从默认位置(由标注样式定义的位置)移动时标注文字的位置。在该选项中,AutoCAD 为用户提供了以下 3 个选项供用户设置：

①【尺寸线旁边】：当标注文字不在默认位置时,将文字标注在尺寸线旁。这是默认的选项。

②【尺寸线上方,带引线】：当标注文字不在默认位置时,将文字标注在尺寸线的上方,并加一条引线。

③【尺寸线上方,不带引线】：当标注文字不在默认位置时,将文字标注在尺寸线的上方,不加引线。

(3)【标注特征比例】：用于设置全局标注比例值或图纸空间比例。在该选项中,AutoCAD 提供了以下 3 个选项供用户设置：

①【注释性】：指定标注为注释性。单击信息图标以了解有关注释性对象的详细信息。

②【使用全局比例】：表示整个图形的尺寸比例,比例值越大表示尺寸标注的字体越大。选中该单选按钮后,用户可以在其微调框中选择某一个比例或直接在微调框中输入一个数值表示全局的比例。

③【将标注缩放到布局】：表示以相对于图纸的布局比例来缩放尺寸标注。

(4)【优化】：提供用于放置标注文字的其他选项。在该选项中,AutocAD 提供了以下 2 个选项供用户设置：

①【手动放置文字】：选中该复选框表示每次标注时总是需要用户设置放置文字的位置,反之则在标注文字时使用默认设置。

②【在延伸线之间绘制尺寸线】：选中该复选框表示当延伸线距离比较近时,在延伸线之间也要绘制尺寸线,反之则不绘制。

◆注意：交通工程设计中一般不选择该选项。

六、主单位

【主单位】选项卡：该选项卡用来设置主标注单位的格式和精度,并设置标注文字的前缀后缀。单击【新建标注样式】对话框中的【主单位】标签,切换到【主单位】选项卡,如图 8-11 所示。

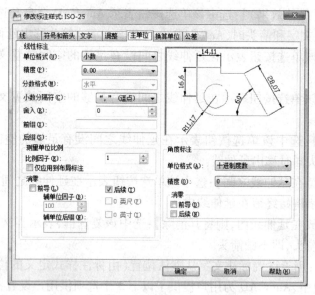

图8-11 【主单位】选项卡

该选项卡中各选项的内容如下：

(1)【线性标注】：用于设置线性标注的格式和精度。在此选项中，AutoCAD提供了以下9个选项供用户设置：

①【单位格式】：设置除角度之外的所有尺寸标注类型的当前单位格式。其中共有6个选项，它们是"科学"、"小数"、"工程"、"建筑"、"分数"和"Windows桌面"。

②【精度】：设置尺寸标注的精度。用户可以通过在其下拉列表中选择某一项作为标注精度。

③【分数格式】：设置分数的表现格式。该选项只有当【单位格式】选中"分数"时才有效，它包括"水平"、"对角"、"非堆叠"3项。

④【小数分隔符】：设置用于十进制格式的分隔符。该选项只有当【单位格式】选中的是"小数"时才有效，它包括"."（句点）、","（逗点）、" "（空格)3项。

⑤【舍入】：设置四舍五入的位数及具体数值。用户可以在其微调框中直接输入相应的数值来设置。如果输入0.25，则所有标注距离都以0.25为单位进行舍入；如果输入1.0，则所有标注距离都将舍入为最接近的整数。小数点后显示的位数取决于【精度】设置。

⑥【前缀】：在该文本框中用户可以为标注文字输入一定的前缀，可以输入文字或使用控制代码显示特殊符号。

⑦【后缀】：在该文本框中用户可以为标注文字输入一定的后缀，可以输入文字或使用控制代码显示特殊符号。如果在【后缀】文本框中输入cm后，标注文字后加后缀cm。

◆提示：输入前缀或后缀时，输入的前缀或后缀将覆盖在直径和半径等标注中使用的任何默认前缀或后缀。如果指定了公差，前缀或后缀将添加到公差和主标注中。

⑧【测量单位比例】：定义线性比例选项，主要应用于传统图形。

用户可以通过在【比例因子】微调框中输入相应的数字表示设置比例因子。例如，如果输入2，则1mm直线的尺寸将显示为2mm。该值不应用到角度标注，也不应用到舍入值或者正负公差值。

◆提示：【比例因子】更改和【调整】选项卡中的【改变全局比例】是两个完全不同的概念，

用户在绘图过程中应区分两者的不同。【比例因子】往往用于同一张图纸中存在两个不同比例的图形;而【改变全局比例】多用于标准图框的制作(见第十一章)。

用户也可以选中【仅应用到布局标注】复选框,也可以不选,使设置应用到整个图形文件中。

⑨【消零】:用来控制不输出前导零、后续零部分,即在标注文字中不显示前导零、后续零部分。

(2)【角度标注】:用于显示和设置角度标注的当前角度格式。在该选项中,AutoCAD 提供了以下 3 个选项供用户设置:

①【单位格式】:设置角度单位格式。其中共有 4 个选项,它们是:"十进制度数"、"度/分/秒"、"百分度"和"弧度"。

②【精度】:设置角度标注的精度。用户可以通过在其下拉列表中选择某一项作为标注精度。

③【消零】:用来控制不输出前导零、后续零,即在标注文字中不显示前导零、后续零。

七、换算单位

【换算单位】选项卡:该选项卡用来设置标注测量值中换算单位的显示并设置其格式和精度。单击【新建标注样式】对话框中的【换算单位】标签,切换到【换算单位】选项卡,如图 8-12 所示。

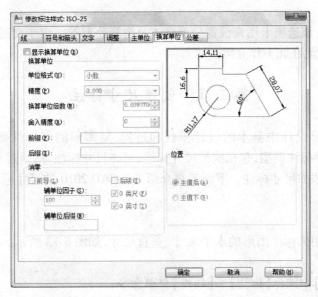

图 8-12　【换算单位】选项卡

该选项卡中各选项内容如下:

(1)【显示换算单位】:用于向标注文字添加换算测量单位。只有当用户选中该复选框时,【换算单位】选项卡的所有选项才有效;否则即为无效,即在尺寸标注中换算单位无效。

(2)【换算单位】:用于显示和设置角度标注的当前角度格式。在该选项中,AutoCAD 提供了以下 6 个选项供用户设置:

①【单位格式】:设置换算单位格式。该项与【主单位】的单位格式设置相同。

②【精度】:设置换算单位的尺寸精度。该项也与【主单位】的精度设置相同。

③【换算单位乘数】：设置换算单位之间的比例，用户可以指定一个乘数作为主单位和换算单位之间的换算因子使用。例如，要将英寸转换为毫米，则输入0.25。此值对角度标注没有影响，而且不会应用于舍入值或者正、负公差值。

④【舍入精度】：设置四舍五入的位数及具体数值。如果输入0.25，则所有标注测量值都以0.25为单位进行舍入；如果输入1.0，则所有标注测量值都将舍入为最接近的整数。小数点后显示的位数取决于【精度】设置。

⑤【前缀】：在该文本框中用户可以为尺寸换算单位输入一定的前缀，可以输入文字或使用控制代码显示特殊符号。如图6-25所示，在【前缀】文本框中输入%%C后，换算单位前加表示直径的前缀"Ø"号。

⑥【后缀】：在该文本框中用户可以为尺寸换算单位输入一定的后缀，可以输入文字或使用控制代码显示特殊符号。在【后缀】文本框中输入cm后，换算单位后加后缀cm。

(3)【消零】：用来控制不输出前导零、后续零以及零英尺、零英寸部分，即在换算单位中不显示前导零、后续零以及零英尺、零英寸部分。

(4)【位置】：用于设置标注文字中换算单位的放置位置。在该选项中，有以下2个单选按钮：

①【主值后】：选中该单选按钮表示将换算单位放在标注文字中的主单位之后。

②【主值下】：选中该单选按钮表示将换算单位放在标注文字中的主单位下面。

八、公差

【公差】选项卡：该选项卡用来设置公差格式及换算公差等。由于交通工程图设计中基本不涉及公差内容，因此在此不作介绍。

第三节　创建尺寸标注

尺寸标注是图形设计中基本的设计步骤和过程，随图形的多样性而有多种不同标注，AutoCAD提供了多种标注类型，包括线性尺寸标注、对齐尺寸标注等，通过了解这些尺寸标注，可以灵活地给图形添加尺寸标注。下面就来介绍AutoCAD 2010的尺寸标注方法和规则。

一、线性标注

线性尺寸标注用来标注图形的水平尺寸、垂直尺寸，如图8-13所示。创建线性尺寸标注有以下3种方法：

(1)在【菜单栏】中选择【标注】→【线性】菜单命令；

(2)存命令输入行中输入"dimlinear"命令后按Enter键；

(3)单击【标注】面板中的【线性尺寸标注】按钮⊢⊣。

执行上述任意操作后，命令输入行提示如下：

★命令:_dimlinear

指定第一条延伸线原点或<选择对象>：　　　//选择起点后单击

指定第二条延伸线原点：　　　　　　　　　//选择终点后单击

指定尺寸线位置或[多行文字(M)/文字(T)/角度(A)/水平(H)/垂直(V)/旋转(R)]：

标注文字=57.96　　　//按住鼠标左键不放拖动尺寸线移动到合适的位置后单击

以上命令输入行提示选项解释如下:
①多行文字:用户可以在标注的同时输入多行文字;
②文字:用户只能输入一行文字;
③角度:输入标注文字的旋转角度;
④水平:标注水平方向距离尺寸;
⑤垂直:标注垂直方向距离尺寸;
⑥旋转:输入尺寸线的旋转角度。

二、对齐尺寸标注

对齐尺寸标注是指标注两点间的距离,标注的尺寸线平行于两点间的连线,如图8-14所示为线性尺寸标注与对齐尺寸标注的对比。

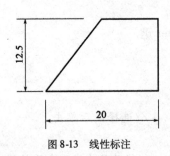

图8-13　线性标注　　　　　　　　　　　图8-14　对齐尺寸标注

创建对齐尺寸标注有以下3种方法:
(1)在【菜单栏】中选择【标注】→【对齐】菜单命令;
(2)在命令输入行中输入"dimaligned"命令后按Enter键;
(3)单击【标注】面板中的【对齐】按钮。

执行上述任一操作后,命令输入行提示如下:
★命令:_dimaligned
指定第一条延伸线原点或<选择对象>:　　　//选择起点后单击
指定第二条延伸线原点:　　　　　　　　　//选择终点后单击
指定尺寸线位置或[多行文字(M)/文字(T)/角度(A)]:标注文字=17.6　　//按住鼠标左键不放拖动尺寸线移动到合适的位置后单击

三、半径尺寸标注

半径尺寸标注用来标注圆或圆弧的半径,如图8-15所示。
创建半径尺寸标注有以下3种方法:
(1)在【菜单栏】中选择【标注】→【半径】菜单命令;
(2)在命令输入行中输入"dimradius"命令后按Enter键;
(3)单击【标注】面板中的【半径】按钮。

执行上述任一操作后,命令输入行提示如下:
★命令:_dimradius
选择圆弧或圆:　　　　　　　　　　　　　　　//选择圆弧后单击
标注文字=15.54

指定尺寸线位置或[多行文字(M)/文字(T)/角度(A)]://移动尺寸线至合适位置后单击

四、直径尺寸标注

直径尺寸标注用来标注圆的直径,如图8-16所示。

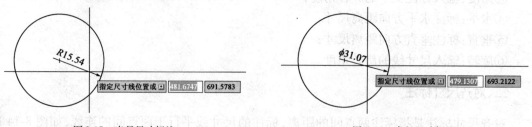

图8-15　半径尺寸标注　　　　　　　　图8-16　直径尺寸标注

创建直径尺寸标注有以下3种方法：
(1)在【菜单栏】中选择【标注】→【直径】菜单命令。
(2)在命令输入行中输入"dimdiameter"命令后按Enter键。
(3)单击【标注】面板中的【直径】按钮 。
执行上述任一操作后,命令输入行提示如下：
★命令:_dimdiameter
选择圆弧或圆:　　　　　　　　　　　　　//选择圆后单击
标注文字 = 31.07
指定尺寸线位置或[多行文字(M)/文字(T)/角度(A)]://移动尺寸线至合适位置后单击

五、角度标注

角度尺寸标注用来标注两条不平行的夹角或圆弧的夹角。如图8-17所示为不同图形的角度尺寸标注。

图8-17　不同图形的角度尺寸标注

创建角度尺寸标注有以下3种方法：
(1)在【菜单栏】中选择【标注】→【角度】菜单命令；
(2)在命令输入行中输入dimangular命令后按Enter键；
(3)单击【标注】面板中的【角度】按钮 。
如果选择直线,执行上述任一操作后,命令输入行提示如下：
命令:_dimangular
选择圆弧、圆、直线或<指定顶点>:　　　　　//选择直线1后单击
选择第二条直线:　　　　　　　　　　　　　//选择直线2后单击
指定标注弧线位置或[多行文字(M)/文字(T)/角度(A)]://选定标注位置后单击

标注文字 =34

如果选择圆弧,执行上述任一操作后,命令输入行提示如下:

命令:_dimangular

选择圆弧、圆、直线或<指定顶点>:　　　　　　　　//选择圆弧后单击

指定标注弧线位置或[多行文字(M)/文字(T)/角度(A)]://选定标注位置后单击

标注文字 =89

如果选择圆,执行上述任一操作后,命令输入行提示如下:

命令:_dimangular

选择圆弧、圆、直线或<指定顶点>:　　　　　　　　//选择圆后并指定顶点后单击

指定角的第二个端点:　　　　　　　　　　　　　　//选择第二点后单击

指定标注弧线位置或[多行文字(M)/文字(T)/角度(A)]://选定标注位置后单击

标注文字 =74

六、基线尺寸标注

基线尺寸标注用来标注以同一基准为起点的一组相关尺寸,如图8-18所示。

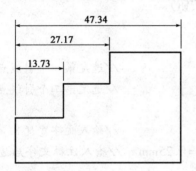 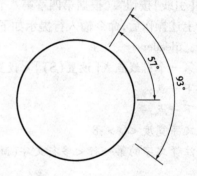

图 8-18　不同图形的基线尺寸标注

创建基线尺寸标注有以下3种方法:

(1)在【菜单栏】中选择【标注】→【基线】菜单命令;

(2)在命令输入行中输入"dimbaseline"命令后按 Enter 键;

(3)单击【标注】面板中的【基线】按钮　。

如果当前任务中未创建任何标注,执行上述任一操作后,系统将提示用户选择线性标注坐标标注或角度标注,以用作基线标注的基准。命令输入行提示如下:

选择基准标注:　　　　　　　　　　　　　　　　　//选择线性标注

否则,系统将跳过该提示,并使用上次在当前任务中创建的标注对象。如果基准标注是线性标注或角度标注,将显示下列提示:

命令:_dimcontinue

指定第二条延伸线原点或[放弃(U)/选择(S)]<选择>:　//选定第二条延伸线原点后单击或按 Enter 键

指定第二条延伸线原点或[放弃(U)/选择(S)]<选择>:　//选定第三条延伸线原点后按 Enter 键

如果基准标注是坐标标注,将显示下列提示:

指定点坐标或[放弃(U)/选择(S)]<选择>:

七、连续尺寸标注

连续尺寸标注用来标注一组连续相关尺寸,即前一尺寸标注是后一尺寸标注的基准。
创建连续尺寸标注有以下 3 种方法:
(1)在【菜单栏】中选择【标注】→【连续】菜单命令;
(2)在命令输入行中输入"dimcontinue"命令后按 Enter 键;
(3)单击【标注】面板中的【连续】按钮 。
如果当前任务中为创建任何标注,执行上述任意操作后,系统将提示用户选择线性标注、坐标标注或角度标注,以用作连续标注的基准。

八、引线标注

引线标注是从图形上的指定点引出连续的引线,用户可以在引线上输入标注文字,如图 8-19 所示。
创建引线标注的方法是在命令输入行中输入"qleader"命令后按 Enter 键;或在【标注】面板中增添【引线】按钮 (根据第四章第八节增添按钮)。
执行上述操作后,命令输入行提示如下:
命令:_qleader
指定第一个引线点或[设置(S)]<设置>:   //选定第一个引线点
指定下一点: //选定第二个引线点
指定下一点:
指定文字宽度<0>:8   //输入文字宽度 8
输入注释文字的第一行<多行文字(M)>:R=0.25mm //输入注释文字后连续两次按 Enter 键

若用户执行"设置"操作,即在命令输入行中输入"s":
命令:_qleader
指定第一个引线点或[设置(S)]<设置>:s   //输入 S 后按 Enter 键
此时打开的【引线设置】对话框如图 8-20 所示。在【注释】选项卡中可以设置引线注释类型,指定多行文字选项,并指明是否需要重复使用注释;在【引线和箭头】选项卡中可以设置引线和箭头格式;在【附着】选项卡中可以设置引线和多行文字注释的附着位置(只有在【注释】选项卡上选定"多行文字"时,此选项卡才可用)。

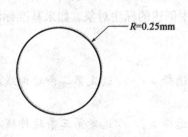

图 8-19　引线标注

图 8-20　【引线设置】对话框

第四节 编辑尺寸标注

与绘制图形相似的是,用户在标注的过程中难免会出现差错,这时就需要进行尺寸标注的编辑。

一、编辑标注

编辑标注是用来编辑标注文字的位置和标注样式,以及创建新标注。
编辑标注的操作方法有以下 3 种:
(1)在命令输入行中输入"dimedit"命令后按 Enter 键;
(2)在【菜单栏】中选择【标注】→【倾斜】菜单命令;
(3)单击【标注】面板中的【编辑标注】按钮。
执行上述任一操作后,命令输入行提示如下:
命令:dimedit
输入标注编辑类型[默认(H)/新建(N)/旋转(R)/倾斜(O)]<默认>:
选择对象:
命令输入行中选项的含义如下:
①【默认】:用于将指定对象中的标注文字移回到默认位置。
②【新建】:选择该项将调用多行文字编辑器,用于修改指定对象的标注文字。
③【旋转】:用于旋转指定对象中的标注文字,选择该项后系统将提示用户指定旋转角度,如果输入 0 则把标注文字按默认方向放置。
④【倾斜】:调整线性标注延伸线的倾斜角度,选择该项后系统将提示用户选择对象并指定倾斜角度,如图 8-21 所示。

图 8-21 倾斜尺寸标注

二、编辑标注文字

编辑标注文字用于编辑标注文字的位置和方向。
编辑标注文字的操作方法有以下 3 种:
(1)在【菜单栏】中选择【标注】→【对齐文字】→【默认】、【角度】、【左对齐】、【居中】、【右对齐】菜单命令;
(2)在命令输入行中输入"dimtedit"命令后按 Enter 键;
(3)单击【标注】面板中的【编辑标注文字】按钮。
执行上述任一操作后,命令输入行提示如下:
命令:_dimtedit
选择标注:
指定标注文字的新位置或[左对齐(L)/右对齐(R)/居中(C)/默认(H)/角度(A)]:_a
命令输入行中选项的含义如下:
①【左对齐】:沿尺寸线左移标注文字。本选项只适用于线性、直径和半径标注。
②【右对齐】:沿尺寸线右移标注文字。本选项只适用于线性、直径和半径标注。

③【居中】:标注文字位于两尺寸线中间。
④【默认】:将标注文字移回默认位置。
⑤【角度】:指定标注文字的角度。输入零度角将使标注文字以默认方向放置。

三、替代

使用标注样式替代,无需更改当前标注样式便可临时更改标注系统变量。

标注样式替代是对当前标注样式中的指定设置所做的修改,它在不修改当前标注样式的情况下修改尺寸标注系统变量。用户可以为单独的标注或当前的标注样式定义标注样式替代。

某些标注特性对于图形或尺寸标注的样式来说是通用的,因此适合作为永久标注样式设置。其他标注特性一般基于单个基准应用,因此可以作为替代以便更有效地应用。例如,图形通常使用单一箭头类型,因此将箭头类型定义为标注样式的一部分是有意义的。但是,隐藏延伸线通常只应用于个别情况,更适于标注样式替代。

AutoCAD 中有几种设置标注样式替代的方式:可以通过修改对话框中的选项或修改命令输入行的系统变量设置;也可以通过将修改的设置返回其初始值来撤销替代。替代将应用到正在创建的标注以及所有使用该标注样式后所创建的标注,直到撤销替代或将其他标注样式置为当前为止。

替代的操作方法有以下两种:

(1)在命令输入行中输入"dimoverride"命令后按 Enter 键;
(2)在【菜单栏】中选择【标注】→【替代】菜单命令;

用户可以通过在命令输入行中输入标注系统变量的名称创建标注的同时,替代当前标注样式。改变将影响随后创建的标注,直到撤销替代或将其他标注样式置为当前。

第五节 标准图框制作

每一类专业的设计图都有其常用的标准图框,交通工程设计图也不例外,它主要沿用了公路工程专业的标准图框。但是由于交通工程涉及机电、房建等相关专业,因此在部分图纸的形式上公路工程专业的标准图框有所区别。下面就根据目前常用的交通工程专业标准图框进行介绍。

一、交通工程专业标准图框的具体样式

交通工程专业设计图一般是打印在 A3 图纸上,所以图纸的外边框为 420mm×297mm。图框的具体样式如图 8-22 所示。

为了装订和裁剪成册,交通工程专业标准图框的边缘距离图纸左侧预留 25mm(装订边),上、下和右侧各预留 10mm(便于裁剪),图框实际大小为 365mm×277mm。

在图框下方上侧为图纸说明栏(高度一般为 10~15mm),内容主要包括以下 8 项:

(1)【设计单位】:是指承担该设计任务的设计单位全称;
(2)【项目名称】:是指该设计任务的项目全称;

(3)【具体图名】:该图纸的具体图名(如:K200+050.00指路标志牌设计);
(4)【设计】:具体设计人员本人签名;
(5)【审核】:审核人员本人签名;
(6)【复核】:复核人员(一般是单位总工)本人签名;
(7)【图号】:图纸具体编号,视各单位具体规定而定;
(8)【日期】:提交设计文件的日期。
在图纸右上角的圆形中需要填写页码,主要是为了方便查阅。

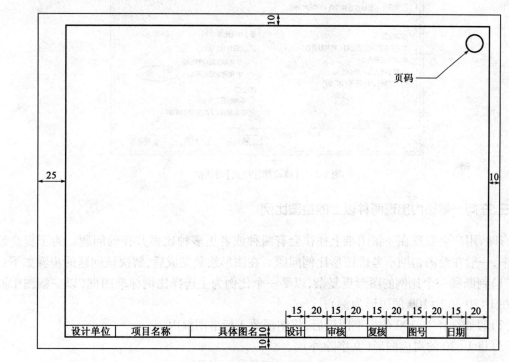

图 8-22 交通工程专业标准图框

二、交通工程专业标准图框的绘图比例

为了方便绘图,对于在前期绘图中的绘图比例问题一般不予考虑,即图上一个单位长度,绘图中也是按一个单位长度绘制。对于交通工程图纸除机电、房建图纸以毫米为单位外,其余一般均以厘米为单位。故此,如果图上绘制1mm,表达的意思就是1cm。在上述情况下,实际绘制出来的图纸比例实际就是1:10,即标准图框的比例就是1:10。

如果有了1:10的标准图框,在此基础上制作其他比例的标准图框就相对容易,可按照以下步骤操作完成:

(1)以图框左下角为基点,将标准图框扩大相应倍数(如:需要1:80的标准图框就要扩大8倍);
(2)将所有采用的文字设置高度扩大同样倍数;
(3)将尺寸标注的【使用全局比例】扩大同样倍数,如图8-23所示;
(4)将使用的线型比例扩大同样倍数;
(5)将图形存储成*.dwt图框文件。

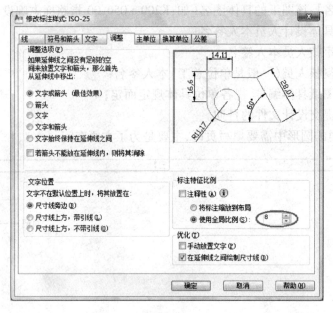

图 8-23 【修改标注样式】对话框

三、在同一幅图内出现两种以上的绘图比例

有时,用户会发现在一张图纸上往往会有两种或者更多种比例共存的问题。为了提高绘图效率,一般在绘图初期不考虑图形比例问题。在图形绘制完成后,解决该问题的步骤如下:

(1)判断哪一个比例的图形更复杂,以哪一个比例为主选择比例标准图框(以一幅图中同时存在1:20和1:100的图形为例);

(2)假如选择1:100的标准图框后,将图形放入标准图框内;

(3)将1:20的对应图形(文字除外)

◆注意:此时如果按比例打印输出时,它是1:100。扩大5(100/20)倍;

(4)在【菜单栏】中选择【标注】→【标注样式】菜单命令;

(5)在【标注样式管理器】对话框中以现有标注样式为副本新建一个标注;

(6)将该尺寸标注样式的【使用全局比例】改成"2",并应用在1:20的对应图形上;

(7)按照比例1:10打印输出该图纸。

第六节 打印输出

打印就是将绘制好的图形用打印机或绘图仪绘制出来,因此用户需要掌握如何添加与配置绘图设备、如何设置打印样式、如何设置页面,以及如何打印绘图文件。另外,本章还将介绍如何将AutoCAD2010绘制的图形输出为其他软件的图形数据的方法。

一、创建布局

布局是一种图纸空间环境,它模拟图纸页面,提供直观的打印设置。在布局中可以创建并放置视口对象,还可以添加标题栏或其他几何图形。也可以在图形中创建多个布局以显示不同视图,每个布局可以包含不同的打印比例和图纸尺寸。布局显示的图形与图纸页面上打印

出来的图形完全一样。

1. 模型空间和图纸空间

AutoCAD 最有用的功能之一就是可以在两个环境中完成绘图和设计工作,即"模拟空间"和"图纸空间"。模拟空间又可分为平铺式的模拟空间和浮动式的模拟空间。大部分设计和绘图工作都是在平铺式模拟空间中完成的,而图纸空间是模拟手工绘图的空间,它是为绘制平面图而准备的一张虚拟图纸,是一个二维空间的工作环境。从某种意义上来说,图纸空间就是为布局图面、打印出图而设计的,还可在其中添加诸如边框、注释、标题和尺寸标注等内容。

◆注意:模型空间和图纸空间是两种不同的制图空间,在同一个图形中无法同时在这两个环境中工作。

2. 在图纸空间中创建布局

在 AutoCAD 中,可以用【布局向导】命令来创建新布局,也可以用"Layout"命令以模板的方式来创建新布局,这里将主要介绍以向导方式创建布局的过程。选择【插入】→【布局】→【创建布局向导】命令。

执行上述任一操作后,AutoCAD 会打开如图 8-24 所示的【创建布局—开始】对话框。该对话框用于为新布局命名。左边一列项目是创建布局要进行的 8 个步骤,前面标有三角符号的是当前步骤。在【输入新布局的名称】中输入名称。

单击【下一步】按钮,出现如图 8-25 所示的【创建布局—打印机】对话框。

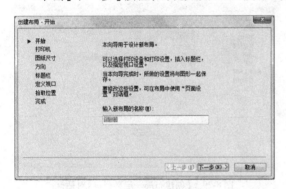
图 8-24 【创建布局—开始】对话框

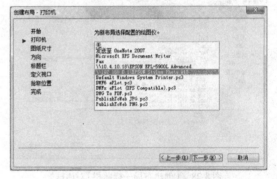
图 8-25 【创建布局—打印机】对话框

图 8-25 所示对话框用于选择打印机,在列表中列出了本机可用的打印机设备,从中选择一种打印机作为输出设备。完成选择后单击【下一步】按钮,出现如图 8-26 所示的【创建布局—图纸尺寸】对话框。

图 8-26 所示对话框用于选择打印图纸的大小和所用的单位。对话框的下拉列表中列出了可用的各种格式的图纸,图纸的格式由选择的打印设备决定,可从中选择一种格式。

(1)【图形单位】:用于控制图形单位,可以选择毫米、英寸或像素。

(2)【图纸尺寸】:当图形单位有所变化时,图形尺寸也相应变化。

单击【下一步】按钮,出现如图 8-27 所示的【创建布局—方向】对话框。

该对话框用于设置打印的方向,两个单选按钮分别表示不同的打印方向。

(1)【横向】:表示按横向打印;

(2)【纵向】:表示按纵向打印。

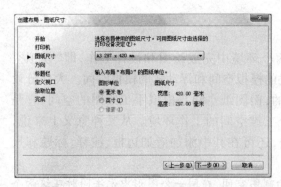
图 8-26 【创建布局—图纸尺寸】对话框

图 8-27 【创建布局—方向】对话框

完成打印方向设置后,单击【下一步】按钮,出现如图 8-28 所示的【创建布局—标题栏】对话框。该对话框用于选择图纸的边框和标题栏的样式。

(1)【路径】:列出了当前可用的样式,可从中选择一种;

(2)【预览】:显示所选样式的预览图像;

(3)【类型】:可指定所选择的标题栏图形文件是作为"块"还是作为"外部参照"插入到当前图形中。

单击【下一步】按钮,出现如图 8-29 所示的【创建布局—定义视口】对话框。此对话框可指定新创建的布局默认视口设置和比列等。有以下两组设置。

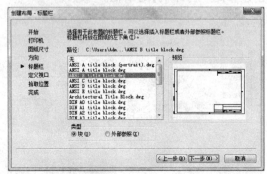
图 8-28 【创建布局—标题栏】对话框　　　　图 8-29 【创建布局—定义视口】对话框

(1)【视口设置】:用于设置当前布局定义视口数。

(2)【视口比例】:用于设置视口的比例。

选择【阵列】单选按钮,则下面的文本框变为可用,分别输入视口的行数和列数,以及视口的行间距和列间距。

单击【下一步】按钮,出现如图 8-30 所示的【创建布局—拾取位置】对话框。

该对话框用于设置视口的大小和位置。单击【选择位置】按钮,系统将暂时关闭该对话框,返回到图形窗口,从中设置视口的大小和位置。选择恰当的视口大小和位置后,出现如图 8-31 所示的【创建布局—完成】对话框。

如果对当前的设置都很满意,单击【完成】按钮完成新布局的创建,系统自动返回到布局空间,显示新创建的布局。

除了可使用上面的导向创建新的布局外,还可以使用"Layout"命令在命令输入行创建布局。用该命令能以多种方式创建新布局,如从已有的模板开始创建,从已有的布局开始创建或从头开始创建。另外,还可以用该命令管理已创建的布局,如删除、改名、保存以及设置等。

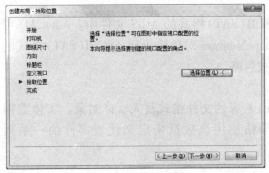
图 8-30 【创建布局—拾取位置】对话框

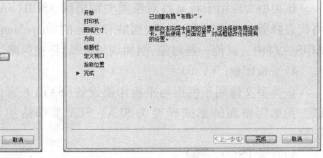
图 8-31 【创建布局—完成】对话框

二、设置绘图设备

AutoCAD 支持多种打印机和绘图仪,还可将图形输出到各种格式的文件。

AutoCAD 将有关介质和打印设备的相关信息保存在打印机配置文件中,该文件以 PC3 为文件扩展名。打印配置是便携式的,并且可以在办公室或项目组中共享(只要它们使用相同的驱动器、型号和驱动程序版本)。Windows 系统打印机共享的打印配置也需要相同的 Windows 版本。如果校准一台绘图仪,校准信息存储在打印模型参数(PMP)文件中,该文件可附加到任何为校准绘图仪而创建的 PC3 文件中。

用户可以为多个设备配置 AutoCAD,并为一个设备存储多个配置。每个绘图仪配置中都包含以下信息:设备驱动程序和型号、设备所连接的输出端口以及设备特有的各种设置等。可以为相同绘图仪创建多个具有不同输出选项的 PC3 文件。创建 PC3 文件后,该文件将显示在【打印】对话框的绘图仪配置名称列表中。

三、图形输出

AutoCAD 可以将图形输出到各种格式的文件,以方便用户将在 AutoCAD 中绘制好的图形文件在其他软件中继续进行编辑或修改。

1.输出的文件类型

输出的文件类型有:3D DWF(﹡.dwf)、图元文件(﹡.wmf)、ACIS(﹡.sat)、平板印刷(﹡.stl)、封装 PS(﹡.eps)、DXX 提取(﹡.dxx)、位图(﹡.bmp)、块(﹡.dwg)、V8DGN(﹡.DGN)。选择【文件】→【输出】菜单命令后,可以打开【输出数据】对话框,其中的【文件类型】下拉列表中列出了输出的文件类型。

下面将介绍部分文件格式的概念。

1)3D DWF(﹡.dwf)

该类型文件用于生成三维模型的 DWF 文件,它的视觉相似度几乎与原始 DWG 文件相同。用户可以创建一个单页或多页 DWF 文件,该文件可以包含二维和三维模型空间对象。

2)图元文件(﹡.wmf)

许多 Windows 应用程序都使用 WMF 格式。WMF(Windows 图元文件格式)文件包含矢量图形或光栅图形格式。AutoCAD 只创建矢量图形格式的 WMF 文件。矢量格式与其他格式相比,能实现更快的平移和缩放。

3）ACIS（ * . sat）

该类型文件用于将某些对象类型输出到 ASCII（SAT）格式的 ACIS 文件中。AutoCAD 可将代表修剪过的 NURBS 曲面、面域和实体的 ShapeManager 对象输出到 ASC II（SAT）格式的 ACIS 文件中。其他一些对象，例如线和圆弧，将被忽略。

4）平板印刷（ * . stl）

该类型文件用于使用与平板印刷设备（SAT）兼容的文件格式写入实体对象。实体数据以三角形网格面的形式转换为 SLA。SLA 工作站使用该数据来定义代表部件的一系列图层。

5）封装 PS（ * . eps）

该类型文件用于将图形文件转换为 PostScript 文件，很多桌面发布应用程序都使用该文件格式。其高分辨率的打印能力使其更适用于光栅格式，例如 GIF、PCX 和 TIFF。将图形转换为 PostScript 格式后，也可以使用 PostScript 字体。

2. 输出 PDF 文件

AutoCAD 2010 新增了直接输出 PDF 文件的功能。下面介绍一下它的使用方法。

打开功能区的【输出】选项卡，可以看到【输出为 DWF/PDF】面板。在其中单击【输出 PDF】按钮，就可以打开【另存为 PDF】对话框。设置好文件名后，单击【保存】按钮，即可输出 PDF 文件。

四、页面设置

通过指定页面设置准备要打印或发布的图形。这些设置连同布局都保存在图形文件中。建立布局后，可以修改页面设置中的设置或应用其他页面设置。用户可以通过以下步骤设置。

1. 页面设置管理器

【页面设置管理器】的设置方法如下：

选择【文件】→【页面设置管理器】菜单命令或在命令输入行中输入"Pagesetup"后按 Enter 键，AutoCAD 会自动打开如图 8-32 所示的【页面设置管理器】对话框。

【页面设置管理器】对话框用于为当前布局或图纸指定页面设置，也可以创建命名页面设置、修改现有页面设置，或从其他图纸中输入页面设置。

（1）【当前布局】：列出要应用页面设置的当前布局。如果从【图纸集管理器】打开页面设置管理器，则显示当前图纸集的名称。如果从某个布局打开页面设置管理器，则显示当前布局的名称。

（2）【页面设置】：用于打印页的设置。

【当前页面设置】：显示应用于当前布局的页面设置。由于在创建整个图纸集后，不能再对其应用页面设置，因此，如果从【图纸集管理器】中打开【页面设置管理器】，将显示"不适用"。

【页面设置列表】：列出可应用于当前布局的

图 8-32 【页面设置管理器】对话框

页面设置,或列出发布图纸集时可用的页面设置。

如果从某个布局打开【页面设置管理器】,则默认选择当前页面设置。列表包括可在图纸中应用的命名页面设置和布局。已应用命名页面设置的布局括在星号内,所应用的命名页面设置括在括号内,例如,＊Layout 1(System Scale-to-fit)＊。用户可以双击该列表中的某个页面设置,将其设置为当前布局的当前页面设置。

如果从【图纸集管理器】打开【页面设置管理器】对话框,则只列出其【打印区域】被设置为【布局】或【范围】的页面设置替代文件(图形样板[.dwt]文件)中的命名页面设置。在默认情况下,选择列表中的第一个页面设置。快捷菜单也提供了删除和重命名页面设置的选项。

①【置为当前】:将所选页面设置设置为当前布局的当前页面设置。不能将当前布局设置为当前页面设置。【置为当前】按钮对图纸集不可用。

②【新建】按钮用于进行新的页面设置。

③【修改】按钮用于对页面设置的参数进行修改。

④【输入】:单击该按钮会显示【从文件选择页面设置】对话框(图8-33),从中可以选择图形格式 DWG、DWT 或图形交换格式 DXF、tm 文件,从这些文件中输入一个或多个页面设置。如果选择 DWT 文件类型,【从文件选择页面设置】对话框中将自动打开 Template 文件夹。单击【打开】按钮会显示【输入页面设置】对话框(图8-34)。

图8-33 【从文件选择页面设置】对话框

图8-34 【输入页面设置】对话框

(3)【选定页面设置的详细信息】:显示所选页面设置的信息。

①【设备名】:显示当前所选页面设置中指定的打印设备的名称。

②【绘图仪】:显示当前所选页面设置中指定的打印设备的类型。

③【打印大小】:显示当前所选页面设置中指定的打印大小和方向。

④【位置】:显示当前所选页面设置中指定的输出设备的物理位置。

⑤【说明】:显示当前所选页面设置中指定的输出设备的说明文字。

(4)【创建新布局时显示】:指定当选中新的布局选项卡或创建新的布局时,显示【页面设置】对话框。若需要重置此功能,则在【选项】对话框的【显示】选项卡上选中新建布局时显示【页面设置】对话框选项。

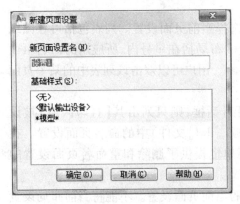

图8-35 【新建页面设置】对话框

2.新建页面设置

下面介绍新建页面设置的具体方法。

在【页面设置管理器】对话框中单击【新建】按钮,显示【新建页面设置】对话框,如图8-35所示,从中可以为新建页面设置输入名称,并指定要使用的基础页面设置。

(1)【新页面设置名】:指定新建页面设置的名称。

(2)【基础样式】:指定新建页面设置要使用的基础页面设置。单击按钮,将显示【页面设置】对话框以及所选页面设置的设置,必要时可以修改这些设置。

如果从【图纸集管理器】打开【新建页面设置】对话框,将只列出页面设置替代文件中的命名页面设置。

①【<无>】:指定不使用任何基础页面设置。可以修改【页面设置】对话框中显示的默认设置。

②【<默认输出设备>】:指定将【选项】对话框的【打印和发布】选项卡中指定的默认输出设备设置为新建页面设置的打印机。

③【*布局2*】:指定新建页面设置使用上一个打印作业中指定的设置。

3.修改页面设置

下面介绍修改页面设置的具体方法。

在【页面设置管理器】对话框中单击按钮,显示【页面设置—模型】对话框,如图8-36所示,从中可以编辑所选页面设置的设置。

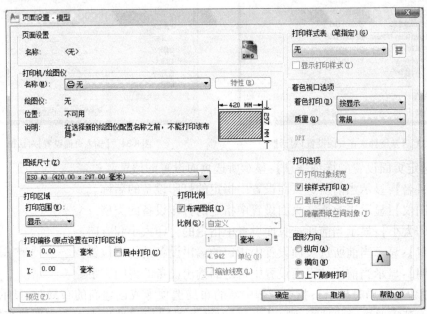

图8-36 【页面设置—模型】对话框

下面介绍部分选项的含义。

(1)【图纸尺寸】：显示所选打印设备可用的标准图纸尺寸。例如，A4、A3、A2、A1、B5、B4……，如果未选择绘图仪，将显示全部标准图纸尺寸的列表以供选择。

如果所选绘图仪不支持布局中选定的图纸尺寸，将显示警告，用户可以选择绘图仪的默认图纸尺寸或自定义图纸尺寸。页面的实际可打印区域（取决于所选打印机设备和图纸尺寸）在布局中由虚线表示。

(2)【打印区域】：指定要打印的图形区域。在【打印范围】下，可以选择要打印的图形区域。

①【窗口】：打印指定的图形部分。要指定打印区域的两个对角时，【窗口】按钮才可以使用。单击【窗口】按钮以使用定点设备指定要打印区域的两个角点或者输入坐标值。

②【范围】：打印包含对象的图形的部分当前空间。当前空间内的所有几何图形都将被打印。打印之前，可能会重新生成图形以重新计算范围。

③【图形界限】：打印布局时，将打印指定图纸尺寸的可打印区域内的所有内容，其原点从布局中的(0,0)点计算得出。从【模型】选项卡打印时，将打印栅格界限定义的整个图形区域。如果当前视口不显示平面视图，该选项与【范围】选项效果相同。

④【显示】：打印【模型】选项卡当前视口中的视图或布局选项卡上当前图纸空间视图中的视图。

(3)【打印偏移】：根据【指定打印偏移时相对于】选项（【选项】对话框的【打印和发布】选项卡）中的设置，指定打印区域相对于可打印区域左下角或图纸边界的偏移。【页面设置—模型】对话框的【打印偏移】区域在括号中示指定的打印偏移选项。

图纸的可打印区域由所选输出设备决定，在布局中以虚线表示。修改为其他输出设备时，可能会修改可打印区域。

通过在"X 偏移"和"Y 偏移"文本框中输入正值或负值，可以偏移图纸上的几何图形，图纸中的绘图仪单位为英寸或毫米。

①【居中打印】：自动计算"X 偏移"和"Y 偏移"值，可以偏移图纸上的几何图形。在图纸上居中打印。当【打印区域】设置为【布局】时，此选项不可用。

②【X】：相对于【打印偏移定义】选项中的设置指定 X 方向上的打印原点。

③【Y】：相对于【打印偏移定义】选项中的设置指定 Y 方向上的打印原点。

(4)【打印比例】：控制图形单位与打印单位之间的相对尺寸。打印布局时，默认缩放比例设置为1:1。从【模型】选项卡打印时，默认设置为【布满图纸】。

◆注意：如果在【打印区域】中指定了【布局】选项，那么无论在【打印比例】中指定了何种设置，都将以1:1的比例打印布局。

①【布满图纸】：缩放打印图形以布满所选图纸尺寸，并在【比例】、【英寸=】和【单位】框中显示自定义的缩放比例因子。

②【比例】：自定义打印的精确比例。"自定义"可定义用户定义的比例，可以通过输入与图形单位数等价的英寸（或毫米）数来创建自定义比例。

◆注意：可以使用 SCALELISTEDIT 修改比例列表。

③【英寸/毫米】：指定与指定的单位数等价的英寸数或毫米数。

④【单位】：指定与指定的英寸数、毫米数或像素数等价的单位数。

⑤【缩放线宽】：与打印比例成正比缩放线宽。线宽通常指定打印对象的线的宽度并按线

宽尺寸打印,而不考虑打印比例。

（5）【打印样式表（笔指定）】:选择任意一个样式,单击【编辑】按钮，出现如图 8-37 所示【打印样式编辑器】对话框。

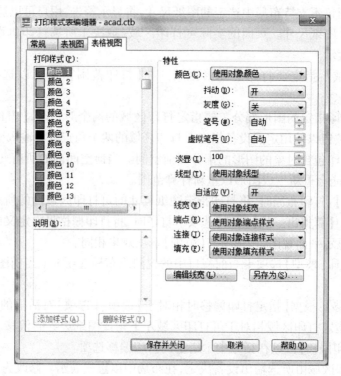

图 8-37　【打印样式编辑器】对话框

通过该对话框可用利用颜色来控制图纸中线型的粗细,因此在交通工程设计图中并强调不考虑设置线型粗细而用不同的颜色加以区分目的就是一目了然,并且容易编辑。

◆注意:对于特性中的【颜色】选项,无论什么颜色均选择"黑色",否则黑白打印机就会根据颜色转换灰度打印。

（6）【着色视口选项】:指定着色和渲染视口的打印方式,并确定它们的分辨率大小和每英寸点数（DPI）。

①【着色打印】:指定视图的打印方式。如图 8-38 所示,可以在【着色打印】下拉列表中,选择以下选项:

图 8-38　【着色打印】下拉列表

【按显示】:按对象在屏幕上的显示方式打印。

【线框】:在线框中打印对象,不考虑其在屏幕上的显示方式。

【消隐】:打印对象时消除隐藏线,不考虑其在屏幕上的显示方式。

【三维隐藏】:打印对象时应用"三维隐藏"视觉样式,不考虑其在屏幕上的显示方式。

【三维线框】:打印对象时应用"三维线框"视觉样式,不考虑其在屏幕上的显示方式。

【概念】:打印对象时应用"概念"视觉样式,不考虑其在屏幕上的显示方式。

【真实】:打印对象时应用"真实"视觉样式,不考虑其在屏幕上的显示方式。

【渲染】:按渲染的方式打印对象,不考虑其在屏幕上的显示方式。

②【质量】:用于指定着色和渲染视口的打印分辨率。如图8-39所示。用户可以在【质量】下拉列表中,选择以下选项:

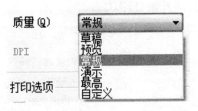

图8-39 【质量】下拉列表

【草稿】:用于渲染和着色模型空间视图设置为线框打印。

【预览】:用于渲染模型和着色模型空间视图的打印分辨率设置为当前设备分辨率的四分之一,最大值为150DPI。

【常规】:用于渲染模型和着色模型空间视图的打印分辨率设置为当前设备分辨率的二分之一,最大值为300DPI。

【演示】:用于渲染模型和着色模型空间视图的打印分辨率设置为当前设备的分辨率,最大值为600DPI。

【最大】:用于渲染模型和着色模型空间视图的打印分辨率设置为当前设备的分辨率,无最大值。

【自定义】:用于渲染模型和着色模型空间视图的打印分辨率设置为【DPI】框中指定的分辨率设置,最大可为当前设备的分辨率。

③【DPI】:指定渲染和着色视图的每英寸点数,最大可为当前打印设备的最大分辨率。只有在【质量】下拉列表框中选择了"自定义"后,该选项才可用。

(7)【打印选项】:指定线宽、打印样式、着色打印和对象的打印次序等选项。

①【打印对象线宽】:指定是否打印为对象或图层指定的线宽。

②【按样式打印】:指定是否打印应用于对象和图层的打印样式。如果选择该选项,也将自动选择【打印对象线宽】。

③【最后打印图纸空间】:打印模型空间几何图形。(◆注意:通常先打印图纸空间几何图形,然后再打印模型空间几何图形。)

④【隐藏图纸空间对象】:指定HIDE操作是否应用于图纸空间视口中的对象。该选项仅在布局选项卡中可用。该设置的效果反映在打印预览中,而不反映在布局中。

(8)【图形方向】:为支持纵向或横向的绘图仪指定图形在图纸上的打印方向。

①【纵向】:放置并打印图形,使图纸的短边位于图形页面的顶部。

②【横向】:放置并打印图形,使图纸的长边位于图形页面的顶部。

③【反向打印】:上下颠倒地放置并打印图形。

五、打印设置

打印是将绘制好的图形用打印机或绘图仪绘制出来。通过本节的学习,用户可以掌握如何添加与配置绘图设备、如何配置打印样式、如何设置页面,以及如何打印绘图文件。

设置好所有的配置后,单击【输出】选项卡中【打印】面板上的【打印】按钮 。或在命令输入行中输入"Plot"后按 Enter 键或按下 Ctrl+P 键,或选择【文件】→【打印】菜单打开如图8-40所示的【打印—模型】对话框。在该对话框中,显示了用户最近设置的一些选项,用户还可以更改这些选项。如果用户认为设置符合用户的要求,则单击【确定】按钮,AutoCAD即会自动开始打印。

图8-40 【打印—模型】对话框

1. 打印预览

在将图形发送到打印机或绘图仪之前,最好先生成打印图形的预览。用户可以从对话框预览图形,预览显示图形在打印时的确切外观,包括线宽、填充和其他打印样式选项。

预览图形时,将隐藏活动工具栏和工具选项板,并显示临时的【预览】工具栏,提供打印、平移和缩放图形等按钮。

在【打印】和【页面设置】对话框中,缩微预览还在页面上显示可打印区域和图形。

预览打印的步骤如下:

(1)选择【文件】→【打印】菜单命令,打开【打印】对话框。

(2)在【打印】对话框中单击【预览】按钮。

(3)打开【预览】窗口,光标将改变为实时缩放光标。

(4)单击右键可显示包含【打印】、【平移】、【缩放窗口】或【缩放为原窗口】(缩放至原来的预览比例)选项的快捷菜单。

(5)按 Esc 键退出预览并返回到【打印】对话框。

(6)如果需要,继续调整其他打印设置,然后再次预览打印图形。

(7)设置正确之后,单击按钮以打印图形。

2. 打印图形

绘制图形后,可以使用多种方法输出。可以将图形打印在图纸上,也可以创建成文件以供其他应用程序使用。以上两种情况都需要进行打印设置。

打印图形的步骤如下:

(1)选择【文件】→【打印】菜单命令,打开【打印】对话框。

(2)从【打印】对话框的【打印机/绘图仪】的【名称】下拉列表中选择一种绘图仪。

(3)在【图纸尺寸】下拉列表框中选择图纸尺寸。在【打印份数】中,输入要打印的份数。在【打印区域】选项组中指定图形中要打印的部分。从【打印比例】选项组的【比例】下拉列表中选择缩放比例。

(4)有关其他选项的信息,单击【更多选项】按钮 。如不需要则可单击【更少选项】按钮 。

(5)在【打印样式(笔指定)】下拉列表中选择打印样式表。在【着色视口选项】和【打印选项】选项组中选择适当的位置。在【图形方向】选项组中选择一种方向。

◆注意:打印戳记只在打印时出现,不与图形一起保存。

(6)单击【确定】按钮即可进行最终的打印。

第七节 设计范例——标注标志牌图并按比例打印

下面通过一个具体的范例来说明尺寸标注的方法。这个范例如何对一标志牌图进行标注,如图 8-41 所示。具体操作步骤如下:

(1)依据标准图框的制作方法制作一个 1∶30 的标准图框,将此图形增添入图框。

(2)选择【文件】→【打印】菜单命令,打开【打印—模型】对话框,在【名称】下拉列表中选择打印机名称。

(3)在【图纸尺寸】下拉列表中选择图纸的尺寸。

(4)依据图纸比例设定打印比例(如果是 1∶30 的比例,打印输出比例就是 1∶3)。在【比例】下拉列表框中选择打印的比例。

(5)单击【预览】按钮,预览打印效果。

(6)预览打印效果后,可以单击【关闭预览窗口】按钮,返回【打印—模型】对话框,单击【确定】按钮便可进行打印。

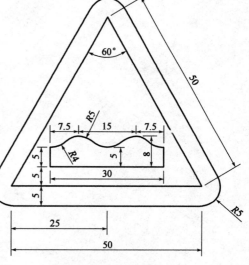

图 8-41 标志牌尺寸标注示例

本 章 小 结

本章主要介绍了 AutoCAD 2010 的尺寸标注命令、交通工程标准图框的制作以及文件的打印输出与发布。通过本章的学习,读者可以掌握 AutoCAD 2010 的尺寸标注方法、制作交通工程标准图框,并熟练掌握 AutoCAD 打印与输出方法。

练 习 题

1.尺寸标注的概念是什么?应遵循怎样的基本原则?

2.尺寸标注样式的 4 个基本元素是什么?如何对其进行调整?

3. 简述尺寸标注有哪些基本标注类型。
4. 如何对尺寸标注进行编辑？
5. 完成图 4-27、图 4-28 及图 6-38 的尺寸标注。
6. 完成 A3 图纸上交通工程专业标准图框的绘制。
7. 简述如何在标准图框中处理绘图比例问题，如果同时出现多个比例怎样处理？
8. AutoCAD 可以将图形输出成哪些格式的文件，并简述这些格式文件的概念。
9. 简述页面设置和打印设置的基本步骤。

第九章 交通工程 CAD 的 VBA 二次开发

第一节 AutoCAD VBA 基础

一、概述

AutoCAD 提供的二次开发环境主要有两类:基于文件系统的开发和基于高级语言的开发。

首先,AutoCAD 开放了众多的系统文件,用户可以通过修改或创建这些文件来完成对 AutoCAD 软件的"定制"工作。这些文件主要在 Support 文件夹中,如程序参数文件(acad. pgp)、线型文件(acad. lin,acadiso. lin)、图案文件(acad. pat)、形文件(acad. shp,acad. shx)、脚本文件(*. scr)、图形交换文件(*. dxf, *. dxb)和菜单文件(*. mnu, *. mnc, *. mns, *. mnr, *. mns)等,都可重新定制以适合需要。

基于高级语言开发的主要工具有:VisualLisp、VBA 和 ObjectARX 等。其中,VisualLisp 与 VBA 较为简单,特别是 VBA,使用方便且开发速度较快,但其功能相比 ObjectARX 有所不足。而 ObjectARX 基于 VC 平台,在 C + + 的支持下,其功能非常强大,可以很好地运用各种面向对象技术,但其缺点是发开速度比较慢,同时对开发人员的能力要求较高。本章主要讲述运用 VBA 语言来开发 AutoCAD。

VBA (Visual Basic for Applications)与 VB(Visual Basic)一样也是一种面向对象的程序设计语言,它继承了 VB 语法简单功能强大的特点。VB 所支持的对象属性和方法,VBA 也支持。

AutoCAD VBA 允许其 Visual Basic 环境与 AutoCAD 同时运行,并通过 ActiveX Automation 接口提供对 AutoCAD 的编程控制。它不仅能控制 AutoCAD 对象,也能向其他应用程序发送数据或从中提取数据。

在 AutoCAD 中与 VBA 应用程序开发有关的下拉菜单如图 9-1 所示。

VBA 常用的工程术语有:

(1)内嵌工程(embedded project):内嵌在 AutoCAD 图形中的 VBA 工程,打开图形时自动加载。

(2)全局(通用)工程(global project):指独立存储在". dvb"文件中的工程,需要先加载。

(3)一般(规则)文档:未包含 VBA 内嵌工程的 AutoCAD 图形。

(4)智能文档:包含 VBA 内嵌工程的 AutoCAD 图形。

(5)当前工程:VBA 集成开发环境中当前选定的工程。

(6)宏:包含在工程中的过程或函数。

VBA 工程可以包含的组件有对象、窗体、标准模块、类模块和引用。下面对这些元素分别介绍:

(1)ThisDrawing 对象:代表当前(活动)的 AutoCAD 图形(文档)。对于全局工程,它指 AutoCAD 中的当前(活动)文档;对于内嵌工程,指包含此工程的文档。一般情况下,创建一个工程后,该工程只含有一个元素——ThisDrawing 对象,其他部分要根据需要添加。

(2)窗体:窗体是放置其他对象的容器,是基本的构造块。用户可以通过它为应用程序创建自定义的对话框。它可以包括事件过程、通用过程和变量的窗体级声明。

(3)标准模块:标准模块也称"代码模块"或简称"模块"。它包含常用的过程和函数。

(4)类模块:类模块创建具有属性和方法的自定义的对象。

(5)引用:指能被应用程序使用的外部 ActiveX 部件或其他工程文件。

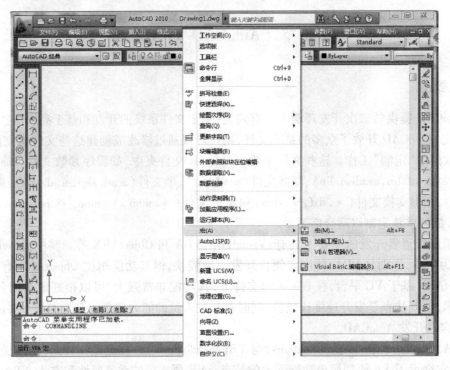

图 9-1　与 VBA 应用程序开发有关的下拉菜单

AutoCAD 中的 VBA 工程可以用"VBA 管理器"的对话框来管理。可使用它创建、加载、卸载、保存、内嵌或提取 VBA 工程,还可查看有哪些工程内嵌在打开的图形中(如果有的话)。可选择菜单【工具(T)】→【宏(A)】→【VBA 管理器(V)...】或键入命令"VBAMAN"打开 VBA 管理器,如图 9-2 所示。

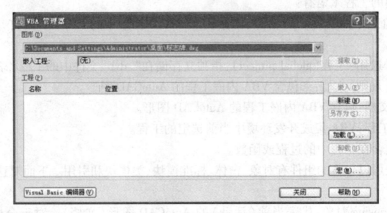

图 9-2　VBA 管理器

从 AutoCAD 的菜单【工具(T)】→【宏(A)】→"【宏(M)...】或键入命令"VBARUN"打开"宏"对话框。"宏"对话框显示了图形文件或工程文件中包含的所有宏。通过"宏"对话框可以运行、编辑、删除、创建宏。打开的"宏"对话框如图9-3所示。

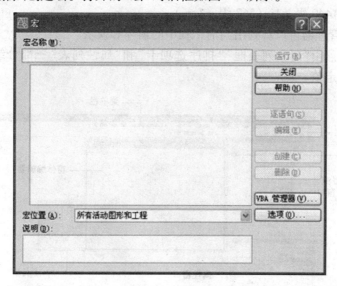

图9-3 "宏"对话框

二、VBA 开发环境

VBA 的开发环境如图9-4所示。

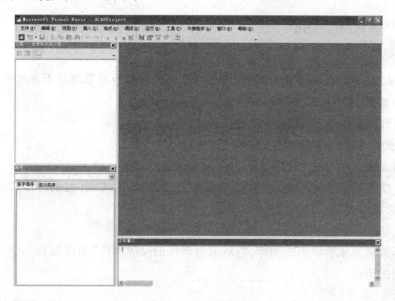

图9-4 VBA 开发环境

如图9-5所示，VBA 开发环境的组成包括：
(1)菜单条。
(2)工具栏。
(3)工具箱。

(4)窗体编辑器。作为自定义窗口,它用来设计应用程序的界面。应用程序中的每一个窗体都有自己的窗体编辑器窗口。若要精确设置窗体的大小,可以在窗体属性窗口中设置窗体对象的 Width 和 Height 属性的值。这两个属性的单位是"缇"。"缇"是一种与屏幕分辨率无关的计量单位。1440 缇 = 1in(567 缇 = 1cm)。

(5)工程资源管理器窗口。列出当前工程中的窗体和模块。

(6)属性窗口。由"对象列表框""排序选项卡"和"属性列表"三部分组成,列出对选定窗体控件的属性设定值。

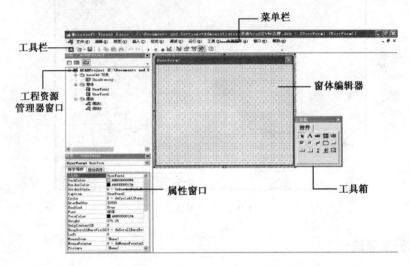

图 9-5　VBA 开发环境的组成元素

三、创建 VBA 应用程序引例

VBA 编程的基本理念是"面向对象"和"事件驱动"。

"面向对象"就是指改变对象的属性、使用对象的方法和为对象编写事件过程。

1. 对象的属性

对象的属性用数据表示,表示对象的状态。

格式:对象名.属性 = 新值

2. 对象的方法

对象的方法表示对象的行为,由类似内部函数的特殊程序实现(包括过程和函数)。

格式:对象名.方法

3. 事件过程

事件就是能被对象所识别的动作,将对象对事件的反应称作"事件过程"。

事件过程的语法:

Sub 对象名_事件( )

处理事件的代码

End Sub

"事件驱动"的特点:

(1)只有事件发生时,程序才进行。

(2)在程序中流动的不是数据,而是事件。

(3)事件决定了对象之间联系的手段。

在 VBA 程序设计中,基本的设计机制就是改变对象的属性、使用对象的方法和为对象编写事件过程。需要特别指出的是,用户不必为所有的事件都编写事件过程,只有当要以某种特定的方式响应某个事件时,才需要编写针对这个事件的事件过程。

本引例通过一个"获取信息窗口"的例子来说明这特点。

1. 创建应用程序的窗体

进入 VBA 集成开发环境后,插入用户窗体,会出现一个默认的名叫"UserForm1"的窗体,该窗体就是创建应用程序的第一个用户界面。可用鼠标单击"工具箱"中的控件,将其拖到窗体需要的位置上。建立界面参见图 9-6,设置对象属性参见表 9-1。

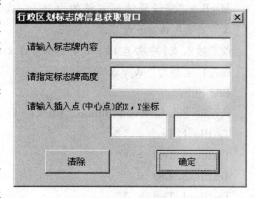

图 9-6 获取信息窗口界面

属性设置   表 9-1

对象	属性	属性值	说明
UserForm1	Caption	行政区划标志牌信息获取窗口	
Command1	Caption	确定	
	Default	True	默认命令按钮
Command2	Caption	清除	
Text1	Text		清空
Text2	Text		清空
Text3	Text		清空
Text4	Text		清空
Lable1	Caption	请输入标志牌内容	
Lable2	Caption	请指定标志牌高度	
Lable3	Caption	请输入插入点(中心点)的 X、Y 坐标	

2. 编写事件过程的代码

双击窗体或窗体上的控件(或单击【工程资源管理器】窗口上的【查看代码】按钮)进入代码编辑窗口。

```
Private Sub CommandButton1_Click( )                    【确定】按钮
Dim neirong As String
Dim gao As String
Dim x As String
Dim y As String

neirong = TextBox1.Text
gao = TextBox2.Text
x = TextBox3.Text
```

```
y = TextBox4.Text

MsgBox "您设置的标志牌的内容为" & neirong & "," _
& "高为" & gao & "," _
& "插入点(中心点)的 X 坐标为" & x & "," _
& "Y 坐标为" & y & "。"
End Sub
Private Sub CommandButton2_Click( )                              【清除】按钮
TextBox1.Text = ""
TextBox2.Text = ""
TextBox3.Text = ""
TextBox4.Text = ""
End Sub
```
3. 试运行程序

当开始运行该程序,即可看到用户界面。首先在文本框输入相应数值,然后单击【确定】按钮,执行事件过程后得出提示输入结果的对话框。若单击【清除】按钮,文本框内的内容清空。

第二节 AutoCAD ActiveX 技术

一、AutoCAD ActiveX 对象模型

从上文可知,VBA 是通过 ActiveX 对象来控制、操纵 AutoCAD 的,对 AutoCAD 进行二次开发首先要熟悉 AutoCAD 的 ActiveX 对象和对象模型。

对象按照分层结构来组织,这种层次结构的图称为"对象模型"。对象模型给出了上级对象与下级对象之间的访问关系。AutoCAD 的顶层对象模型如图 9-7 所示。

1. Application 对象

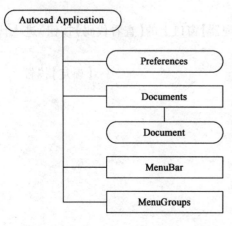

图 9-7 AutoCAD 的顶层对象

在图 9-7 中,圆角框代表对象,矩形框代表集合对象。Application 是对象模型的基础,是所有对象的"根",称为"根对象",下面有一个对象和 3 个集合对象。通过 Application 对象,可以访问任何其他的对象或任何对象指定的属性或方法。Application 对象还是 ActiveX 接口的全局对象,也就是 AutoCAD 应用程序自己,Application 对象的所有方法和属性都可以用于全局名称空间。

Application 对象通过 Documents 集合访问 AutoCAD 图形;通过 MenuBar 集合访问 AutoCAD 菜单;通过 MenuGroups 集合访问 AutoCAD 工具条;通过 Preferences 对象可以访问存放在注册表中的 AutoCAD【选项】对话框中的设置值。

2. Documents 集合对象和 Document 对象

Documents 代表 AutoCAD 图形文档集合,它是一个集合对象,主要作用是用来存放新建和打开的多个图形文档。

Document 对象是 Documents 下的一个文档对象,它代表 AutoCAD 的图形文件,是 AutoCAD 中非常重要的对象。

3. Preferences 对象、MenuBar 对象和 MenuGroups 对象

Preferences 对象是一个参数选项对象,用来对 AutoCAD 中的各项参数进行设置和返回。MenuBar 和 MenuGroups 代表菜单集合对象和工具栏集合对象,通过它们来访问 AutoCAD 的菜单和工具栏。

二、根据对象模型访问对象

访问对象的目的就是要利用对象的属性、方法和事件。访问对象要根据一定的规则,具体来说就是要根据对象模型从顶层对象开始,依次引用下级对象至需要的对象。

举例来说,要想访问当前文档内的模型空间对象 ModelSpace,并将该模型空间的"name"属性赋值给字符串"myname"。

根据对象访问规则:

则有下列语句:

Dim mySpace As AcadModelSpace

Dim myname as string

Set mySpace = AutoCAD. Application. ActiveDocument. ModelSpace

myname = mySpace. name

◆注意:ActiveDocument 代表活动中的文件(AutoCAD 图形)

但这种方法并不常用,原因是 AutoCAD VBA 提供了一个特殊对象 ThisDrawing,可以使语句更加简单。当用于全局工程时,它代表 AutoCAD 中的当前(活动)图形;用于内嵌工程时,则代表包含该工程的图形。对于上例,可写为:

Dim mySpace As AcadModelSpace

Dim myname as string

Set mySpace = ThisDrawing. ModelSpace

myname = mySpace. name

当需要访问在对象层次结构中位于 Document 对象之上的 Application 对象或不在 Document 对象之下的对象时,要使用 Document 对象的 Application 属性,先返回 Application 对象。例如若要访问 Preferences 对象,可按以下语句:

Dim MyPreferences As AcadPreferences

Set MyPreferences = ThisDrawing. Application. Preferences

三、利用图元对象创建图形函数

图元对象是指存在于模型空间、图纸空间或块空间的二维、三维图形实体。图元对象有很

多,限于篇幅不能逐一介绍,下面介绍几种常用图元的创建方法。

1. 创建直线

直线是最基本的图元对象之一。广义的直线系指单一直线、多段线和多线。本节特指创建单一直线。

利用 AddLine 方法通过两点创建直线,该方法需要两个参数:起始点和终了点。

例 9-1:在模型空间创建一条两点间的直线。

```
Sub Ch1_AddLine( )
    Dim stP(0 To 2) As Double                            '定义起始点坐标
    Dim enP(0 To 2) As Double                            '定义终了点坐标
    Dim Line1 As AcadLine
    stP(0) = 0: stP(1) = 0: stP(2) = 0
    enP(0) = 0: enP(1) = 80: enP(2) = 0
    Set Line1 = ThisDrawing.ModelSpace.AddLine(stP, enP)  '创建直线
End Sub
```

2. 创建圆和圆弧

(1) 利用 AddCircle 方法创建圆。

该方法需要两个参数:圆心坐标和半径。

例 9-2:在模型空间创建一个圆。

```
Sub Ch1_AddCircle( )
    Dim cob1 As AcadCircle
    Dim cp1(0 To 2) As Double                            '定义圆心坐标
    Dim r1 As Double                                     '定义圆半径
    cp1(0) = 50: cp1(1) = 0: cp1(2) = 0
    r1 = 20
    Set cob1 = ThisDrawing.ModelSpace.AddCircle(cp1, r1) '创建圆
End Sub
```

(2) 利用 AddArc 方法创建圆弧

该方法需要4个参数:

① 圆心坐标;

② 圆弧半径;

③ 圆弧起始角(rad);

④ 圆弧终止角(rad)。

例 9-3:在模型空间创建一段圆弧。

```
Sub Ch1_AddArc( )
    Dim cp(0 To 2) As Double                             '定义圆心坐标
    Dim rr As Double                                     '定义圆弧半径
    Dim startAng As Double                               '定义圆弧起始角
    Dim endAng As Double                                 '定义圆弧终止角
    Dim arcObj As AcadArc
    cp(0) = 50: cp(1) = 80: cp(2) = 0
```

```
rr = 25
startAng = 0: endAng = 150 * 3.14159 / 180
Set arcObj = ThisDrawing.ModelSpace.AddArc _
(cp, rr, startAng, endAng)                              '创建圆弧
End Sub
```

3. 创建单行文字

使用 AddText 方法创建 Text 对象需要输入三个参数：文字字符串、插入点和文字高度。字符串是要显示的实际文字，可以是 Unicode、控制码和特殊字符。插入点是包含三个双精度数的变量数组，这三个数代表图形中放置文字处的三维 WCS 坐标。文字高度是代表大写文字高度的正数，高度是以当前单位测量的。

例 9-4：在模型空间中的 (50,40,0) 坐标处创建单行文字。

```
Sub Ch1_CreateText( )
Dim textObj As AcadText
Dim textString As String
Dim insertionPoint(0 To 2) As Double
Dim height As Double
'创建 Text 对象
textString = "Hello, AutoCAD ActiveX !"
insertionPoint(0) = 50
insertionPoint(1) = 40
insertionPoint(2) = 0
height = 10
Set textObj = ThisDrawing.ModelSpace.AddText(textString, insertionPoint, height)
textObj.Update
End Sub
```

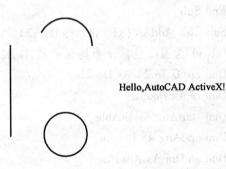

图 9-8 完成直线、圆弧和圆以及单行文字创建后的效果图

所得结果如图 9-8 所示。

第三节 交通工程 CAD 的 VBA 二次开发示例

一、完成一个标志牌绘制宏

1. 实例说明

在这里要完成一个行政区划的标志牌的绘制，具体尺寸要求如图 9-9 所示：
其中文字高度为 $0.8h$，字体名为"微软雅黑"，字体样式为"常规"，宽度比例为 1.0。

2. 步骤

(1) 在模型空间内创建一条可由用户决定位置和长度的直线和圆弧。

```
Sub Ch2_AddLine(x1, y1, x2, y2)
'x1,y1;x2,y2 分别为直线起始点和终点坐标。
Dim stP(0 To 2) As Double
```

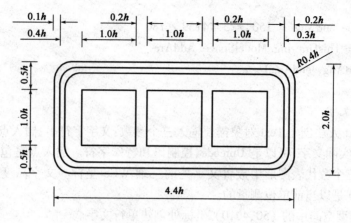

图 9-9 行政区划标志牌具体尺寸图

```
Dim enP(0 To 2) As Double
Dim Line1 As AcadLine
stP(0) = x1: stP(1) = y1: stP(2) = 0
enP(0) = x2: enP(1) = y2: enP(2) = 0
Set Line1 = ThisDrawing.ModelSpace.AddLine(stP, enP)
End Sub
Sub Ch2_AddArc(x1, y1, r, j1, j2)
'x1,y1 为圆心坐标,r 为圆弧半径,j1,j2 分别为圆弧起始角和终止角。
Dim cp(0 To 2) As Double
Dim rr As Double
Dim startAng As Double
Dim endAng As Double
Dim arcObj As AcadArc
cp(0) = x1: cp(1) = y1: cp(2) = 0
rr = r
startAng = j1 * 3.14159 / 180: endAng = j2 * 3.14159 / 180
Set arcObj = ThisDrawing.ModelSpace.AddArc _
(cp, rr, startAng, endAng)
End Sub
```

(2)在模型空间内创建一可由用户决定位置、高度以及内容的单行文字,字体名为"微软雅黑",字体样式为"常规",宽度比例为 1.0。

```
Sub Ch2_CreateText(x1, y1, h, textString)
Dim textObj As AcadText
Dim insertionPoint(0 To 2) As Double

insertionPoint(0) = x1
insertionPoint(1) = y1
insertionPoint(2) = 0
```

```
Set textObj = ThisDrawing.ModelSpace.AddText(textString, insertionPoint, height)
textObj.Alignment = acAlignmentMiddleCenter  '对齐到正中
textObj.TextAlignmentPoint = insertionPoint  '使用 TextAlignmentPoint 属性来放置文字
textObj.height = h  '用于输出文字的高度

'利用 SetFont 方法设置文字样式中字体的定义数据。
Dim typeFace As String  '用于输出需要的字体字样
Dim Bold As Boolean  '用于指定字体是否加粗
Dim Italic As Boolean  '用于指定字体是否为斜体

Dim charSet As Long
Dim PitchandFamily As Long

typeFace = "微软雅黑"
ThisDrawing.ActiveTextStyle.SetFont typeFace, Bold, Italic, charSet, PitchandFamily
ThisDrawing.ActiveTextStyle.Width = 1   '用于指定字体的宽度比例为1

textObj.Update
End Sub
```
(3)添加过程"YJrectangle"和"biaozhipai"。
```
Sub YJrectangle(x, y, a, b, r)
'绘制圆角矩形,插入点为中心店
x1 = x - a / 2
y1 = y - b / 2

Call Ch2_AddLine(x1 + r, y1 + 0, x1 + a - r, y1 + 0)
Call Ch2_AddLine(x1 + r, y1 + b, x1 + a - r, y1 + b)
Call Ch2_AddLine(x1 + 0, y1 + r, x1 + 0, y1 + b - r)
Call Ch2_AddLine(x1 + a, y1 + r, x1 + a, y1 + b - r)

Call Ch2_AddArc(x1 + r, y1 + r, r, 180, 270)
Call Ch2_AddArc(x1 + a - r, y1 + r, r, 270, 360)
Call Ch2_AddArc(x1 + r, y1 + b - r, r, 90, 180)
Call Ch2_AddArc(x1 + a - r, y1 + b - r, r, 0, 90)
End Sub
Sub biaozhipai()
x = 100: y = 100                                        '插入点(中心点)坐标
ph = 50                                                  '标志牌高
h = ph / 2
```

```
textString ="北京界"                                    '标志牌内容
a = Len(textString) * h + (Len(textString) - 1) * 0.2 * h + h
ph1 = ph - 0.2 * h
a1 = a - 0.2 * h
ph2 = ph1 - 0.2 * h
a2 = a1 - 0.2 * h

Call YJrectangle(x, y, a, ph, 0.4 * h)
Call YJrectangle(x, y, a1, ph1, 0.3 * h)
Call YJrectangle(x, y, a2, ph2, 0.2 * h)

For i = 1 To Len(textString)
Call Ch2_CreateText(x - (Len(textString) - 1) * 0.6 * h + (i - 1) * 1.2 * h, _
    y, 0.8 * h, Mid(textString, i, 1))
Next i
End Sub
```

3. 实例效果

运行宏"biaozhipai",即可完成标志牌的绘制,最后效果如图9-10所示。

图9-10 运行宏"biaozhipai"后的效果图

二、让标志牌参数可变

1. 实例说明

在上个实例中,我们完成了一个标志牌绘制的宏,本例中要让标志牌的长、宽和内容按需要变化。这里介绍一种利用 ulility 对象的方法。

Utility 对象提供输入和转换函数,而输入函数是一些方法,用来提示用户在 AutoCAD 命令行中输入各种类型的数据。

2. 步骤

添加过程"biaozhipai1"。

```
Sub biaozhipai1()
Dim Pnt As Variant
Pnt = ThisDrawing.Utility.GetPoint( , "指定插入点(中心点):")
MsgBox "插入点的坐标为:" & Format(Pnt(0), 0#) & "," & Format(Pnt(1), 0#)
ph = ThisDrawing.Utility.GetInteger("请输入标志牌高:")
textString = ThisDrawing.Utility.GetString(True, "请输入标志牌内容:")

x = Pnt(0): y = Pnt(1)                                  '插入点(中心点)坐标
h = ph / 2

a = Len(textString) * h + (Len(textString) - 1) * 0.2 * h + h
ph1 = ph - 0.2 * h
```

```
a1 = a - 0.2 * h
ph2 = ph1 - 0.2 * h
a2 = a1 - 0.2 * h

Call YJrectangle(x, y, a, ph, 0.4 * h)
Call YJrectangle(x, y, a1, ph1, 0.3 * h)
Call YJrectangle(x, y, a2, ph2, 0.2 * h)

For i = 1 To Len(textString)
Call Ch2_CreateText(x - (Len(textString) - 1) * 0.6 * h + (i - 1) * 1.2 * h, _
y, 0.8 * h, Mid(textString, i, 1))
Next i
End Sub
```

3. 实例效果

运行宏 biaozhipai1,根据命令行中的提示,在指定插入点后,依次完成输入。命令行提示如下:

请输入标志牌高:20

请输入标志牌内容:上海界

输入后即可完成标志牌的绘制,其效果如图 9-11 所示。

三、添加"标志牌"菜单宏

1. 实例说明

图 9-11 根据命令提示运行宏"biaozhipai1"后的效果图

菜单宏用于指定某个菜单项所要执行的任务,可以更好地与用户交互。在这里要在菜单栏添加一个菜单项【标志牌】,然后单击选项【行政区划标志牌】,开始绘制标志牌。

2. 步骤

添加过程"CreateMenu"。

```
Public Sub CreateMenu()
On Error Resume Next
'用 AutoCAD 菜单组的第一项创建一个菜单组
Dim CurMenuGroup As Object
Set CurMenuGroup = ThisDrawing.Application.MenuGroups.Item(0)
'创建一个名为"标志牌绘制"的菜单项,设 B 为加速键
Dim newMenu As Object
Set newMenu = CurMenuGroup.Menus.Add("标志牌绘制(" + Chr(Asc("&")) + "B)")
'确定选择项的宏
Dim FlowMacro As String
'为宏分配命令
FlowMacro = Chr(3) & Chr(3) & "(vl-vbarun " & Chr(34) & "biaozhipai1" & Chr(34) & ")" & Chr(13)
```

'添加"行政区划标志牌"选择项到"标志牌绘制"菜单项中
Dim FlowMenuItem As Object
Set FlowMenuItem = newMenu. AddMenuItem(newMenu. count + 1 ,"行政区划标志牌",
FlowMacro)
'在 AutoCAd 菜单条上显示新创建的菜单
newMenu. InsertInMenuBar (ThisDrawing. Application. MenuBar. count + 1)
End Sub

3. 实例效果

运行宏"CreateMenu",则菜单栏会增加一个菜单项【标志牌绘制(B)】,效果如图 9-12 所示。单击【标志牌绘制(B)】→【行政区划标志牌】,可根据命令行中的提示,绘制标志牌。

| 文件(F) | 编辑(E) | 视图(V) | 插入(I) | 格式(O) | 工具(T) | 绘图(D) | 标注(N) | 修改(M) | 窗口(W) | 帮助(H) | 标志牌绘制(B) |

图 9-12 提示运行宏"CreateMenu"后的菜单栏

本 章 小 结

本章主要介绍了 AutoCAD VBA 编程的基础以及 AutoCAD ActiveX 技术,以及在此基础上的一个例子。通过本章的学习,读者可以了解 AutoCAD VBA 编程的基本理念,如果要熟练掌握 AutoCAD VBA,还需要对 VBA 语言和 AutoCAD ActiveX 对象模型进行更深入地学习。

练 习 题

1. VBA 编程的基本理念是什么?
2. 了解 AutoCAD 的对象模型,并学习其各级对象的事件、属性和方法。
3. 访问对象的目的是什么? 如何访问对象?
4. 如何利用创建"VBA 应用程序引例"中的自定义窗口来完成标志牌参数的输入?
5. 创建一个在模型空间内绘制椭圆的函数。

第十章　TransCAD 交通规划软件

TransCAD 是由美国 Caliper 公司开发的一套强有力的交通规划和需求预测软件,是第一个为满足交通专业人员设计需要而设计的地理信息系统(GIS),可以用于储存、显示、管理和分析交通数据,同时将地理信息系统与交通需求预测模型和方法有机结合成一个单独的平台,是世界上最流行和强有力的交通规划和需求预测软件。

第一节　TransCAD 的组成和功能

一、TransCAD 的组成部分

TransCAD 包括 5 个主要组成部分:
(1)地理信息系统(GIS),可在 Windows 操作系统平台上运行;
(2)可扩展的数据模式,为运输数据的显示和处理提供基本的工具;
(3)一个交通分析程序集;
(4)在交通、地理信息和人口资源方面全面广泛的数据支持;
(5)开发语言,可用于建设宏语言程序、嵌入式应用程序、服务器应用程序、通用接口、相关产品及网络应用程序。

二、TransCAD 地理信息系统

TransCAD 软件是一个全功能的地理信息系统,尤其适用于交通系统和设施的规划、管理、分析。TransCAD 软件提供了多种工具,用户可创建和编辑数字地图和地理信息数据、制作专题地图和其他图标输出及进行各种空间和地理信息分析。

TransCAD 软件在有关地理信息数据管理、显示和分析方面集成了大量先进技术。它具有强大的地图生成工具,例如 Map Wizard——自动生成专题地图、自动设置地图标题、可伸缩图和符号库。先进的地理数据处理能力可支持空间信息查询、区域叠加、多影响区域分析等。TransCAD-GIS 能以任何空间比例处理地理信息数据,为地理信息集成提供有效的工具,使得来自不同(空间)比例的数据更容易结合。

TransCAD 软件使用一种高效率的拓扑格式存储(空间信息)数据,拓扑结构可以减少数据的存储空间,增强数据的完整性。激活式拓扑地图编辑功能可确保交通运输网的连接,并为编辑交互式数字地图和网络开发提供一种及其有效方法。

TransCAD 软件还提供了一种压缩式、只读的地理信息格式,可对大型地理信息数据库进行快速访问。该格式是地理信息数据发布的理想格式。以上两种格式支持无缝连接的地理信息文件和多用户数据接口,不带实际尺寸限制。

三、拓展的数据模式

最早开发的矢量型地理信息系统支持环境和土地信息应用软件,其功能主要集中在进行多边形处理方面,而 GIS 交通应用软件需要更复杂的数据结构。TransCAD 的扩展数据模式包括:

(1)在每条连线的允许流动方向上存储交通流信息,以利用识别和分析包括单向连线的网络。

(2)使用非拓扑结构的地理信息数据扩展,一般用于描述天桥和地下道等要素的特征。

(3)存储交叉路口车辆转弯的延迟和限制等数据,以利于更准确地描述实际交通网络中车辆的运行状况。

(4)路线系层。它将路线作为地理要素集来管理,可用于路线定义和网络开发,提高路线演示质量,存储基于路线的表列数据。

(5)用于线性参照数据的维护、演示和空间查询的工具,具有全面动态分段功能。

(6)以矩阵式进行数据存储和处理,包括载流矩阵、出行时间矩阵和费用矩阵。

TransCAD 可以把这些新的数据类型和传统的地理信息系统数据类型作共同处理,操作简单、方便且功能强大。

在 TransCAD 中,用户可直接使用以各种地理信息格式和表列文件格式存储的数据,无需导入,方便了传统数据和企业数据的使用。地理信息格式包括 ESRI 图形文件、MapInfo 表格、Oracle 数据库和具有坐标的 ODBC 表格,表格形式包括 Oracle 表格、ODBC 表格和 ODBC SQL 查询表格。

四、交通运输分析和模型

完整的 TransCAD 工具包括一套核心的交通网络分析和运筹学模型、用于特殊应用的高级分析模型和一套统计及计量经济分析的支持工具。这些程序可独立使用或联合使用来解决用户工作中遇到的问题。这种模块化方法使用户能够更灵活地处理特定的建模和数据问题。

TransCAD 是一种综合 GIS 和交通运输分析的工具。它的 GIS 能够演示和可视化某一模型的输入和输出。用户可以用不同方式来评估数据质量和分析质量。此外,它的 GIS 能用传统运输模型软件力所不及的方法来做数据整合和准备。

由于交通运输和物流业中各种分析方法的迅速演变,TransCAD 不断完善和增加程序模块及其功能。因此,TransCAD 用户能定期收到升级的 TransCAD 模型和程序。

TransCAD 的程序供有经验的分析员使用,并鼓励使用者参考模型定义、解决方法和应用方面的相关背景信息技术文献。

第二节 TransCAD 组件和界面

一、TransCAD 组件

TransCAD 包括 5 个主要组件:

(1)完整的地理信息系统(GIS),供用户分析和绘制相邻区域的交通运输系统。

(2)功能集合,可演示、编辑和分析用户数据。

（3）内置关系数据库管理组件，具有内部数据与用户数据连接的功能。
（4）分类工具，可分析、解释、制作高效运输图表和表述地图。
（5）综合应用程序集，用于交通规划、行驶路线和配送物流。

二、TransCAD 界面

在计算机屏幕上，TransCAD 以下面五种窗口类型显示信息：地图、数据窗、矩阵、图形和布局窗。每一种信息在屏幕上以单独的窗口显示，而且均可以文档的形式存储在硬盘上，以备将来使用。用户可以创建多个地图、数据窗、图形和布局窗，数量不限。

1. 信息图层

地图是由很多不同的信息图层（Layer）组成。例如，波士顿地区的道路样图包括含州和县的边界、高速公路、城市、城镇和飞机场等。

2. 要素标签

在 TransCAD 中，用户可以在地图上用名字或其他属性来为要素作标签。用户可以选择自动标签或人工标签。自动标签是 TransCAD 自动确定在哪儿及如何安排标签，人工标签是由用户来确定标签放在地图上的哪个地方。

3. 地图比例尺和定位

一张地图只显示某一个固定的地理区域，TransCAD 让用户从地图上一个地方移动到另一个地方，按照用户的需要放大，查看更多的地理细节状况。可以运用自动比例尺，使图层放大时自动显示用户需要的部分。如果用户想经常查看特定的位置，可以创建标记来保存这些位置。用户能够迅速地从地图上找到并放大标记所示的位置，或用地图库管理器创建一幅基于标记的地图。用户也可以用一个地图定位符来显示一幅地图的位置并把它移至一个新的位置。

4. 地图和专题

一个专题阐明附属于某一个图层数据的方式。使用 TransCAD 可以创建很多用颜色、模板、图表和符号来制作地图信息类型的专题。当创建一个专题时，选择用户需要数据和用户需要的专题类型。Map Wizard 自动生成其余部分，或者定制主题的设置，使地图看起来符合用户要求。

5. 网络

TransCAD 用网络来查找路线，计算距离和出行时间，并支持很多其他的分析和模型应用程序。建立道路、铁路、河流或者其他的线性图层网络。

6. 路线和路线系

路线是一种特殊的地理信息要素类型，它代表汽车、货物或行人移动序的路径。TransCAD 提供许多工具，可以在路线系上编辑、显示、查询和进行地理分析。TransCAD 可以通过不同的分析功能程序来自动生成路线和路线系。

第三节　TransCAD 的基本操作

一、图形编辑和专题图

TransCAD 图形编辑主要包括：创建地图、改变比例尺和中心、更改地图的层、更改并个性化地图和使用主题图来表现信息。

其中,TransCAD 使用主题图来表现信息,是指其能够集合地理要素信息来创建地图来说明数据。主题地图使用特定的颜色、符号,及填充方式来描绘数据如人口、降雨量、销售量或收入等,并且不同的风格突出地理要素间的相似与不同。

这里主要以创建颜色和方式主题、创建点密度主题和创建图表主题为例说明 TransCAD 的地图主题和相关的基本操作。

1. 地图主题

地图主题包括:颜色主题(Color Theme)、方式主题(Pattern Theme)、点密度主题(Dot-density Theme)、饼和条图表主题(Pie and bar chart themes)、按比例大小的符号主题(Scaled-symbol themes)、柱状地图(Prism maps)。

2. 地图主题类型的选取

TransCAD 中地图主题类型的选取一本遵循以下几个原则:大部分类型的主题都可以应用在点、线、面层;点密度主题和柱状地图只能应用在面层;为了说明两个或多个字段的数值,可以选择使用图表主题或点密度主题;为了说明单一字段的数值,可以选择 5 种主题类型中的一种。

3. 地图主题的创建

1)创建颜色和方式主题

选择【File-Open】或单击工具条上的 ,然后打开 Tutorial 文件夹中的地图文件 NE-SOUTH. MA;从工具条下拉列表中选择【County】层;选择【Map-Pattern Theme】,然后从【Field】下拉列表中选择【Population】;单击【OK】来查看分成 8 类的县人口方式主题地图,如图 10-1a)所示。

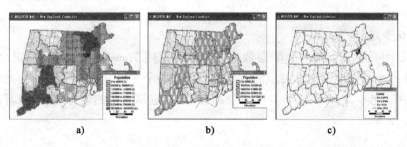

图 10-1　创建颜色和方式主题

再次选择【Map-Pattern Theme】,从【Classes】下拉列表中选择"5",并单击【OK】来查看五中分类的同一主题图,如图 10-1b)所示。

第三次选择【Map-Pattern Theme】,然后单击【Remove】来移除方式主题地图;从工具条上的下拉列表中选择【Highway】层;选择【Map-Color Theme】或单击 ,从【Field】下拉列表中选择【Lanes】,从【Method】下拉列表中选择【List of Values】,并单击【OK】。不同车道数目的公路被绘制为不同的颜色,如图 10-1c)所示;最后,选择【File-Close】并单击【No】关闭地图不要保存任何修改。

2)创建点密度主题

再次单击 ,在【Manually At】文本框中输入"1000000";单击【OK】来查看同一主题地图但每一点代表 1,000,000 人口,如图 10-2 所示;选择【File-Close】并单击【No】关闭地图不要保存任何修改。

图 10-2　创建点密度主题

3) 创建图表主题

选择【File-Open】或单击工具条上的 ，然后打开 Tutorial 文件夹中的地图文件 MN-CENTER. MAP; 选择【Map-Chart Theme】或单击 ，在【Choose One or More Fields】列表中单击选择【HU Owner Occupied】和【HU Renter Occupied】; 单击【OK】来查看图表地图, 如图 10-3b)所示。

再次单击, 并从【Chart Type】下拉列表中选择【Stacked Vertical Bar】, 单击【OK】来查看新的图表地图, 如图 10-3c) 所示。最后, 选择【File-Close】并单击【No】关闭地图不要保存任何修改。

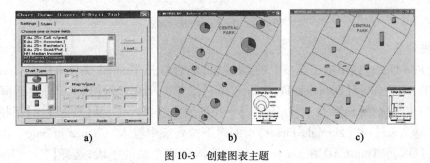

a)　　　　　　　　　　　b)　　　　　　　　　　　c)

图 10-3　创建图表主题

二、数据窗口及数据编辑

TransCAD 使用存储在地理文件、数据库、及电子表格中的数据来生成地图。用户可以使用 Info 工具来显示同地理要素在一起的数据, 或者使用 Dataview 在表格中显示数据。Dataview 允许用户用自己喜欢的任何方法整理行、列信息并可以客户化数据的显示。

数据的显示与编辑的基本操作包括: 在 Dataview 中显示数据、改变 Dataview 的显示方式、排列 Dataview 中的列、排列 Dataview 中的行、保存并恢复 Dataview、在 Dataview 中编辑数据、数据计算。这里主要说明如何在 Dataview 中进行数据编辑和数据计算。

1. 在 Dataview 中进行数据编辑

选择【File-Open Workspace】, 然后打开 Tutorial 文件夹中的 Workspace 文件 EDITDATA. WRK; 单击【School dataview】的列【ZIP Code】中的任一单元, 输入"10001"并按 Enter 键; 单击并拖拽以便选择列【ZIP Code】的多个单元; 选择【Edit-Fill】, 然后单击【Sequence】单选按钮。输入"10001"作为 Start 数值, "2"作为 Step 数值; 单击【OK】。TransCAD 按 10001、10003、10005 顺序填充【ZIP Code】的单元; 单击【ZIP Code】的字段名来选择整个列; 选择【Edit-Fill】, 然后单击【Tag】单选按钮。从【Using Layer】下拉列表中选择【5-Digit ZIP Code】并从【Tag With】下拉列表中选择【Data】; 单击【OK】。TransCAD 用每一个学校所在区域的 ZIP Code 来填

充【ZIP Code】的单元;单击地图窗口或选择【Window-Map1-Manhattan】来激活地图窗口。单击并单击地图上的一些学校。注意 ZIP Code 被正确地标注到学校;选择【Window-Dataview1-school】来使 Dataview 再次成为活动窗口;再次选择【Edit-Fill】,然后单击【Clear All Values in the Range】单选按钮;单击【OK】;选择【File-Close All】来关闭地图、Dataview 不要保存任何改变。Dataview 中显示的数据如图 10-4 所示。

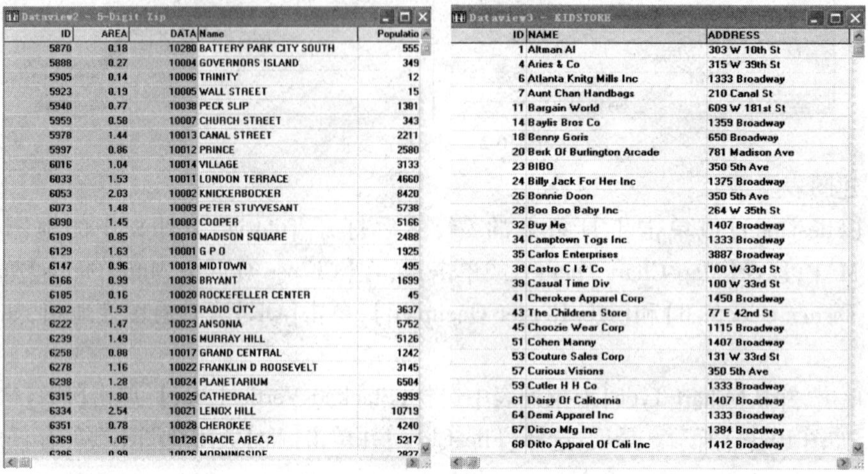

图 10-4 Dataview 中显示数据

2. 数据计算

选择【File-Open】或单击工具条上的 按钮,然后打开 Tutorial 文件夹中的 dataview 文件 CALCULAT. DVW;选择【Dataview-Formula Fields】或单击 来显示【Formula】对话框;从【Field List】下拉列表中选择【Sales】;从【Operator】下拉列表中选择" - ";从【Field List】下拉列表中选择【Sales Last Year】;在【Formula Fields】可编辑下拉列表中输入"Change in Sales"作为字段公式名;单击【OK】。TransCAD 在 Dataview 的右侧放置这个新的字段;选择【File-Close】并单击【No】来关闭 Dataview 不保存任何改变。

三、基本网络分析

TransCAD 中为交通运输网络的应用提供广泛的、多样的分析和图形显示工具。这些包括算法解决两个普通的问题——推销员问题和网络分割问题的工具。这两个问题在公共和私人部门有着很广泛的实际应用。这些工具还包括交出路口图示——交通运输网络中的一个关键可视的工具。

利用 TransCAD 解决上述两个普通问题的基本操作包括:推销员问题(TSP)、网络分割、网络影响带。本书主要介绍推销员问题(TSP)和网络分割的基本操作。

1. 推销员问题(TSP)

选择【File-Open】或单击工具条上的 按钮,然后在 Tutorial 文件夹中打开地图 TRAVEL_S. map;从工具条下拉列表中选择【Highway】层;选择【Networks/Paths-Traveling Salesman Problem】来显示【Traveling Salesman Problem】对话框(图 10-5);从【Minimize】下拉列表中选择【Travel Time】;单击【OK】,TransCAD 会寻找最短路径,基于出行时间,从 Home 出发依次到达 6 个站然后返回 Home,如图 10-5 所示;单击【OK】来关闭信息窗口;选择【File-Close】并单击【No】来关闭地图并不保存更改。

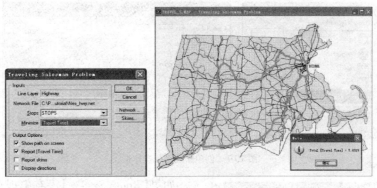

图 10-5　推销员问题(TSP)

2. 网络分割

选择【File-Open】或单击工具条上的按钮,然后在 Tutorial 文件夹中打开地图 NET_PART.map;确信【Street】层显示在工具条的下拉列表中;选择【Networks/Paths-Network;Partitioning】来显示【Network Partitioning】对话框;单击【OK】来显示【Store Link Table In】对话框;输入"myemzone"作为文件名,并单击【Save】。TransCAD 将街道分割为 3 个部分,每一个分区针对每一救护车如图 10-6 所示;选择【File-Close All】并单击【No】来关闭地图并不保存更改。

图 10-6　网络分割

四、路线系统

很多类型的运输数据涉及路线和路线系统。一条路线指一系列至少有一个共同属性的线段,例如路线编号、一定的服务频率等。道路管理部门为交通设施分配路线名称。公共运输部门在轨道网络上安排轻轨路线,在道路网络安排公共汽车路线。在很多方面,数据同路线发生联系,沿每一路线存在很多中间站或参考点。

路线系统的基本操作包括:创建一个路线系统、为路线标记站点、设定路线系统风格 3 个方面。这里主要讲述创建一个路线系统和为路线标记站点的基本操作。

1. 创建一个路线系统

选择【File-Open】或单击工具条上的按钮,然后在 Tutorial 文件夹中打开地图 ROUTE.map;确信【Street】层显示在工具条的下拉列表中;选择【File-New】或单击工具条上的来显示【New File】对话框;选择【Route System】并单击【OK】来显示【New Route System】对话框,如图 10-7 所示;单击【OK】来显示【Save As】对话框。输入"myroutes"作为文件名并单击【Save】,TransCAD 创建一名为"Route System"的路线系统并将其添加到地图中。

 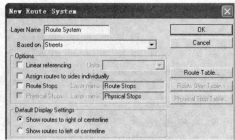

图 10-7　创建路线系统操作框

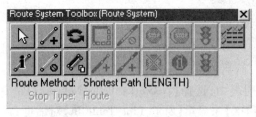

图 10-8　【Route System】工具栏

如果【Route System】没有出现在菜单上,选择【Procedures-Route Systems】,然后选择【Route Systems-Editing Toolbox】来显示【Route System】工具栏,如图 10-8 所示。

单击 按钮,然后单击【Route1-Start】并双击【Route1-End】。TransCAD 显示【New Route Name】对话框;在文本框中输入"1"并单击【OK】。

TransCAD 显示你所击的两点间的最短路径;单击 按钮,TransCAD 将这条路线加到【Route System】层并命名为 Route1;重复上述两步骤分别添加 Route2 和 Route3,如图 10-9 所示;选择【File-Close】并单击【No】来关闭地图并不保存更改。

2. 为路线标记站点

TransCAD 中标为路线标记站点主要包括以下步骤:

单击 按钮,然后单击【Library Stop】,TransCAD 从 Route1 中删除 Library Stop;单击 按钮,然后沿路线在没有站点的地方单击;单击【Confirm】对话框中的【Yes】,在【Edit Physical Stop Characteristics】对话框中为站点输入一名称,然后单击【OK】。TransCAD 在用户单击的地方添加一站点 ,如图 10-10 所示;单击保存这些更改;选择【File-Close】并单击【No】来关闭地图并不保存更改。

图 10-9　创建路线　　　　　　　　　图 10-10　为路线标记站点

本 章 小 结

本章主要介绍了 TransCAD 交通规划软件和需求预测软件的基本组成、功能、界面构成和一些基本操作。

第十一章 Cube 交通规划软件

第一节 Cube 软件

Cube-TRIPS 是 Citilabs（交通软件开发实验室）推出的一款交通规划与模拟软件包。TRIPS 是交通（TRansport）、改善（Improvement）、规划（Planning）、系统（System）的缩写，它主要用于对交通的"分析、预测、评估和控制"，是一套简单易用的建模与分析工具。

一、Cube-Trips 的发展历史

20 世纪 60 年代诞生于美国的 TRIPS 软件最初主要用于美国公路局、联邦公路管理署等政府部门。70 年代，TRIPS 传入英国，并被广泛应用和不断开发，其功能进一步加强。2001 年，CUBE/TRIPS 的开发公司 MVA 的系统开发部与美国加州的都市分析中心（Urban Analysis Group）合作成立"交通软件开发实验室"（Citilabs），成为世界最大的交通软件系统开发与应用中心。该实验室推出了交通规划软件包 Cube，它集成了许多优秀的交通分析软件，如 TRIPS、TP+等，在欧洲有广泛的应用，现在已经有超过 70 个国家 2000 多的客户，在国内的用户主要有北京城市规划设计院、广州交通规划研究所、宁波城乡规划设计院、沈阳城市规划设计院等，还有众多高校用户，如：同济大学、长安大学、北京工业大学等。

二、Cube 软件核心模块

Cube 软件是一套全面集成的交通规划系统平台，包括以下几个核心模块：

Cube Voyage：全面且易用的宏观交通规划软件，可模拟小汽车、公交车、轨道交通、摩托车、自行车以及行人等的流量预测。

Cube Cargo：专为模拟货运而开发的软件，可模拟海、空、铁、公路货运以及市区运货卡车等的流量预测。

Cube Dynasim：先进的微观交通仿真软件，可直接与 Cube Voyage 宏观模型衔接，并以真实、美观的二维及三维动画显示结果。

Cube Land：先进的土地使用模拟软件，可模拟土地使用与交通之间的互动及影响。

Cube Polar：与交通模型衔接的空气品质预测软件，可模拟各种车辆及燃料技术对空气品质的影响。

Cube Base：用来更有效率地使用 Citilabs 的其他产品如 MINUTP、TRIPS、TRANPLAN 以及 TP+。

三、Cube 软件系列主要特点

Cube 是一套成熟的交通规划软件，在世界各地广泛应用，尤其是在北美、欧洲和亚洲的部分地区。以下是 Cube 的特点：

（1）Cube 提供一套交通规划和模拟软件，可以满足用户各种不同的需要，其各个软件间相互互补，形成一个统一的整体。

（2）Cube 与 GIS 紧密结合，为用户提供强大的图形界面。Citilabs 和世界领先的 GIS 公司 ESRI 是合作伙伴关系，Cube 的软件可以直接应用 ArcGIS 的数据文件，从而将交通规划和 GIS 融为一体。

（3）使用 Cube 进行交通规划分析时，可以用 Cube 的程序语言来编写模型，也可以用流程图直观构造模型，以便于用户理解和使用。

（4）Cube 具有开放式的结构，很容易与用其他语言编写的用户应用程序相连接。

（5）Cube 以最先进的交通规划和控制理论为基础，不仅可以用于传统的四步规划，改良的四步规划，还可用于新一代的 Activity-based 或 Tourbased 的模型。

（6）Cube 适用于大规模的城市交通规划，其容许的小区数、节点数、道路数都能满足最大的都市地区的交通规划需求。

（7）Cube 内部采用优化的运算结构和高精度的数据存储方式，运算速度快，精确性高。

四、Cube 功能特性

1. Cube Voyager

Cube Voyager（客流预测模块）是专门运用于客流预测的软件，它融合了 Citilabs 的最新科技成果。Voyager 由 4 个主要模型组成：道路网络模型、矩阵模型、公路系统模型和公交系统模型。另外还有几个辅助模型，例如流量生成和分配模型等。Voyager 还包括了灵活的网络设计和强有力的矩阵计算，为交通需求预测和方案比选提供了依据。它的核心是其程序语言系统，它为用户提供一个灵活的工具进行交通规划分析。除此之外，Voyager 还有以下的主要功能：

（1）利用单元组建和 CUBE 程序语言的形式来适应多种模型设计，包括四阶段模型，以公共活动为基础的分析模型等。

（2）对道路网络分配的流量进行仿真分析。

（3）交叉口流量分析，多路径的公共交通分析。

（4）强大而灵活的矩阵工具，可以进行无限制的矩阵和适量的合并和计算。

（5）可以进行多路径公交系统分析。

（6）输出的二进制文件不仅可以节省存储空间，而且还能加快文件的存取速度。

（7）数据结果全部精确到浮点数进行储存。

（8）可以绘制高质量的图形及列表。

2. Cube Cargo

Cube Cargo（货物预测模块）是专门适用于货运交通规划的软件。Cube Cargo 由以下 7 个模型组成：流量生成、流量分配、模式选择、交通节点分析、细化分布、车辆模型、服务车流分析等模型。货运和客运规划有很多相同之处，但是也有显著的不同。最明显的是在模式选择阶段，客运规划是以人或车辆数为计的，货运规划是以吨位数或者不同型号的卡车数来计算的。货运流量可以分为 3 种类型，长途、短途和都市内部货流。Cube Cargo 可以充分运用现有的客流规划数据。

3. Cube Dynasim

Cube Dynasim（微观仿真模块）是一个强有力的微观交通规划软件。它可以帮助规划人员对各种交通特征尤其是微观交通特征进行测试并对未来出行规律进行预测。例如交通走廊分析、转向间隔分析、十字路口信号控制分析、高速公路出入口分析、重型卡车分析等，如图11-1所示。当道路的设计、控制、交通需求，或者土地的使用发生变化时，利用 Cube Dynasim 可以快速直观地反映这些变化对交通网络的运作所带来的影响。作为一个微观仿真平台，它简单易用，还具有强大的动画显示功能，交通流的运作可以逼真地以三维的动画显示，其效果如图11-1所示。

图 11-1 Cube Dynasim 仿真效果图

概括地来说，Cube Dynasim 包括以下功能：

(1) 进行微观、随机，和以公共事件为基础的仿真。

(2) 模拟计算和仿真同步进行其复制功能允许多次模拟仿真，根据不同的概率值，反映每日交通状况的起伏变化。

(3) 交通数据(交通流量、出行时间和速度等)的抽取以图片形式进行。

(4) 简单易用的网络编辑。

(5) 详细的节点模拟。

(6) 用户自我设置车辆类型。

(7) 固定路径选择。

(8) 详细的网络生成特征能准确地反映实际状况。

(9) 行人模拟和道路收费站的模拟、限制车道的模拟、轨道交通和公交车的模拟。

(10) 智能交通信号灯的模拟，其中包括专为公交车设置的信号灯等。

(11) 车辆特征和驾驶员行为参数的设置。

(12) 利用 Scenario Manager 进行方案设计和比较。

(13) 仿真模拟的过程和结果可以以图片形式输出，方便信息采集和应用。

(14) 两种背景地图形式：AutoCAD(＊.dxf)、Bitmap(＊.bmp)。

(15) 从其它 Cube 功能数据中输入出行矩阵。

(16) Cube Dynasim 生成的交通数据可以直接输入其他 Cube 功能数据。

4. Cube Land

Cube Land(土地使用模块)是土地使用和预测的软件。它根据不动产市场和经济条件的变化，来预测未来土地使用的供需走向。这种预测是建立在人口和经济的增长幅度、就业情况、城市管理政策、交通项目的影响等因素的基础之上的。用 Cube Land 可以仿真不动产市场，模拟土地的使用，可以找出土地使用的供需的平衡点，可以仿真政策法规对土地使用的影响，甚至可以用于土地招标过程。

5. Cube Base

Cube Base(基础模块)是一个集成的交通规划编辑系统，它包括道路网络、公交线路、矩阵、数据库和程序等编辑器。多个窗口可以同时打开，提供直观的工具用于交通规划项目的设计，调整和模拟。同时，它可以组织和管理不同的规划方案，也可以用 GIS 的图形功能来显示和编辑输入输出文件。Cube Base 除了拥有其他类似软件系统常备的功能外，还具备以下几个特点：

(1) 独特的建模管理：用流程图的形式来直观地组织建模过程，是 Cube 有别于其他软件的一大创新。模型构架可以像搭建框图那样组织和建模，输入、输出数该构架中特别清晰。

(2)丰富的在线帮助:Cube Base 标准的视窗环境下的在线帮助和 Cube Base 独创的交互式的信息展示台,提供了模型运作各层面所需的文档注释和技术概要。

(3)全面的中文环境:这是迄今为止已界面汉化(实际上它是多语种的)的第一个国际化的交通规划软件包。简明的中文运行界面和逐步完善的中文帮助系统,不但给建模人员带来了方便,也为用户向"甲方"和决策人员提交研究成果扫清了表述上的障碍。

(4)简洁的运行方式:正像计算机操作系统从 DOS 向视窗升级,Cube Base 的运行非但摆脱了一字一句对答的交互方式,而且将枯燥而又容易出错的批处理文本的组织在简单的鼠标点击中完成。伴随左右的帮助信息和详尽的出错提示保证了批处理过程组织的正确性。

第二节 Cube 交通规划模型

一、Cube 交通规划模型简介

1. 出行发生

Cube 可以根据用地的交通含义,在获得各项其需要的土地经济社会数据的条件下,由用户自己定义或标定函数进行交通发生预测,也可以由 Cube 提供的缺省函数和参数进行预测。

2. 交通分布

在完成该项功能时,Cube 以重力模型为主,以其他各项分布模型为辅进行交通小区 OD 分布预测,用户可以自由选择模型,并标定参数;否则,Cube 采用缺省参数。

3. 方式划分

Cube 先将交通方式划分为两大主方式,如公共交通和非公共交通,然后再在主要方式即进行各项小方式(sub-mode)划分。其中划分函数由 Cube 提供,用户也可自己定义,参数同样由用户标定,否则采用缺省值。

4. 交通分配

同国内外许多分配方法一样,Cube 同样采用了几种分配算法,如最短路径、多路径、动态多路径、容量限制方法。在分配过程中,Cube 既可以如路径建立、路径搜索、流量加载、路阻函数修正等操作,并且每个阶段都形成单独的报告文件。

5. 公共交通规划

Cube 的公共交通规划部分主要包括公交线网建立和公交线网分配以及报告生成三个部分,其中公交线网建立中包含了对公交线路,线网各项性能的详尽描述。公交线网分配也同样采用了最短路、多路径等几种分配算法,并区别于道路网分配算法,但结果可以与道路网分配的结果叠加形成统一的成果。

6. 各种输出方式

输出方式主要有文字和图形,并且在 Cube 的输出图形上公自由修正路段的各种性能指标,并且在确定在对网络的数据文件进行修正,重新生成网络。

Cube 具备经典交通规划 4 个步骤的所有功能。除了拥有交通规划与管理模型所必备的基本模块,Cube 在以下几个模型的调用中有值得一读的独到之处:

(1)需求模型:内含建立分对数和重力模型的模块,包括 LOGIT 选择和丰富的矩阵运算功能。

(2)矩阵估算:为了更新过时的 O-D 表,使其更可靠地用于新建的道路模型和公交模型,

(3)道路模型:含有范围广泛的战略模型和高峰期微观模型的分配技术,可用于粗线条的战略分析和带有详尽的交叉口描述的战术剖析。

(4)公交模型:具备多方式及多路径的能力,包括费用模型和拥挤模型。

除此之外,Cube6.0 软件系列扩展的模块还包括:

①动态交通分配(Cube Avenue);

②报告和图标(Cube Reports);

③通过多处理器并发运行模型(Cube Cluster)。

二、Cube 软件安装

Cube 现有版本一般可以运行于 Windows,Dynasim 可在 Windows 和 Linux 下运行,它包括完整的 32 位程序代码。

(1)将 Cube 软件光盘 CD 放入电脑光驱中,启动 Windows 资源管理器,打开光盘中的目录:CubeDemoCD。

(2)用鼠标双击光盘中的目录:CubeDemoCD\CD-Start.exe。

(3)程序运行后出现运行菜单,打开欢迎 Welcome 窗口,如图 11-2 所示。

(4)点击【Install licensed version】按钮,并按照提示步骤安装 Cube 正式授权软件和数据。

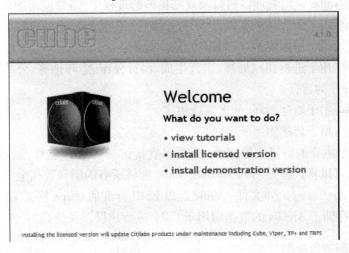

图 11-2　Cube 的"Welcome 窗口"

第三节　Cube 应用指导

一、Cube 使用界面

软件的界面是软件与用户交互的媒介,好的软件应该有友好的界面组织,从而能够使用户方便使用。Cube 为用户提供了一个简单易用的工作界面。Cube 管理器窗口是建模的平台,认识管理器窗口才有助于建模工作的进行。Cube 界面主要有 3 个工作区域,如图 11-3 所示。

项目场景管理器:主要用于管理项目场景和相关的输入、输出和报告。

图形窗口:图形窗口主要用于开发和编辑交通路网和产生高质量的图表和地图。一般情况下,图形窗口处于最小化状态。

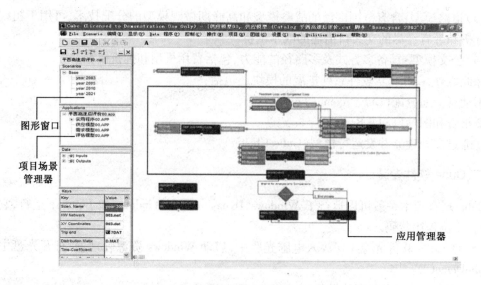

图 11-3 Cube 管理器窗口

应用管理器:主要用于通过流程图界面来建立和存储模型程序。

此外,在建立 Cube 应用管理器窗口及规划模型的过程中,需要使用的命令菜单主要有:

(1)文件菜单:用于新建总纲文件、应用程序文件、路网文件、文本文件。

(2)脚本菜单:用于添加脚本、应用程序、脚本要素。

(3)程序菜单:用于进行路网处理、出行生成、出行分布、矩阵估算、公共交通分配、道路分配和其他 Cube 程序的运行。

(4)控制菜单:用于新建循环、分支或族块。

(5)团组菜单:用于新建团组。

除了以上三个主要的窗口之外,Cube 还可以直接访问 ArcGis 软件,通过单击软件界面底部的 ArcGis 图标可以将数据移动到 ArcGis。Cube 能将所有的层和数据全部移动到 ArcGis,并生成一个标准的 ArcGis *.mxd 文件。Cube 能以 ESRI 标准的 shape 格式编辑和存储数据。规划工作者可以将存储于 ArcGis 的数据应用于 Cube 进行建模以及仿真。

二、Cube 数据抽象类型

所谓数据抽象的过程就是将现实的交通现象抽象为软件可以识别并进行运算的抽象数据。这些抽象的数据要以一定形式存储于计算机中,这便是数据存储的过程,它是抽象数据的载体。在交通规划建模过程中,需要抽象的数据类型分为三种:网络数据(包括道路网络、公共交通网络、公交设施等)、与出行需求相关的数据(如社会经济数据、土地使用性质数据、出行特性数据等)、数学函数(或曲线)。

1.道路网络数据

在 Cube 中,存储道路网的文件有路网数据文件(一种固定格式的文本文件)、文本数据文件(shap 或 dbf 文件)、交叉口数据文件(固定格式的文本文件)、转弯延误文件(固定格式的文本文件)。所有的文本文件都可以通过文本编辑器直接编辑。交叉口数据文件用来存储交叉口的类型及参数设置,如信号交叉口的信号配时参数等。转弯延误文件,用来表现交叉口转弯延误的信息。

对于交叉口抽象除了节点的属性信息外,还包括了交叉口类型和控制参数属性。Cube 中有 10 种交叉口类型,基本上涵盖了现实中存在的各种交叉口形式。当选择某种类型的交叉口后,可以编辑相应的属性。一般交叉口属性包括:相位、车道几何布置、延误、禁止转弯等。

2. 公交网数据

与道路网存储相似,公交网络有两类文件存储:公交线路数据文件(文本格式)、公交线路文件(CUBE VOYAGER . net 文件)。其中公交线路文件可以直接用于分析运算,但是需要通过模块从公交线路数据文件生成。绘制的公交线路都是保存在公交线路数据文件中的。

在 Cube 中,公交路网抽象需要基础路网、公交线路数据、公交系统数据。其中基础路网就是道路网络,是用来承载公交线路以及表现到达公交站点的步行路段和公交之间的换乘路段,对于非道路的公交线,如轨道,也要抽象进去,抽象内容与道路网抽象相同。

公交线路数据表现了每条公交线路的属性,对于每条公交线路,包括:线路名称(LINE-NAME)、长名字(LONGNAME)、短名字(SHORTNAME)、收费方式(FARESYSTEM)、线路模式(MODE)、运营公司(OPERATOR)、是否单向线路(ONEWAY)、是否循环(CIRCULAR)、是否所有站点都停(ALLSTOPS)、起点发车间隔(HEADWAY)、终点站休息时间(LAYOVER)、准点率(TIMEFAC)、车辆最大座位数(SEATCAP)、最大载客数(CRUSHCAP)、乘客在车厢是否平均分布(LOADDISTFAC)、经过节点(N =)。其中收费模式(FARESYSTEM)一般有两种即一票制和按里程收费,按站点收费可以转换成按里程收费;线路模式(MODE)指按线路种类和功能等分类,例如早班车、晚班车;准点率(TIMEFAC)指乘客在车上的感觉的乘车时间的长短量度。经过节点(N)正数表示在此节点停车,负数表示在此节点不停。

3. 出行需求相关数据

在 Cube 中,提供了四种数据类型来表示与出行需求有关的数据:单值(Scalars)、记录(Records)、向量(Vector)、矩阵(Matrix),这些数据类型可以用来表示分析中需要的任何数据。

Cube 提供了几种模型中专用的文件类型:出行终点文件(Trip End Files)、矩阵文件(Matrix File)等,Trip End 文件是固定格式的文本文件,在 Cube 中可以通过文本编辑器编辑。Cube 中的矩阵文件可以包含多个矩阵数据,TRIPS 提供了矩阵数据编辑和运算的工具,通过它可以实现对矩阵数据的显示、生成、运算、压缩扩展和统计等处理,但不能直接修改矩阵数据,只有通过相应的模块才能修改。

4. 数学函数

函数是用来表现数据之间关系的数学公式,四阶段交通需求分析模型中涉及许多数学公式的应用,如出行生成模型中的回归函数、交通方式选择中的 Logit 离散选择模型函数、出行分布和分配模型中都要用到的路阻函数等。Cube 中,出行产生、方式划分需要的各种回归函数、Logit 离散选择模型函数等可以通过编辑语言编辑自己想要的形式。

三、Cube 模块介绍

Cube 模块是建立交通规划模型的单元,每个模块都具有特定的功能,多个模块组合运用才可以实现四阶段模型中各部分的分析功能。

1. 道路网分析模型

NETWORK 模块用于建立和更新 Cube 道路网。它主要有以下 5 个功能:

(1)建立一个新的路网。用输入的描述整个路网的路段数据记录建立新路网。

(2)更新一个已有的路网。针对已有路网的个别路段或特定类型的路段可以增加、删除或改变属性来更新。

（3）将已建立的二进制路网转换为路段数据记录。该功能在不同的计算机软件之间交换路网数据方面非常有用。

（4）进行路网检查，包括路网抽象距离、断头路段检查等。

（5）生成路网报告。输出各种路网概述和路段属性描述的报告文件，并可由用户选择输出的类型。

2. 公共交通模型

PUBLIC TRANSPORT 模块用于公交线路预加载和公共交通客流分配，可以实现公交系统和公交路线的建立和更新。

公共交通分配模型可以生成如下文件：路径文件、路段评估文件、费用矩阵、公交线路摘要文件、公交线路加载文件、不同模式间换乘文件、不同运营公司间的公交换乘文件。

3. 需求模型

1）GENETATION 模块

该模块用于计算出行集散量的模型。

2）DISTRIBUTION 模块

DISTRIBUTION 是出行分布模块，用于出行分布矩阵的计算。

3）FRATAR 模块

该模块用于根据给定的每个小区产生和吸引量调整调整矩阵中每个元素的值。模型不断地进行以下两步调整直到达到目标的精度：第一步，根据给定的产生量调整每行元素的值，第二步，根据给定的吸引量调整每列各元素的值，直到每行总和列总和同时满足精度要求。

4）HIGHWAY 模块

该模块是 Cube 中的道路网分配程序，它主要是将出行需求矩阵分配于道路网上，并将经过路段的出行信息保存于该路段中。

5）AVENUE 模块

该模块通过模拟车辆在路网上的运行评估路径成本，可进行动态交通分配。

6）MATRIX 模块

该模块用于处理小区数据和各种矩阵。主要有以下功能：计算新矩阵的值、出行分布计算（通过 Distribution 模块调用）、出行生成计算（通过 Generation 模块调用）、不同格式矩阵之间的转变和合并、从矩阵和小区数据中输出报告、置换矩阵、产生矩阵、对矩阵重新编号并进行集计和离散处理。

7）PILOT 模块

该模块是 CUBE VOYAGER 的基本控制模块，主要用于调用其他模块程序。

本 章 小 结

本章主要介绍了 Cube 交通规划软件、Cube 在交通规划模型中的作用以及其应用的基本知识。通过本章的学习，读者可以了解 Cube 交通规划软件的基本功能，如果要熟练掌握 Cube，还需要对其进行更深入地学习。

第十二章 交通工程 CAD 其他常用软件

第一节 Emme 3 交通规划出行预测系统

Emme 是由加拿大 INRO 公司开发研制的一款交通规划出行预测系统,现在已发展到第三代 Emme 3,在数据整合、地理信息处理、路网编辑等功能上得到了很大的改进。该系统最显著的特点主要包括以下几个方面:可直接整合使用 ESRI 的地理信息系统技术(ArcGIS)来更好的显示地理信息数据;能将地理信息系统 GIS 文件,直接转换成 Emme 3 模型路网文件,路网精度更接近 GIS 文件的显示图像;作为新的路网选择工具,能在路网编辑界面中通过多边形区域选择部分节点和路段,并对其范围内的网络属性进行赋值,使路网编辑速度大大提高。Emme 显然在行业中已经成为大多数高级建模师可信赖工具,依靠其有效且强大的算法来完成了世界上许多最复杂的交通系统模型的建立,在交通模型领域内被誉为金牌标准系统。

在 Emme 3 中,用户会感受到全新的视窗操作界面,强大的路网编辑工具,崭新的图形分析和报告能力,特色的 GIS 整合功能,100 多个可扩展且现成一体化的交通图片与图表库。INRO 公司与 ESRI 全面合作,使 Arc GIS 的很多特色功能直接用 Emme 3 就可轻松实现。下面就 Emme 3 最新的特色功能做一个介绍。

一、工作页面

在 Emme 3 的工作页面(图 12-1)中,可直接整合使用 ESRI 的地理信息系统技术(ArcGIS)来更好地显示地理信息数据,包括地图、地理数据库、Shape 文件、多分辨率无缝图像数据库 MrSID、Enhanced Compressed Wavelet(ECW)格式,以及 AutoCAD 格式文件等。

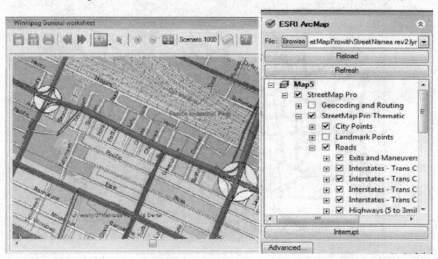

图 12-1 Emme 3 工作页面

二、与 GIS 数据文件转换

作为一个崭新工具,能将地理信息系统 GIS 文件,直接转换成 Emme 3 模型路网文件,路网精度更接近 GIS 文件的显示图像,如图 12-2 所示。

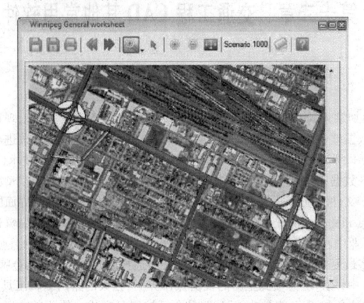

图 12-2　路网状况显示

三、新的路网选择工具

作为新的路网选择工具(图 12-3),用户可在路网编辑界面中通过多边形区域选择部分节点和路段,并对其方位内的网络属性进行复制,使路网编辑速度大大提高。

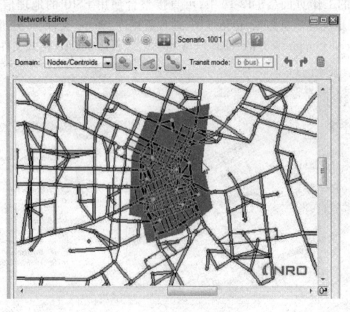

图 12-3　Emme 3 路网选择工具

四、公交路线复制

在最新的 Emme 3 系统中增添了对公交路线的复制功能,如图 12-4 所示。

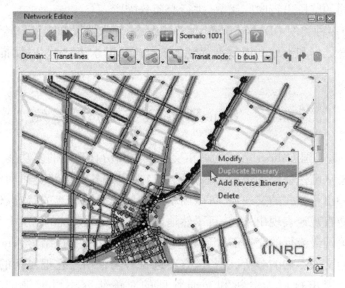

图 12-4　Emme 3 的公交路线复制

五、新的节点标志显示功能

Emme 3 中增加了新的节点标志显示功能(图 12-5),在节点处能够显示直方图/宽度,比如:以交通小区为单位的模式划分的出行产生和出行吸引量。

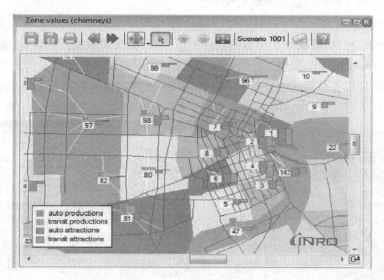

图 12-5　Emme 3 的节点标志显示

六、其他新的功能

Emme 3 革命性地改进了出行需求预测的过程,针对中国情况提供了一些非常有用的宏命令,比如:

（1）使用一个精简的子区域（Traversal）宏命令,可以导出一个子区域路网并计算相关的子区域矩阵。

（2）使用一个多模式/多种类交通分配宏命令,可以使用满足小汽车、载货汽车、公交车、自行车等模式不同的路段出行时间函数,进行交通分配。

（3）使用一个多种类的 OD 需求调整/估算宏命令,输入路段和交叉口转弯观测流量,以及通过家庭访问调查数据和土地利用数据得到的初始 OD 需求表,来同时反推估算多种种类的OD 需求表。

第二节　TransModeler 交通仿真系统

TransModeler 是美国 Caliper 公司为城市交通规划和仿真开发的多功能交通仿真软件包。该软件包可以模拟从高速公路到市中心区路网道口在内的各类道路交通网络、可以详细逼真地分析大范围多种出行方式的交通流；可以用动画的形式把交通流的状况、信号灯的运作、以及网络的综合性能直观地表现出来,一目了然地显示复杂交通系统的行为和因果关系。

通过与当今美国最流行的交通需求预测软件 TransCAD 的有机结合,TransModeler 可用于未来城市规划中的交通影响的分析,对备选方案进行科学评估。它把复杂的交通仿真模型变得简单实用,是开展出行行为分析和交通管理的对策研究不可或缺的有力工具。同时 TransModeler 提供丰富的制图和仿真工具,让用户很方便地把自己的研究成果以直观易懂的方式表现出来,便于决策者理解和及时决断。

一、交通地理信息和数据管理系统

1. 交通仿真模型和地理信息系统的整合

TransModeler 采用为交通网络数据专门设计的地理信息系统为平台,将交通仿真模型和地理信息系统进行整合,组成一个完整的软件系统,对有关交通数据进行存储、维护和分析,如图 12-6 所示。TransModeler 提供了一整套有效的工具,以编辑和修改交通仿真模型数据,以及对输入输出资料进行各种形式的分析。TransModeler 独特的空间数据快速索引是实现数据有效管理的关键技术之一,利用它可以将重要城市和区域的海量交通流量、车道数、观测时速等

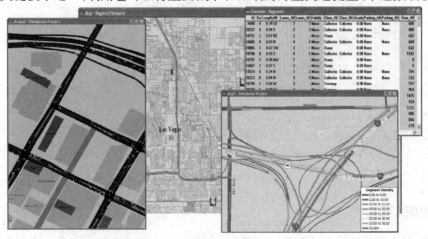

图 12-6　交通仿真模型和地理信息系统的整合

数据按其准确地理位置进行索引存储和更新,并直接应用于交通仿真和交通需求预测。对于适用于不同情形或对比方案的交通信号设置,用户可以按其早晚高峰和夜间操作的时间顺序进行存储。除了用于交通仿真以外,TransModeler 还可以用来存储部门、行政辖区或整个城市的交通及相关数据。

2. 城市交通线网及其有关要素地理位置的准确标识

TransModeler 通过捕捉和存储道路网络的精确区位和几何特征,大大提高了标识城市交通线网及其有关要素地理位置的准确性,如图 12-7 所示。如果已有现成的地理信息系统数据、交通规划网络和航空照片,便可以利用这些资料来简单、快速地转换加工成交通仿真所需的网络,而不必要从零开始,以降低开发成本。这也是 TransModeler 有别于其他同类产品的一个重要方面。软件包还提供了强大的地图编辑功能,可以对交通路网、工交线路及包括信号灯、停车标识、监测系统等各种交通的地理位置和属性特征随意更改,并以专题文件的形式组装拼接成各种仿真系统,以对应不同的预案和配置。

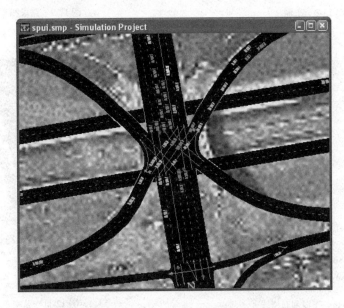

图 12-7　城市交通线网及其有关要素地理位置的准确标识

3. 车流、路口信号灯和道路网综合性能的动态展示

TransModeler 把车流、路口信号灯和道路网的综合性能以动画形式表现出来,将交通系统复杂的运作以形象的动态地图和图表形式展现在用户的面前(图 12-8 ~ 图 12-13),以帮助用户分析问题的症结,酝酿解决的方案。车流动画数据可以存储起来,在一遍模拟结束以后还可以反复播放。TransModeler 还提供了丰富的地理制图功能,把交通仿真的结果制作成生动形象的专题地图和统计图表,进一步增强软件使用者向公众和决策者讲解和汇报时的说服力。

二、完善的交通仿真功能

TransModeler 是一个多功能的交通仿真模型。它具有众多其他同类交通仿真模型所不具备的先进功能,包括对智能交通系统关键技术的支持。TransModeler 可以模拟多种道路设施类型,包括城市街道和高速公路的混合网络。对于在大范围地理地图上选定的路网或区域,可以很方便地进行只包括市中心、高速通道、或环路的交通仿真模型。

图 12-8 车辆

图 12-9 路段和车辆

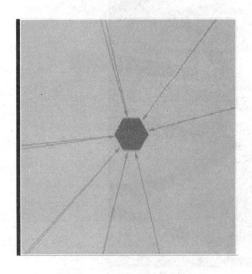

图 12-10 车源和联络线

图 12-11 公交车站

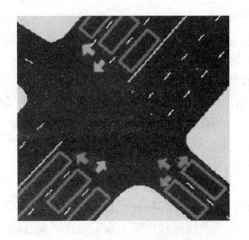

图 12-12 信号灯和监测器

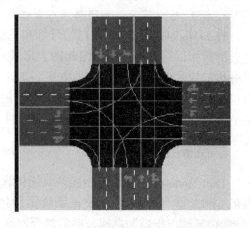

图 12-13 节点和转弯弧线

(1)以统一路网模拟高速公路和城市道路上的动态车流。驾车人行为模型充分考虑了城市道路交叉口和高速公路引道上车辆之间复杂的相互影响关系。

(2)环岛仿真模型对岛内车辆和等待入岛的车辆区别对待,并考虑在拥堵状态下切入和礼让行为,以便真实地模拟它们之间独特的相互影响关系。

(3)模拟 HOV 专用车道、公交专用车道和收费站的运作,以便更好地理解其对整个动态交通系统的影响。

(4)模拟和评价在自然灾害、有害物质泄漏或翻车事故以及其他各种紧急情况下的人员疏散方案。

(5)模拟施工区段的影响,以便在道路施工和维修其间对车流进行有效疏导。

1. 收费站

TransModeler 可以模拟各类收费模式(图 12-14)。其停车交费的时间参数和减速通过的限速都可以按各收费站的具体情况进行设置。

(1)模拟达收费站因手工、电子或混合型关卡布局的影响,车流车道选择和其他驾驶行为。

(2)停车交费的时间可以根据车辆类型和具体关卡而定。

(3)模拟电子收费设施和关闭部分关卡对交通流的影响。

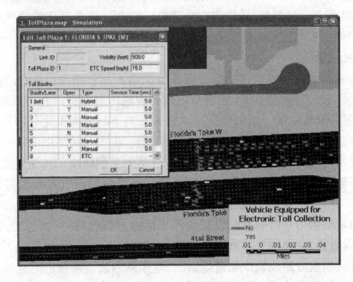

图 12-14 过路收费站模拟

2. 动态交通分配(图 12-15)

上一代交通仿真软件一般要求车流路口转向比例作为输入数据来确定车辆行驶路线。TransModeler 除了支持以路口转向为基础的路线选择以外,还可以用随机路径选择模型或最捷路径原则,根据起迄点出行矩阵来决定车辆行驶路线。路径选择所使用的各路段的行驶时间可以分时段定义。用户可以用观测数据或从其他模型得到的输出数据来决定这些路段的动态行驶时间。例如,交通分配模型和交通仿真模型的结果可以用来计算输入下一次交通仿真模型的路段行驶时间。车辆行驶路线也可以直接由外部输入文件来定义,软件提供的线路工具包可以将读入的行驶路线进行修改,或添加新的行驶路线,以模拟一些驾车人在遇到不同以往的堵塞或延误时,在旅行中途改变行驶路线的行为。

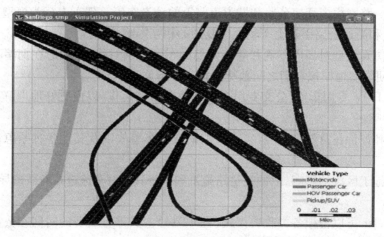

图 12-15　动态交通分配

3. 微观仿真

TransModeler 用于微观仿真时,可以对每辆车的运动按细到十分之一秒的时间增量来模拟。不同车辆可以按其尺寸大小和性能特征类型,随机选取有关的参数。这些参数都可以根据需要由用户自己来定义。TransModeler 根据驾驶的特点、车辆的性能和道路状况,详细模拟车辆加速、减速、跟车、变道、交汇、礼让和在交叉口的转弯。软件预先定义了一系列可供参考的模型参数,用户可以根据需要对这些参数在对话窗中方便地进行修改。

4. 中观和宏观仿真

TransModeler 可将大范围的道路网络分区和分类用不同解晰度(fidelity)的仿真模型来模拟。除微观仿真模型外,TransModeler 还包括中观和宏观仿真模型。在中观仿真模型中,多辆车子可以按其位置集合成组团。组团到达路口时再按其下行方向渠化分解为对列。组团和对列的移动由预先定义的通过能力和密度速度函数决定。组团和对列中的每辆车子仍然被单独跟踪,但其移动是由集团的密度速度函数,而不是由单个车辆的跟车和变道模型来模拟。在宏观仿真模型中,车辆根据流量延迟函数来移动。这些流量延迟函数参数则与路段和交叉口的类型和特点有关。此外,中观和宏观仿真模型都不对路口信号灯和停车标志等交通控制设施进行直接仿真,而是根据信号灯的时间设置和停车标志,对路口转弯通过能力给予适当限制。车辆进出一个路段以前,它必须先检查路段和路口转弯的通过能力,以及是否有塞车队列向后延伸的现象。这样,当前方路段缺少通过能力时,塞车队列就会继续向后延伸。中观和宏观仿真模型仍然定时更新仿真变量,但每一次更新之间的时间间隔可以大一些,以便提高仿真速度。

5. 混合仿真(图 12-16)

TransModeler 和其他仿真软件完全不同的一个特点是其独有的混合仿真功能。混合仿真就是在对网络中的局部地段进行非常详细的微观仿真的同时,在其外围地段作比较粗略的中观和宏观仿真。这种几种仿真模型混合使用的优点是可以发挥每一种仿真模型的优势,根据具体课题的需要,取得精度和速度之间的平衡。使用 TransModeler 混合仿真功能,用户不仅能够用一般性能的计算机对很大的交通网络进行仿真,而且可以对网络中的"热点"区段给予特殊重视,得到只有通过微观仿真模型才可以获得的详细结果。

6. 交通信号(图 12-17)

TransModeler 可以模拟一系列常见的交通信号及其设置:

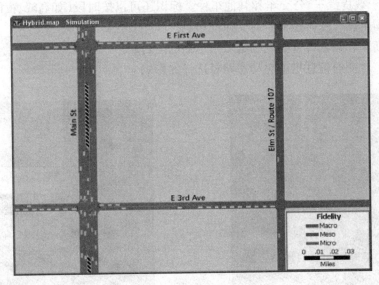

图 12-16 混合仿真

(1) 交叉口交通信号灯,包括定时或动态交通控制。
(2) 复杂交通控制系统,包括协同绿波、动态协同绿波交通控制系统。
(3) 公交或紧急勤务车辆优先信号。
(4) 铁路、航道闭塞信号。
(5) 根据转弯流量评价设置路口信号灯的必要性、自动生成定时交通控制信号序列及配时。
(6) 设置常用动态交通控制格式,并根据这些预定格式自动生成动态交通控制信号序列及配时参数,可用圈界表(Ring & Barrier)或相组图(Phase Group Diagram)设计动态交通控制信号序列。

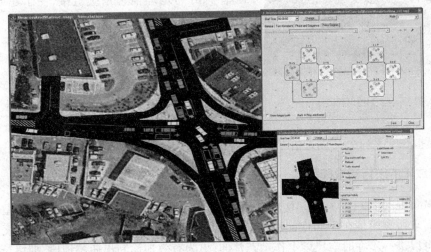

图 12-17 交通信号

7. 智能交通系统

TransModeler 可用来模拟数项智能交通系统中常见的交通控制和信息指南设备:
(1) 模拟车道限用标志和变道指示(图 12-18 ~ 图 12-20),各类标示既可以指示所有车辆,也可以只限定于载货汽车、公交车和其他车种。标识还可以按时段(如高峰、夜间)定义。

(2)模拟固定和可变时速标志对交通的影响。

(3)评估高速公路入口管制及临近城市道路的运行。

(4)模拟实时交通信息指南对动态路径选择的影响。

图 12-18　限速标志

图 12-19　车道限制标志

图 12-20　车道控制信号

8. 公交系统

TransModeler 支持多种交通方式的仿真。用户可以用 TransModeler 模拟地面公交车、地下和高架轨道交通系统(图 12-21～图 12-22)。公交线路既可以按频率发车,也可以按时间表发车。

(1)公交线路和站点信息存储在开放型关系数据库中,并与地理信息系统链接,便于建立、编辑和维护。

(2)发车频率较高的公交线路可用平均间隔时间和随机变差来模拟。

(3)定时发车的线路可用时间表的方式模拟。

(4)可以为每条线路指定车型、乘客上下车耗时参数、座位数和最大容量。

(5)模拟在交叉口公交优先信号下的运营。

三、集成化的出行需求模型

TransModeler 可以和 TransCAD 联合使用,以达到出行需求模型与交通仿真模型无缝集成的效果。需求预测模型在 TransModeler 的协助下可以进行更详细的操作性分析。交通分配模型的结果可以进一步在时空尺度上作动态延伸,更为有效地诊断出瓶颈地段、拥堵长度和道路网实际的通过能力。两个软件包一起使用,将有助于用户更全面深刻地理解重要建设工程对交通分布、出行方式和路径选择的影响。

TransModeler 是根据与 TransCAD 有机融合的思想设计的,它专门开发了几项帮助在出行需求模型中使用仿真技术的功能:

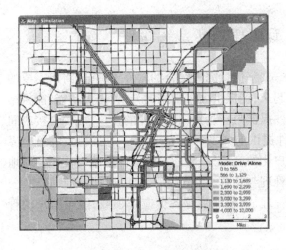 

图 12-21　公交线路　　　　　　　　　　　图 12-22　高架轻轨

(1)用多维起迄点出行矩阵来表示随时间变化的各种类车辆出行需求量。

(2)用多个矩阵来表示一天内不同时间段或不同车种和特征的出行需求。

(3)各点之间某种车辆始发速率可以是一个常数,也可以由时间序列曲线或一组指定适用时间的出行矩阵来表示。

(4)每个出行矩阵可以用一系列参数来调整其随机性和缩放比例,以便吻合实测交通状况。

(5)出行矩阵和出行列表可以表示点与点之间、线与线之间、区与区之间,以及点、线和区任何组合之间的出行需求。

(6)每个出行矩阵都可以指定出行方式、车种、收费站付费方式等属性,以代表其驾驶员属性、车辆种类和路径(图 12-23)阻抗的特征。

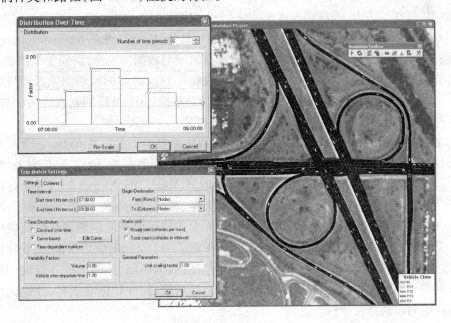

图 12-23　车流路径

第三节　MapInfo 桌面地理信息系统软件

MapInfo 地理信息系统平台作为一个图形—文字信息完善结合的软件工具,能将所需要的信息资料形象、直观地与地理图形紧密地联结起来,能提供大量常用的分析、查询功能,能将结果以图形或表格的方式显示出来。MapInfo 软件提供与一些常用数据库的接口,可以直接或间接地与这些数据库进行数据交换。MapInfo 软件提供的开发工具 MapBasic,可满足在图形、界面、查询、分析等方面的各种要求,以形成全用户化的应用集成;配接多媒体系统可使用户对地图进行多媒体查询。MapInfo 软件适用于军队管理与指挥、市场营销、城市规划、市政管理、公安交通、邮电通信、石油地质、土地资源、人口管理、金融保险等各个应用领域,能对用户的管理、决策提供有力的支持与帮助。

一、MapInfo 产品系列

MapInfo 产品全面整合了 GIS 与数据库、地图绘制、信息分析、数据挖掘、网络技术及其他多方面的计算机主流技术而形成便于开发客户应用的系列产品,其中包括:

(1) Professional:MapInfo 的核心产品,其界面友好、易于使用、制图美观,是基于 PC 的桌面地图软件。

(2) MapBasic:为 Professional 开发提供的内嵌开发语言。MapBasic 编程语言可创建定制化的地图应用、增加 MapInfo Professional 的功能、开发可重复使用的工具、把 MapInfoProfessional 整合到其他应用中。

(3) MapX:为主要的 ActiveX 控件,开发人员可以快速地使用当前流行的开发语言如 VB、VC++、Delphi 将其集成到客户端的应用中去。MapX 是真正的 OLE(Object Linking and Embedding)控件,可以嵌入到用户新的或现有的应用程序中,帮助用户增强表格数据的分析能力和可视效果,提高生产力,提高管理水平。

(4) MapXtreme:为创建 Web 地图应用服务的工具集,应用部署在 Internet/Intranet 上。它把应用服务中的地图和程序放在服务器端,以保证系统与数据的安全性,便于维护和功能升级与扩展,节省成本,用户数量增多时亦便于扩充,使得用户仅需要标准的浏览器即可以访问地图应用。该产品的主要特性包括:与关系数据库管理系统(RDBMS)的紧密连接、空间数据的编辑与空间分析、查询、专题分析以及图像输出与打印。

(5) MapXtreme 2004:为基于微软的 Dot Net 架构开发的产品。MapXtreme2004 产品使得开发人员可以享用微软的.NET 技术架构带来的好处,如跨语言性、创建 Web 服务、部署分布式应用等先进的技术。MapXtreme2004 将 Professional、MapX、MapXtreme for Windows 产品的功能和易用性集中在统一的对象模型上,为合作伙伴、客户、MapInfo 公司本身提供创建基于 Windows 平台的应用或产品。使用相似的代码,开发人员可以将应用部署在桌面应用系统或者 Web 应用中。例如,若使用 MapXtreme 2004,开发了一个桌面的应用系统,则程序代码只要略作修改就可以布署到 Web 环境中。主要特性包括:数据访问、地图选择和查询、专题图、标注、对象处理和地理分析、地图样式、管理投影和坐标系统、控件和标准工具、性能优化和状态保持、地理编码以及路径分析。

(6) SpatialWare:众所周知,数据库管理系统(RDBMS)中保存着企事业单位所有的重要的和完全的数据,包括员工信息、客户信息、设备信息、财务信息等,是所有企事业信息管理系统建立的基础。随着空间信息(位置信息)对于企事业管理的重要性日益加强,而且空间数据量日益增多,所以对于空间信息的安全性、一致性,以及能够与其他数据统一管理的要求使得将空间数据存储到关系数据库中去成为一个必然的发展趋势。

(7)MapX Mobile:MapInfo MapX Mobile 是一个可以用在 Pocket PC 的 MapX 平台,比如 Compaq 的 iPAQ 和 HP 的 Jornada。它是一个开发工具,可以让客户开发新的移动软件,进而扩展现有的软件。用 MapX Mobile 建立的软件可以单独在设备上运行,并能够和 Pocket PC 的 Windows CE 操作系统兼容,不需要无线连接。MapX Mobile 是 MapX 和 MapXtreme 用于为无线设备创建地图应用的特殊版本。主要特性包括:地图显示与操作、栅格图像 & 格网显示、对象编辑及处理、专题分析、ADO 连接、GPS 集成、MapXtreme 连通。

二、功能特性

1. 强大的地图发布功能

用户在 Professional 中做的工作可以很容易地发布给其他人,如可将用户作出的分析结果交付给同事或者领导。

1)连接到 MapInfo Discovery

MapInfo Professional 中制作的地图和数据分析结果可以被发送到 MapInfo Discovery 服务器上,其他人可以通过浏览器访问这些数据。

2)MapX Mobile 工具

将 Professional 地图窗口以迅速便捷的方式发送到安装在 PocketPC 设备上基于 MapX Mobile 的应用程序中。

3)Crystal Reports 8.5 版本

提供强大的、界面友好的创建复杂报表的功能,包括通过 OLE 嵌入地图;增加图表;新的输出 PDF、HTML、XML 的向导和模板。

4)窗口输出

可将地图窗口直接打印,也可输出为分辨率可调的图像。

5)工作空间打包工具

Pro7.5 提供的新工具,可以将打开的地图保存到一个目录下,并同时创建相应的工作空间,这为工作空间的共享提供了便利。

6)区域填充样式缩放

Pro7.5 提供的新特性,可以在参数/输出设置对话框中找到,这个选项对需要打印 300、600、1200dpi 的高分辨率地图非常重要。

2. 数据可方便地设置于地图上

(1)地理编码:将数据库表中的地理信息如邮政编码、城市名称,或者 X、Y 坐标值等与地图上的某一点联系起来,便于通过地理分析、查询等功能帮助用户分析决策。Professional 可利用内置的地理编码工具将地址匹配到地图上。用户可以设置地址偏离街道的距离或者决定将地址插入到距离街道末端多远的地方。

(2)创建点:如果用户的数据(如存在数据库中的数据)含有地点的经纬度坐标,则可以通过创建点的功能为数据在地图上创建位置点。Pro7.5 中可以为非数值字段创建点位,并且可以重建已存在的点位,这个功能为用户可视化数据提供了便利条件。

(3)专题图:除了创建点的方法,通过创建专题图也可以将数据连接到现存的地图图层上,以达到在地图上获取数据的目的。

3. 分析功能

(1)地图量测:Mapinfo Professional 提供了包括量测距离、长度、周长、面积的地图测量功能。

(2)聚合计算:Mapinfo Professional 提供了包括求和、加权平均、计数等聚合计算功能。

(3)地理分析:Mapinfo Professional 提供了包括相交、包含、缓冲等地理算子。

(4)专题分析:专题图用以揭示隐藏在单纯数据值下的事物发展状态和趋势,包括直方图、饼图、等级符号图、点密度图、格网专题图。专题图的模板可以保存,以便于以后的使用和修改。

(5)信息工具:用户可以通过鼠标点击地图某一点获取该位置点的所有数据记录。

(6)计算统计数据:提供计算统计值的功能菜单可用于计算某个数值字段(如人口数)的总和、平均值、最小值、最大值、方差、标准差、计数。

4. 3D 视图和棱柱图功能

(1)棱柱图:棱柱图可以使地图以一种特殊的方式展现,将区域按照高度值突出纸面显示,达到立体显示的效果。和其他专题图一样,棱柱图也用于揭示数据的趋势。

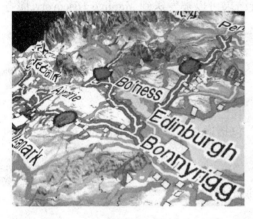

图12-24　3D 视图

(2)3D 视图:3D 视图和棱柱图一样为数据的分析和展示提供与众不同的方式。Pro7.5 中 3D 视图的功能比以前版本更强。Pro7.5 在 3D 地形图上叠加纹理功能方面得到了很好的改善,使得标注清晰可读,3D 视图质量更高。Pro 7.5 能够直接读取 MI Grid、VM Grid、DEM、DTED 以及 GTOPO30 格式的格网数据并创建 3D 视图。在 Pro7.5 中,制作格网专题图后便可以创建 3D 视图。该 3D 视图基于微软的 OpenGL,为 3D 视图提供平移、缩放、旋转等浏览操作,如图 12-24 所示。

(3)栅格图像显示:Professional 可以将不同来源的数据,包括不同格式或者不同投影的数据显示在同一地图窗口,一旦数据被加入到地图窗口,数据间的地理关系便呈现出来。Professional 亦允许将栅格图像和矢量图像叠加显示。在地图窗口中用户可以设置图层的显示顺序、显示特征、标注。栅格图像不仅可以当作背景显示,而且可以覆盖在矢量图层或其他栅格图层之上,通过设置透明与半透明显示,达到很好的显示效果。栅格的半透明显示可以在 0～100% 之间任意调节。

同时,Pro7.5 为栅格图像的显示提供了优化的逻辑选项,可以跳过不可见的栅格图像,从而提高处理速度。栅格图像包括遥感图像,航片,卫星照片。Pro7.5 增强了栅格图像的配准功能,并提供了配准矢量工具用于改变矢量图的投影,如栅格矢量化的地图、导入时使用错误投影的 DXF 或 ERSI 图层。

5. 访问数据

访问如下企业级数据库:

(1)Oracle 9.2.03 & Spatial、9i Locator、Oracle v8.1.7& Spatial;

(2)Microsoft Access 2000;

(3) Microsoft SQL Server version 2000;
(4) MapInfo SpatialWare 4.6;
(5) Informix 9.21;
(6) DB2。

用户直接访问 Oracle&Spatial 而无需通过任何中间件,其他的数据库通过 ODBC 访问。
访问的本地数据包括:
(1) MapInfo TAB 以及 WMF 格式的矢量数据;
(2) 栅格数据格式,如 BMP、JPG、TIFF、BIL、SID、PNG、PSD、JPEG2000、ECW;
(3) 格网图像数据,如 MapInfo MIG、VMGrid、DEM、DTED levels 0 - 2 及 GTOPO30;
(4) 带限定符的 ASCII 文本文件、Excel 的 XLS 文件(最多支持 65536 行)、Lotus1 - 2 - 3 的 WKS 文件、DBF、Acess 数据库的 MDB 文件;
(5) 直接读取 ESRI 的 Shape 格式文件;
(6) 支持 GML V2(地理标记语言);
(7) 支持 PDF 和 XML 的输出(通过 Crystal Reports 8.5)。

MapInfo Professional 可以将不同格式和投影的地图数据显示在同一地图窗口。

6. 输入和输出数据

Professional 的通用转换工具,提供不同数据格式间的转换:
(1) 输入的数据格式包括:MIF/MID、DXF、DWG、DGN、SHP、E00、VPF 及 SDTS;
(2) 输出的数据格式包括:MIF/MID、DXF、DWG、DGN、SHP 及 E00;
(3) 栅格数据压缩为 ECW 格式。

7. 地图要素和表格数据的创建及编辑

地图要素的类型:Professional 提供绘图工具以及数字化工具创建 MapInfo 的地图数据:点、线段、折线、正方形/矩形、圆/椭圆、弧段、文字、多点、集合对象。

地图编辑工具:对各类型地图要素的剪切、拷贝、粘贴、UNDO 操作、平移、调整大小、旋转、整形工具如增加/删除/拖动/叠加节点、捕捉(可设定容差范围)节点、大十字光标。

增强的快捷方式:如使用 +/- 号在绘图的过程中放大/缩小地图、使用箭头键移动地图窗口或可编辑的对象等。

地图要素的样式:提供上百种的区域填充样式、可自定义的线样式、TrueType 字体的符号样式、色彩丰富、任意大小、32000 种自定号样式,如图 12-25 所示。Professional 中可以将公司的 logo 或者照片作为符号添加到地图窗口,可以设置以真实大小来显示。

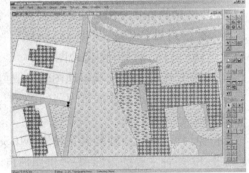

图 12-25 地图要素

属性(表格)数据的创建和编辑:提供表结构的创建、增加/删除/修改/索引字段、紧缩表、增加一行、用表达式更新列/创建新列。

8. 对象处理

除了简单的对象绘制和编辑功能,Professional 提供了强大的地图处理能力,包括:合并、分解、外接多边形、封闭、缓冲、分割、擦除、擦除外部等;还包括:平滑、撤销平滑、将区域转化为折线、将折线转换为区域；Professional 提供了新的对象处理方法清除和修改数据，如自我相交、缝隙、叠加检查；清除自我相交、缝隙、叠加；线头清除、节点的抓取和抽稀功能。

Professional 提供了创建自定义区域的方法：如创建销售管辖区，并提供管理、分析数据的新的方法如：

（1）Voronoi（泰森）多边形：为点创建区域，如为销售人员创建管辖区。

（2）分割对象：如通过道路、河流来分割区域。

（3）擦除或擦除外部适用于点、多点、集合对象。

（4）数据聚合：在创建缓冲区时支持数据聚合。

在对选择的数据或者全层的数据创建缓冲区和泰森多边形的过程中，其结果可以保存到另外的图层上，帮助用户节省时间和操作。

9. 查询

带地理扩展的 SQL 语句：Professional 中使用 SQL 语句可以查询用户所需要的数据。除了支持 Select、From、Where、Group By、Order By、Into 等标准关键字外，Professional 还提供了以下的地理算子：Contains、Within、Partly Within、Entirely Within 及 Intersects；

并支持以下聚合函数：Sum( )、Min( )、Max( )、Count(*)、Avg.( )、WtAvg( )。SQL 语句可以被保存起来以待重用或修改。

地图选择工具：除了 SQL 语句，Professional 还提供了点选、圆选、矩形选择、多边形选择、边界选择等地图选择工具。Professional 还提供了反选功能，即不选择已选择的而选择未被选择的。

10. 空间插值运算

利用控制点构建一个方法或者模型，生成用于估算未知点数据的连续平面。空间插值算法包括 TIN 三角插值，IDW 反距离权重插值。例如根据测得几个地点的温度，采用插值运算生成区域的连续的温度变化显示。插值运算用于格网专题图，生成颜色变化的趋势面，并能够以浮雕效果显示。

11. 连接 Internet

Professional 提供三种方式连接 Internet：

（1）热链接的方式。用户可以为任何一个对象或标注建立热链接，鼠标点击对象或者标注就可以链接到某个网站、图片、多媒体文件（WAV、AVI）、文档文件（DOC、PPT、XLS），甚至 TAB 及 WOR 文件、HTML 图像地图；

（2）HTML 图像地图工具将地图转换成可以点击的 WEB 页；

（3）采用 MapInfo 元数据管理器（在 CD 上）获取兼容 FGDC 的服务器的数据。

12. 投影的支持

支持经纬度投影、横轴莫卡托投影、WGS84 等地球坐标投影以及非地球坐标投影等。投影起源于 30 多种主要的投影，并提供用户自定义投影的接口。

13. 地图输出布局

此外，MapInfo 重新分区功能可将相同属性值的区域合并，以及 Professional 提供向导工具自动生成图例，同时可以提供表面图、饼状图、分散图、面积、气泡、三维、条形、线形、柱状等统计图。

14. 丰富的工具

Professional 提供许多方便易用的工具如按长度生成线、比例尺制作工具、生成 MapXGeoset 工具、Easy loader 上载工具、线型编辑工具、符号编辑工具、DBMS 计算表的记录数、DBMS 目录管理器、HTML 图像地图、MDBLauncher、TOC 工具、标注器、表管理器、窗口管理器、分散点、网格制作器、格网工具、工作空间打包器、度转换器、配准矢量工具、设置最小外边框工具、通用转换器、同心环缓冲区、图例管理器、线对齐工具、旋转标注、旋转地图窗口、旋转符号、指北针、制图向导工具、注册向量工具、自动标注、鹰眼(总览)、坐标提取器、坐标系边界管理器。

本 章 小 结

本章主要对包括 Emme3、TransModeler、MapInfo 交通工程 CAD 通用软件的基本功能和应用情况做了简要的介绍。

附录 常用CAD快捷键命令

(一)字母类

1. 绘图命令

绘图命令见附表1。

绘 图 命 令 表　　　　　　　　　　　　　　　　　　　附表1

操 作 名 称	命 令 全 称	命 令 缩 写
点	POINT	PO
直线	LINE	L
射线	XLINE	XL
多段线	PLINE	PL
多线	MLINE	ML
圆	CIRCLE	C
圆弧	ARC	A
圆环	DONUT	DO
椭圆	ELLIPSE	EL
多行文本	MTEXT	T
块定义	BLOCK	B
插入块	INSERT	I
定义块文件	WBLOCK	W
定距等分	MEASURE	ME
填充	BHATCH	H

2. 修改命令

修改命令见附表2。

修 改 命 令 表　　　　　　　　　　　　　　　　　　　附表2

操 作 名 称	命 令 全 称	命 令 缩 写
复制	COPY	CO
镜像	MIRROR	MI
阵列	ARRAY	AR
偏移	OFFSET	O
旋转	ROTATE	RO
移动	MOVE	M
删除	ERASE	E
分解	EXPLODE	X

续上表

操作名称	命令全称	命令缩写
修剪	TRIM	TR
延伸	EXTEND	EX
拉伸	STRETCH	S
比例缩放	SCALE	SC
打断	BREAK	BR
倒圆角	FILLET	F
多段线编辑	PEDIT	PE
修改文本	DDEDIT	ED

3. 视窗缩放

视窗缩放命令见附表3。

视窗缩放命令表　　　　　　　　　　附表3

操作名称	快捷键命令
局部放大	Z
返回上一视图	Z + P
显示全图	Z + E
显示窗选部分	Z + W

4. 尺寸标注

尺寸标注命令见附表4。

尺寸标注命令表　　　　　　　　　　附表4

操作名称	命令全称	命令缩写
标注样式	DIMSTYLE	D
直线标注	DIMLINEAR	DLI
对齐标注	DIMALIGNED	DAL
半径标注	DIMRADIUS	DRA
直径标注	DIMDIAMETER	DDI
角度标注	DIMANGULAR	DAN
基线标注	DIMBASELINE	DBA
连续标注	DIMCONTINUE	DCO
编辑标注	DIMEDIT	DED

5. 对象特性

对象特性见附表5。

对象特性表　　　　　　　　　　附表5

操作名称	命令全称	命令缩写
修改特性	PROPERTIES	CH
属性匹配	MATCHPROP	MA
文字样式	STYLE	ST

续上表

操作名称	命令全称	命令缩写
设置颜色	COLOR	COL
图层操作	LAYER	LA
线形	LINETYPE	LT
线形比例	LTSCALE	LTS
线宽	LWEIGHT	LW
图形单位	UNITS	UN
属性定义	ATTDEF	ATT
编辑属性	ATTEDIT	ATE
边界创建	BOUNDARY	BO
重新生成	REDRAW	RE
重命名	RENAME	REN
工具栏	TOOLBAR	TO
命名视图	VIEW	V
面积	AREA	AA
距离	DIST	DI
显示图形数据信息	LIST	LI

(二) 常用 CTRL 快捷键

常用 CTRL 快捷键见附表 6。

常用 CTRL 快捷键表　　　　　　附表 6

操作名称	命令全称	CTRL 快捷键
打开文件	OPEN	【CTRL】+ O
新建文件	NEW	【CTRL】+ N
打印文件	PRINT	【CTRL】+ P
保存文件	SAVE	【CTRL】+ S
放弃	UNDO	【CTRL】+ Z

(三) 常用功能键

常用功能键见附表 7。

常用功能键表　　　　　　附表 7

操作名称	快捷键命令
帮助	【F1】
对象捕捉	【F3】
栅格	【F7】
正交	【F8】
捕捉	【F9】
极轴追踪	【F10】

参 考 文 献

[1] 郑益民. 公路工程 CAD 基础教程. 北京:人民交通出版社,2001.
[2] 许金良. 张雨化. 公路 CAD 技术. 北京:人民交通出版社,2001.
[3] 张云杰. AutoCAD2010 中文版从入门到精通. 北京:电子工业出版社,2010.
[4] 李长勋. AutoCAD ActiveX 二次开发技术. 北京:国防工业出版社,2005.
[5] Cube 练习手册. 北京友好创达科技有限公司,2008.
[6] 李海峰. TransCAD 基本操作. 交通部规划研究院,2003.
[7] Emme Reference Manual. Published August,2008.